柔道整復師と機能訓練指導

機能訓練指導員養成テキスト

公益社団法人 全国柔道整復学校協会 監修

遠藤 英俊・細野 昇 編

南江堂

■監　　修
公益社団法人　全国柔道整復学校協会

■編　　集
遠藤　英俊　　聖路加国際大学 臨床教授
細野　昇　　　元呉竹医療専門学校 校長

■執 筆 者（執筆順）
細野　昇　　　元呉竹医療専門学校 校長
遠藤　英俊　　聖路加国際大学 臨床教授
藤田　正一　　松島整骨院
三谷　誉　　　三谷接骨院
昇　寛　　　　帝京科学大学医療科学部柔道整復学科・大学院理工学研究科 教授
村瀬　茂　　　村瀬接骨院

■教科書委員会担当理事
細野　昇　　　呉竹医療専門学校
谷口　和彦　　明治東洋医学院専門学校

■教科書委員会
西巻　英男　　附属北海道柔道整復専門学校
瀧ヶ平隆一　　北海道メディカル・スポーツ専門学校
佐藤　真希　　仙台接骨医療専門学校
太田　作郎　　赤門鍼灸柔整専門学校
齊藤　慎吾　　福島医療専門学校
横山　靖　　　前橋東洋医学専門学校
霞　孝行　　　大川学園医療福祉専門学校
○川口　央修　呉竹医療専門学校
田中　康文　　日本柔道整復専門学校
麓　康次郎　　東京柔道整復専門学校
山村　聡　　　東京医療専門学校
大隅　祐輝　　日本医学柔整鍼灸専門学校
最上　忠　　　了德寺学園医療専門学校
遠藤　琢也　　中央医療学園専門学校
大輪　徹也　　東京メディカル・スポーツ専門学校
本澤　光則　　日本工学院八王子専門学校
池田　英樹　　日本健康医療専門学校
鈴木　忠慶　　山野医療専門学校
小田　敏明　　関東柔道整復専門学校
中野　仁　　　新宿鍼灸柔整歯科衛生専門学校
荒井　一彦　　臨床福祉専門学校
田中　秀和　　呉竹鍼灸柔整専門学校
鈴木　康仁　　専門学校浜松医療学院

◎船戸　嘉忠　米田柔整専門学校
　髙橋　亮　　中和医療専門学校
　川崎　悠貴　北信越柔整専門学校
　関屋　浩介　信州医療福祉専門学校
　藤原　清治　関西医療学園専門学校
　岡田　成賛　大阪行岡医療専門学校長柄校
○三澤　圭吾　明治東洋医学院専門学校
　北野　吉廣　平成医療学園専門学校
　山本　達也　森ノ宮医療学園専門学校
　田中　雅博　履正社医療スポーツ専門学校
　浅見　有祐　近畿医療専門学校
　池上　友広　関西健康科学専門学校
　山本　啓司　京都仏眼医療専門学校
　金廣　行信　朝日医療専門学校岡山校
　山根　勇　　IGL医療福祉専門学校
　山田　修平　朝日医療専門学校広島校
　田村　俊二　四国医療専門学校
　喜多村伸明　福岡医療専門学校
　上檔　博樹　福岡医健専門学校
　谷口　禎二　福岡天神医療リハビリ専門学校
　大塚　俊介　九州医療専門学校

◎委員長　○副委員長
［平成28年3月31日現在］

監修のことば

　2015年4月医療介護総合確保推進法による地域包括ケアシステムがスタートし，2025年問題は刻々と迫っております．厚生労働省によるとわが国は，諸外国に例をみないスピードで高齢化が進行しています．65歳以上の人口は，現在3,000万人を超えており（国民の約4人に1人），2042年の約3,900万人でピークを迎え，その後も，75歳以上の人口割合は増加し続けることが予想されています．その後人口は減少し，高齢者人口と生産年齢人口のバランスも是正されてくるといわれ，この40〜50年を乗り切るのがわが国の社会保障制度維持の正念場ともいえます．

　社会保障制度というのは高齢者を生産人口である若い人が支えていく相互扶助制度です．1965年には65歳以上1人に対して9.1人が支える「胴上げ型」から2012年には2.4人で支える「騎馬戦型」に変わりました．2050年には若者1.2人で高齢者1人を支える「肩車型」になるといわれています．このような状況の中，団塊の世代（約800万人）が75歳以上となる2025年を目途に，わが国のかつての「向こう三軒両隣」を行政（市町村や都道府県）主体に構築しようとしています．これは地域の特性に合った助け合い制度を，住まい・医療・介護・予防・生活支援が一体的に提供されるシステム作りです．地域包括ケアシステムには，「医師，歯科医師，薬剤師，看護師，介護支援専門員その他の専門職の積極的関与のもと，患者・利用者の視点に立って，サービス提供体制を構築する」とありますが，その他の専門職に柔道整復師は組み込まれているわけであります．この中で適切に対応できる柔道整復師の養成が急務となっております．

　今後，認知症高齢者の増加が見込まれることも課題とされています．65歳以上高齢者のうち，「認知症高齢者の日常生活自立度」Ⅱ以上の高齢者は2015年の345万（10.2％）から，2020年には410万（11.3％），2025年には470万（12.8％）と増加していくといわれています．認知症高齢者の地域での生活を支えるためにも，地域包括ケアシステムの構築が重要です．

　高齢者比率にも地域格差があり，各地域の高齢化の状況は異なるため，各地域の特性に応じた対応が必要とされています．大都市では人口は横ばいながら75歳以上人口が急増し，もともと高齢者人口の多い町村部などでは75歳以上の人口の増加は緩やかですが全体の人口は減少するからです．

　当協会では，柔道整復師養成のために柔道整復師養成校の指定規則に則った教科書や教材を発刊してまいりました．柔道整復師の機能訓練指導は柔道整復師が介護保険における機能訓練指導員の一員として認められている以上，マストに習得しなければならない課題です．機能訓練指導員として必ず知らなければいけない介護保険制度，高齢者の老化に伴う疾病，認知症，介護についての知識と技術，機能訓練指導員としての技術についてのテキストの発行は急務であり，養成校ならびに現場からも要望の強いものでした．2000年の養成施設指定規則の改正から15年，2003年の国家試験の改正からもすでに12年経過しており，今後

の教育カリキュラムなどの改善のなかで，機能訓練指導を主とする介護分野が加わることは十分に考えられます．そこで，このたび国立長寿医療研修センターの遠藤英俊先生，本協会担当理事細野昇先生に編集を，介護分野で活躍されている柔道整復師の先生がたに執筆をお願いしました．社会構造の大きな変化とともに柔道整復師も，介護分野に対応し参画していくことは紛れもない事実であり，そのための人材となることを自覚され，本書を活用されることを願っております．

　本書の編纂に快くご協力ご尽力いただいた先生がたをはじめ，本協会教科書委員諸氏，出版社関係各位のご労力に対し，深淵なる敬意と感謝を申し上げ，監修のことばにかえさせていただきます．

2015年12月

公益社団法人全国柔道整復学校協会
会長　碓井貞成

序　文

　柔道整復師は，医療制度はもとより，介護保険制度においても避けて通れないものとなっている．介護支援専門員や介護サービスとの連携や運営においても深い関係が構築されてきている．特に介護予防における機能訓練指導を担当することも制度上可能であり，柔道整復師は医療に留まらず，今後はますます介護予防や自立支援にかかわることが大きくなるものと考えられる．要介護者等に対する重度化の防止または改善，非該当者の生活機能の維持や向上を目指すことが求められる．その遂行には柔道整復師が高齢者の心理，加齢に伴う身体機能の変化，フレイルやサルコペニア，高齢者特有の疾病や症状，認知症の理解など高齢者介護に必要な知識を身に付け，新しい知識をベースに本来の柔道整復師の技術を適用することが必要である．

　介護保険制度の見直しが行われ，介護予防事業は介護保険事業から地域支援事業へと位置づけられた．これにより機能訓練は介護保険事業から切り離されるが，それでも地域の虚弱高齢者には必要なサービスである．機能訓練はますます重要なものとなり，介護予防の質と量を支える事業となる．柔道整復師が機能訓練を行う場合には，普段の知識や経験をもとに，適切で丁寧な指導が重要である．その一方で，これらの事業の運営委託は地方自治体，広域連合に任せられるため，より地域の自主性がみられる．本書を利用し，柔道整復師が全国共通の方法で機能訓練を適切に運営することで，地域の信頼を得て，機能訓練事業が拡大されることを期待したい．

2016年2月

遠藤英俊

目　　次

1　柔道整復師と介護保険
細野　昇

- A　介護保険の目的と理念 …………………… 1
- B　介護保険制度における柔道整復師 ……… 2
  - ① 柔道整復師の業務 ………………………… 2
  - ② 柔道整復師に求められるスキル ………… 2
  - ③ 柔道整復師の職務 ………………………… 3

2　発達と老化の理解
遠藤英俊

- A　人間の成長と発達の基礎的理解 ………… 5
  - ① 発　達 ……………………………………… 5
    - a．発達の段階 …………………………… 5
    - b．発達段階説 …………………………… 6
  - ② 学　習 ……………………………………… 7
    - a．生涯学習の世代別・性別の特徴 …… 9
    - b．高齢期の学習の必要性 ……………… 9
- B　老年期の発達と成熟 ……………………… 10
  - ① ストレーラーの老化の基準 ……………… 10
  - ② 老化の原因とメカニズム ………………… 10
  - ③ エイジズム ………………………………… 10
  - ④ 老年期の発達課題 ………………………… 10
- C　老化に伴う心と身体の変化と日常生活 … 11
  - ① サルコペニアとフレイル ………………… 11
  - ② 生活不活発病 ……………………………… 12
  - ③ 運動機能低下 ……………………………… 12
  - ④ 生理機能低下 ……………………………… 12
- D　エイジング理論 …………………………… 13
  - ① 老　化 ……………………………………… 13
    - a．感覚の老化 …………………………… 13
    - b．知能の老化 …………………………… 13
    - c．記憶の老化 …………………………… 14
    - d．人格の老化 …………………………… 14
  - ② 老化の心理的影響 ………………………… 15
- E　高齢者と健康 ……………………………… 16
  - ① 健康寿命 …………………………………… 16
  - ② 高齢者にみられる疾患の理解 …………… 17
    - a．高齢者の腹痛 ………………………… 17
    - b．高齢者の便通 ………………………… 17
    - c．誤嚥と窒息・誤嚥性肺炎 …………… 17
    - d．骨粗鬆症 ……………………………… 17
    - e．高齢者の骨折 ………………………… 17
    - f．疼痛を伴う運動器疾患 ……………… 18
    - g．運動器以外の疾病 …………………… 19
  - ③ 高齢者の三大生活習慣病 ………………… 20
    - a．脳・循環器系血管疾患 ……………… 20
    - b．悪性新生物 …………………………… 21
    - c．糖尿病 ………………………………… 22
  - ④ その他の高齢者疾患 ……………………… 22
    - a．脂質異常症 …………………………… 22
    - b．高尿酸血症 …………………………… 22
    - c．白内障 ………………………………… 23
    - d．緑内障 ………………………………… 23
    - e．老人性難聴 …………………………… 23
    - f．失　禁 ………………………………… 23
    - g．パーキンソン病 ……………………… 23

3　認知症の理解　　遠藤英俊

- A　認知症の定義 …………………………… 25
- B　認知症を取り巻く状況 ………………… 26
- 1　認知症の歴史 …………………………… 26
- 2　認知症に関する行政の方針と施策 …… 27
- 3　オレンジプランと新オレンジプラン …… 27
- 4　認知症のケアパスについて …………… 28
- 5　認知症高齢者の実態 …………………… 30
- 6　認知症高齢者のケア …………………… 31
- C　医学的側面からみた認知症の基礎 …… 32
- 1　認知症の症状 …………………………… 32
- 2　認知症の原因疾患 ……………………… 33
    - a．アルツハイマー病 ………………… 33
    - b．脳血管障害 ………………………… 34
    - c．レビー小体病 ……………………… 34
    - d．その他の認知症原因疾患 ………… 35
    - e．若年性認知症 ……………………… 35
- 3　認知症の簡易検査 ……………………… 35
    - a．長谷川式簡易知能評価スケール … 35
    - b．ミニメンタルステートテスト …… 37
- 4　認知症の重度評価 ……………………… 37
    - a．FAST ……………………………… 38
    - b．OLD ……………………………… 38
    - c．CDR ……………………………… 38
    - d．認知症高齢者の日常生活自立度判定基準 ……………………………… 38
- D　認知症に伴う心と体の変化と日常生活 … 41
- 1　中核症状 ………………………………… 41
- 2　周辺症状 ………………………………… 41
- 3　認知症介護の環境 ……………………… 41
    - a．人的環境 …………………………… 42
    - b．物的環境 …………………………… 42
- E　連携と協働 ……………………………… 42
- F　家族への支援 …………………………… 42
- 1　レスパイトケア ………………………… 42
- 2　ピア・カウンセリング ………………… 43
- G　認知症予防 ……………………………… 43
- 1　認知症予防のための疾病管理 ………… 44
    - a．高血圧症 …………………………… 44
    - b．糖尿病 ……………………………… 44
    - c．その他注意すべき生活習慣病 …… 44
- 2　認知症予防について …………………… 44
- 3　コグニサイズ …………………………… 45

4　介護保険制度　　細野　昇

- A　介護保険 ………………………………… 47
- B　要介護度 ………………………………… 49
- 1　要介護者 ………………………………… 49
- 2　要支援者 ………………………………… 50
- 3　非該当者 ………………………………… 51
- C　要介護認定 ……………………………… 51
- 1　要介護認定 ……………………………… 51
    - a．要介護認定の申請 ………………… 51
    - b．認定調査（訪問調査） ……………… 52
    - c．主治医の意見書 …………………… 53
    - d．認定審査 …………………………… 53
    - e．認定および結果の通知 …………… 53
- D　介護保険の給付 ………………………… 54
- E　介護サービスの利用 …………………… 54
    - a．サービス事業者との契約 ………… 54
- F　介護サービスの受給パターン ………… 55

（目次前半）
- h．肝硬変 …………………………………… 23
- i．感染症 …………………………………… 23
- 5　高齢者医療に関する知識の必要性 …… 24
- 6　薬物療法のポイント …………………… 24

|1| 居宅サービスと施設サービス ･････ 55
 a．居宅(在宅)サービス ･･････････ 55
 b．施設(入所)サービス ･･････････ 55
|2| 医療系サービスと福祉系サービス ･･ 56
 a．医療系サービス ･･････････････ 56
 b．福祉系サービス ･･････････････ 56
|3| 居宅介護支援 ････････････････････ 56
G　介護サービス事業所 ････････････ 57
|1| 居宅系事業所 ････････････････････ 57
|2| 施　設 ･･････････････････････････ 57
 a．特別養護老人ホーム ･･････････ 57
 b．介護老人保健施設 ････････････ 57
 c．介護医療院 ････････････････････ 58
 d．特定施設 ･･････････････････････ 58
 e．地域密着型サービス施設 ････････ 60
H　介護関連職種 ････････････････････ 60
|1| 介護支援専門員(ケアマネージャー) ･･ 61
|2| 介護福祉士 ･･････････････････････ 61
|3| 社会福祉士 ･･････････････････････ 62
|4| 訪問介護員(ホームヘルパー) ･･････ 62
|5| 看護師 ･･････････････････････････ 62
|6| その他の介護関連職種 ････････････ 63
I　居宅介護サービスの受給 ････････ 63
J　施設サービスの受給 ････････････ 63
K　地域包括ケアシステム ･･････････ 63
L　医療介護総合確保法による今後の
　予想される変化 ････････････････ 66

5　介護の過程　　　　　　　　　　　藤田正一

A　介護過程の意義 ････････････････ 67
B　介護過程 ････････････････････････ 67
|1| 情報収集 ････････････････････････ 67
|2| アセスメント(課題分析) ･･････････ 67
|3| 課題・目標の設定 ････････････････ 68
|4| 個別援助計画の立案 ･･････････････ 68
|5| サービスの実施 ･･････････････････ 68
|6| モニタリングおよび評価 ･･････････ 68
C　情報収集と課題の優先順位 ････････ 68
|1| 情報収集の方法 ･･････････････････ 69
|2| 課題の優先順位 ･･････････････････ 69
D　介護過程の実践的展開 ････････････ 70
|1| ケアマネジメント ････････････････ 70
|2| ケアプラン ･･････････････････････ 70
 a．面接(インテーク) ････････････ 70
 b．査定(アセスメント) ･･････････ 70
 c．ケアプラン原案の作成 ････････ 70
 d．ケアカンファレンス ･･････････ 70
|3| サービス提供 ････････････････････ 71
|4| モニタリング ････････････････････ 71
|5| 評　価 ･･････････････････････････ 71
|6| サービスの終結 ･･････････････････ 71

6　高齢者介護とICF　　　　　　　　三谷　誉

A　高齢者介護 ････････････････････ 73
|1| 高齢者介護の目標 ････････････････ 73
 a．介護における目標 ････････････ 73
 b．介護におけるニーズとデザイア・
　　デマンド ････････････････････ 73
|2| QOLの向上 ･･････････････････････ 74
|3| ノーマライゼーション ････････････ 74
|4| 高齢者介護の原則 ････････････････ 74
 a．自己決定の尊重 ･･････････････ 74
 b．自立支援 ････････････････････ 74
 c．生活を継続する支援 ･･････････ 74
B　ICF ･･････････････････････････ 74

1 成立過程 …………………………… 75	1 リハビリテーション医学 …………… 78
2 ICF の特徴 ……………………… 75	2 臨床的活用 ……………………… 79
3 ICF の活用 ……………………… 76	D　機能訓練と ICF ……………………… 80
4 ICIDH と ICF …………………… 77	1 目標指向型機能訓練 …………… 80
5 ICF の特性 ……………………… 77	2 目標指向型機能訓練の特徴 …… 80
6 ICF の構成要素 ………………… 78	3 目標指向的アプローチ ………… 81
C　リハビリテーションと ICF ………… 78	4 生活行為の評価 ………………… 82

7　介護予防と生活機能の向上　　　　　　藤田正一

A　介護予防の問題点と対策 …………… 85	1 個別の評価に基づく包括的な介入 … 86
B　運動器機能の向上と健康寿命の延伸 … 85	2 地域の高齢者生活支援 ………… 87
1 「長寿」から「元気で長生き」へ ……… 85	D　介入研究の結果 ……………………… 87
2 機能低下に対する運動の効果 ……… 85	1 運動器の機能向上プログラムの効果に
3 運動器の機能向上訓練が目指すべき	関する総合的評価・分析 ……… 87
基本的考え方 …………………… 86	2 地域でのサービスに関する評価 … 87
4 健康長寿のための生活機能低下予防 … 86	E　これからの介護予防の考え方 ……… 88
C　生活機能低下予防での介入 ………… 86	

8　介護予防・日常生活支援総合事業　　　　　　三谷　誉

A　介護予防・日常生活支援総合事業の趣旨	1 介護予防・生活支援サービス事業 …… 93
……………………………………… 89	a．対象者 ……………………… 93
1 基本方針 ………………………… 89	b．内　容 ……………………… 93
B　生活支援サービスの充実 …………… 91	2 一般介護予防事業 ……………… 93
C　総合事業を構成する各事業の内容	a．対象者 ……………………… 93
および対象者 …………………… 93	b．内　容 ……………………… 93

9　ロコモティブシンドローム　　　　　　昇　寛

A　原　因 ………………………………… 95	D　ロコチェック（ロコモーションチェック）
1 運動器自体の疾患（筋骨格運動器系） … 95	……………………………………… 97
2 加齢による運動器機能不全 ……… 95	E　ロコトレ（ロコモーショントレーニング）
B　「寝たきり」や「要介護」の主要な原因 … 95	……………………………………… 97
C　ロコモティブシンドロームと運動器不安定症	1 目　的 …………………………… 97
との相違 ………………………… 96	2 方　法 …………………………… 97
	a．ロコトレの種類 …………… 97

b．メディカルチェック ………… 97
　　c．実施法 ……………………… 98
　　d．ロコトレの注意点 …………… 99
　　e．その他の方法 ………………… 99
F　転倒予防 ………………………… 99
① 転　倒 …………………………… 100
② 転倒予防の介入とその効果 …… 100
③ 転倒・骨折の要因 ……………… 100
　　a．骨密度の減少 ………………… 100
　　b．転倒頻度の上昇 ……………… 100
④ 転倒予防法 ……………………… 101
　　a．環境整備 ……………………… 101
　　b．筋力・バランス能力の向上 … 101
　　c．薬剤管理 ……………………… 101
⑤ 日常の歩行 ……………………… 102

10　高齢者自立支援の理解　　　　　　細野　昇

A　ポジショニングとシーティング ……… 103
① ポジショニング ………………… 103
　　a．目　的 ………………………… 103
　　b．ポジショニングで期待される効果 … 104
　　c．ポジショニングの方法 ……… 104
　　d．ポジショニング実施の要点 … 105
　　e．ポジショニングの効果 ……… 105
② シーティング …………………… 105
　　a．期待される効果 ……………… 106
　　b．車椅子シーティングの目的 … 106
　　c．よい「座位姿勢」の条件 …… 107
　　d．ホッファーの座位能力分類 … 108
　　e．仙骨座り ……………………… 108
　　f．車椅子シーティングの評価 … 110
B　口腔ケア ………………………… 110
① 口腔のもつ機能 ………………… 110
　　a．口腔の機能 …………………… 110
　　b．口腔機能の向上支援 ………… 111
② 摂食・嚥下機能障害がもたらすもの … 111
　　a．低栄養・脱水 ………………… 111
　　b．誤嚥・窒息 …………………… 112
　　c．運動機能の低下から閉じこもりへ … 112
③ 軽度介護者への口腔ケアの重要性 … 112
　　a．味覚の改善 …………………… 112
　　b．嚥下反射の改善 ……………… 113
　　c．栄養改善 ……………………… 113
　　d．発熱,肺炎の予防 …………… 113
　　e．舌の機能の改善 ……………… 113
　　f．誤嚥,窒息の予防 …………… 113
　　g．運動機能や認知機能に対する効果 … 113
④ 口腔体操（口の動き） …………… 113
　　a．方法・内容 …………………… 113
　　b．発声練習 ……………………… 114
C　栄養改善 ………………………… 114
① 「栄養改善」支援のねらい …… 115
② 高齢者にとっての「食べること」の意義
　　……………………………………… 115
　　a．楽しみ,生きがいと社会参加の支援 … 115
　　b．生活の質の改善と「食べること」…… 115
　　c．低栄養状態の予防と生活機能の維持 … 116
③ サービス提供の実際 …………… 116
　　a．栄養相談 ……………………… 116
　　b．栄養教育 ……………………… 116
D　閉じこもり予防 ………………… 116
① サービス提供の実際 …………… 117
　　a．サービス体制 ………………… 118
　　b．サービス内容 ………………… 118
② 同居家族への理解,協力のよびかけ …… 118
E　認知症のある利用者の支援 …… 119
① 物忘れ …………………………… 119
② 被害妄想 ………………………… 120
③ 見当識障害 ……………………… 120

④ 人物誤認 ･････････････････････････････ 120	⑧ 人格変化 ･････････････････････････････ 121
⑤ 異　食 ･････････････････････････････････ 120	⑨ 不潔行為 ･････････････････････････････ 122
⑥ 徘　徊 ･････････････････････････････････ 121	⑩ 夜間せん妄 ･･･････････････････････････ 122
⑦ 幻　覚 ･････････････････････････････････ 121	⑪ 性的行動 ･････････････････････････････ 122

11　機能訓練指導員と機能訓練　　細野　昇

A 機能訓練指導員 ･･････････････････････ 123	b．姿勢バランス ････････････････････ 134
B 介護予防・機能訓練指導員認定	H 個別機能訓練実施計画書 ････････････ 136
柔道整復師 ･････････････････････････ 123	① 基本方針 ･････････････････････････････ 137
C リハビリテーションと機能訓練との相違	② 本人の希望・家族の希望 ･････････････ 139
･･････････････････････････････････････ 123	a．本人の希望の例 ･･････････････････ 139
① リハビリテーションと機能訓練 ･･･････ 123	b．家族の希望の例 ･･････････････････ 139
② 柔道整復師が行う機能訓練指導の特性 ･･･ 125	③ リスク ･･･････････････････････････････ 139
D 「機能訓練」の対象となる「障害」の	④ 自宅訓練の計画 ･･･････････････････････ 139
捉え方 ･････････････････････････････ 125	⑤ 機能訓練終了の目安・時期 ･･･････････ 140
① WHO の障害に関する分類 ･････････････ 126	⑥ 参加＝主目標 ･････････････････････････ 140
② 「機能訓練」の「機能」の捉え方 ･････ 126	a．家庭生活(家庭内の役割) ･･････････ 140
③ 「活動制限（能力障害）」の構造 ･････ 127	b．対人関係（一般的な対人関係・特別な
④ 「参加制約（社会的不利）」の構造 ･･･ 127	対人関係） ･･････････････････････ 140
E 機能訓練指導員の業務 ･････････････ 128	c．主要な生活領域 ･･････････････････ 140
① 通所介護でのサービス実施までの手順 ･･･ 128	d．コミュニティライフ・社会生活・
② 通所介護事業所内でのサービス実施手順	市民生活 ･････････････････････････ 141
･･････････････････････････････････････ 128	⑦ 活動＝すべて実行状況 ･･･････････････ 141
F 機能訓練指導とケアカンファレンス	⑧ 心身機能・構造 ･･･････････････････････ 141
(サービス担当者会議) ･･･････････････ 129	⑨ その他 ･･･････････････････････････････ 141
① ケアカンファレンスの目的 ･･･････････ 130	a．心　理 ･････････････････････････････ 142
② ケアカンファレンスの中心的な議題 ･･･ 130	b．環　境 ･････････････････････････････ 142
③ ケアカンファレンスの開催手順 ･･･････ 131	c．家族等への影響 ･･････････････････ 142
④ ケアカンファレンスの協議事項の例 ･･･ 131	I 機能訓練指導員の保持すべき知識・能力
G 機能訓練の評価 ･･･････････････････････ 132	･･････････････････････････････････････ 142
① 評価表で考慮すべき事項 ･････････････ 132	① 利用者像の理解 ･･･････････････････････ 143
a．分　類 ･････････････････････････････ 132	② 機能訓練指導員に必要な能力 ･････････ 143
b．「活動」の評価 ･････････････････ 132	③ 「寝たきり」か「寝かせきり」か ･････ 143
c．評価の基準および介助の内容 ････････ 133	④ 可逆的要素のチェック ･･･････････････ 144
② 疼痛・姿勢バランスの評価 ･･･････････ 134	⑤ 危機管理 ･････････････････････････････ 144
a．疼　痛 ･････････････････････････････ 134	a．リスクマネジメントとは ･･･････････ 144

b．リスクマネジメントの手順 ……… 145
　　c．疾患・症候とリスク ……… 148
⑥ 利用者・家族のモチベーション ……… 151
⑦ デマンドとニーズ ……… 152
⑧ 拘縮のある利用者の機能訓練 ……… 153
　　a．固定に伴う関節の変化 ……… 153
　　b．関節拘縮と疼痛 ……… 154
　　c．拘縮の予防と改善 ……… 154
⑨ 疾患別の問題点の把握 ……… 155
⑩ 感染症に対する対応 ……… 155
J 福祉用具の知識 ……… 156
① 福祉用具の使用 ……… 157
　　a．福祉用具導入の効果 ……… 157
　　b．効果を上げる条件 ……… 157
　　c．福祉用具が活用されない場合 ……… 157
② 車椅子（自走用標準型車椅子・普通型
　　電動車椅子・介助用標準型車椅子） ……… 158
　　a．車椅子の種類 ……… 158
　　b．車椅子の操作 ……… 159
　　c．車椅子の運搬 ……… 159
　　d．車椅子のシートとアーム ……… 159
　　e．車椅子の選択 ……… 159
　　f．車椅子への移乗 ……… 160
　　g．車椅子の付属品 ……… 160
　　h．車椅子選択の例 ……… 161
③ 特殊寝台 ……… 162
　　a．ベッドを導入するのか，布団の使用を
　　　　続けるのか ……… 162
　　b．電動ベッドの種類と特徴 ……… 162
　　c．寝心地 ……… 163
　　d．起居動作 ……… 163
　　e．マットレスの種類と特徴 ……… 164
　　f．褥瘡予防 ……… 164
④ 歩行補助用具 ……… 165
　　a．歩行器 ……… 166
　　b．シルバーカー ……… 166
　　c．歩行補助杖 ……… 167
⑤ 移動用リフト ……… 168
⑥ ポータブルトイレ ……… 168

12　機能訓練で提供する運動と要点

A 機能訓練の手順 ………（細野　昇）171
① 事前アセスメント ……… 171
② 個別サービス計画の作成 ……… 171
　　a．目標設定について ……… 172
　　b．個別サービス実施計画の作成 ……… 174
③ プログラムの実施 ……… 174
　　a．プログラム実施前の留意点 ……… 174
　　b．プログラムの実施期間・回数 ……… 175
　　c．プログラム内容 ……… 176
　　d．プログラム終了後の注意点 ……… 180
④ 事後アセスメント ……… 180
B 器具を用いない運動 ………（村瀬　茂）180
① 背臥位で行う軽運動 ……… 180
　　a．背伸び ……… 180
　　b．頭を起こす ……… 180
　　c．足関節の屈伸 ……… 181
　　d．上肢の屈曲，伸展 ……… 181
　　e．膝の引き寄せ ……… 181
　　f．腰上げ ……… 181
　　g．腰ひねり ……… 181
② 運動開始前の予備運動 ……… 182
　　a．背伸び ……… 182
　　b．体側からの両腕振り上げ ……… 182
　　c．前傾両腕振り上げ ……… 182
　　d．体側伸ばし ……… 183
　　e．体幹の後方捻転 ……… 183
　　f．体幹の前・後屈 ……… 183
　　g．肩引上げ ……… 184

h．上体の回旋 ……………………… 184
　　　i．膝の伸展 ………………………… 185
　　　j．開眼片足バランス ……………… 185
　　　k．深呼吸 …………………………… 185
　③ 立位で行う上肢・体幹のストレッチング
　　　　…………………………………………… 186
　　　a．手関節の屈伸 …………………… 186
　　　b．肘伸ばし ………………………… 186
　　　c．腕の後方押し上げ ……………… 186
　　　d．腕の後方横引き ………………… 186
　　　e．頸部の前後・左右屈曲 ………… 187
　　　f．胸張り …………………………… 187
　　　g．背中を丸める …………………… 187
　　　h．斜め前方体側伸ばし …………… 188
　　　i．両手組み体側伸ばし …………… 188
　　　j．斜め側方伸ばし ………………… 188
　　　k．斜め前方体側捻転 ……………… 188
　　　l．背中伸ばし ……………………… 189
　　　m．背面腕引き ……………………… 189
　④ 立位で行う下肢のストレッチング ……… 189
　　　a．肩入れ股関節伸ばし …………… 189
　　　b．前後開脚アキレス腱伸ばし …… 190
　　　c．大腿部内側伸ばし ……………… 190
　　　d．大腿部後面伸ばし ……………… 190
　　　e．膝曲げ大腿部前面伸ばし ……… 190
　⑤ 床上で行う上肢・体幹のストレッチング
　　　　…………………………………………… 191
　　　a．肩引き胸そらし ………………… 191
　　　b．背臥位での腰捻り ……………… 191
　　　c．安座位体幹捻転 ………………… 191
　　　d．長座位開脚体幹捻転 …………… 191
　　　e．長座位開脚体前屈 ……………… 192
　　　f．長座位開脚体捻転前屈 ………… 192
　　　g．足部引き上げ …………………… 192
　　　h．片脚V字引き寄せ ……………… 192
　　　i．背臥位脚上げ …………………… 193
　⑥ 上肢・体幹の筋力を向上させる運動 …… 193

　　　a．椅子を用いた腕立て伏せ ……… 193
　　　b．膝立て腕立て伏せ ……………… 194
　　　c．壁立ち腕立て伏せ ……………… 194
　　　d．上肢の等尺性運動 ……………… 194
　⑦ 椅子を使って腹筋，腸腰筋，下肢前面の
　　　筋力を強化する運動 …………………… 195
　　　a．腰掛け膝屈曲引き上げ ………… 195
　　　b．腰掛け膝伸展脚上げ …………… 195
　　　c．腰掛け両膝伸ばし ……………… 196
　　　d．腰掛け開脚交叉運動 …………… 196
　　　e．腰掛け脚伸展上下肢交叉捻り … 197
　　　f．腰掛け膝上げ交叉捻り ………… 197
　⑧ 立位で腹筋，腸腰筋，下肢前面の筋力を
　　　強化する運動 …………………………… 198
　　　a．椅子からの立ち上がり ………… 198
　　　b．椅子を使った膝屈伸 …………… 198
　　　c．壁つき膝屈伸 …………………… 199
　　　d．腰に手を当て行うスクワット … 199
　　　e．後頭部に手を当て行うスクワット … 199
　　　f．ヒンズースクワット …………… 200
　　　g．片足立ち膝屈伸 ………………… 200
　　　h．前後開脚膝屈伸 ………………… 200
　　　i．側方膝屈伸 ……………………… 201
　　　j．中腰歩行（ニーベントウォーク） 201
　　　k．お尻歩行 ………………………… 201
　　　l．踏み台昇降 ……………………… 201
　C　簡単な器具を用いて行う運動 ………… 202
　① 運動に用いる器具 ……………………… 202
　② ボールを使った運動 …………………… 202
　　　a．足関節部でボールを挟む運動(1) … 202
　　　b．足関節部でボールを挟む運動(2) … 202
　　　c．膝にボールを挟み締める運動 … 203
　　　d．膝にボールを挟み締め上げる運動 … 203
　③ チューブ（ゴムバンド・セラバンド）を使う
　　　上肢・体幹の筋力向上運動 …………… 203
　　　a．両側同時引き …………………… 203
　　　b．左右交互引き …………………… 203

c．上腕巻上げ(カール)運動 ……………… 204
　　d．ボートこぎ …………………………… 204
　　e．肘上方引き上げ ……………………… 204
　　f．肘伸展手突き出し …………………… 204
　　g．スタンディングプレス ……………… 205
　　h．肩引き上げ …………………………… 205
　　i．シングルプレス ……………………… 205
　　j．斜め背面プレス ……………………… 205
4　チューブ(ゴムバンド・セラバンド)を使う下肢の
　　筋力向上運動 ……………………………… 206
　　a．チューブ脚伸展 ……………………… 206
　　b．チューブシングル脚伸展 …………… 206
　　c．チューブ足踏み ……………………… 206
　　d．上体起こし …………………………… 206
　　e．チューブ仰向け脚伸ばし …………… 207
　　f．チューブスクワット ………………… 207
　　g．スクワットアンドプレス …………… 207
5　プラスチックアレイを使った運動 ……… 207
　　a．振り子運動(体側での前後運動) …… 207
　　b．身体の前方での肩回旋運動(1) ……… 208
　　c．身体の前方での肩回旋運動(2) ……… 208
6　ポール(棒)を用いた肩の運動 …………… 208
　　a．船こぎ運動 …………………………… 208
　　b．バンザイ運動 ………………………… 208
　　c．バンザイ横揺れ運動 ………………… 209
　　d．抵抗下での船こぎ運動(1) …………… 209
　　e．抵抗下での船こぎ運動(2) …………… 210
　　f．ポールを用いた立位での運動 ……… 210
7　バランスボードを用いた運動 …………… 211
　　a．両足バランス運動 …………………… 211
　　b．バランスボード踏みつけ歩行 ……… 211
　　c．バランスボード上腰掛け足挙げ …… 211
　　d．バランスボード上膝立ちバランス … 211
　　e．バランスボード上側臥位脚上げバランス
　　　　……………………………………………… 212
　　f．バランスボード膝挟み込み運動 …… 212

D　股関節の運動能力を高める運動 ………… 212
　　a．座位足裏合わせ ……………………… 212
　　b．座位斜め膝上げ ……………………… 213
　　c．膝プレス ……………………………… 213
　　d．腹臥位膝上げ ………………………… 213
　　e．腹臥位バタ足 ………………………… 213
　　f．横向き脚上げ ………………………… 213
　　g．「ろ」をこぐ運動 …………………… 214
　　h．踏み出し腰下ろし …………………… 214
　　i．左右ハーフスクワット ……………… 214
　　j．四股踏み ……………………………… 215
　　k．腿上げ拍手 …………………………… 215
　　l．小歩行，大歩行 ……………………… 215
E　身体各部の運動 …………………………… 215
1　首・肩の運動 ……………………………… 215
2　手・指の運動 ……………………………… 216
3　背部・腰部の運動 ………………………… 217
　　a．背筋を伸ばす ………………………… 217
　　b．骨盤を左右に傾ける ………………… 217
　　c．上体を捻る …………………………… 218
　　d．ブリッジ ……………………………… 218
　　e．寝返り ………………………………… 218
4　下肢の運動 ………………………………… 219
　　a．体を前に倒し筋のストレッチング … 219
　　b．膝伸展 ………………………………… 219
　　c．脚伸展挙上 …………………………… 220
5　腸腰筋・腹筋の運動 ……………………… 220
　　a．膝上げ ………………………………… 220
　　b．足上げ ………………………………… 221
6　足部の運動 ………………………………… 221
　　a．踵・爪先上げ ………………………… 221
　　b．足踏み運動 …………………………… 222
F　運動メニューの例 ………………………… 222
1　腰痛予防・改善を目的とした運動 ……… 222
2　膝痛予防・改善を目的とした運動 ……… 222
G　運動プログラムの例 ……………………… 223
1　訓練期間1クール(3ヵ月間・12回)の

構成例 ································· 223
2　1回の訓練内容の構成例 ························ 223
3　1ヵ月目の運動プログラムの構成例 ········ 223
4　2ヵ月目以降の運動プログラムの構成例
　　··· 224
5　自宅での宿題運動プログラムの構成例1
　　··· 224
6　自宅での宿題運動プログラムの構成例2
　　··· 227

索　引 ··· 231

第1章　柔道整復師と介護保険

A ● 介護保険の目的と理念

　平成9(1997)年に介護保険法が成立，平成12(2000)年に施行された介護保険制度も15年が経過した．介護保険法第1条ではその目的を「この法律は，加齢に伴って生ずる心身の変化に起因する疾病等により要介護状態となり，入浴，排泄，食事等の介護，機能訓練並びに看護及び療養上の管理その他の医療を要する者等について，これらの者が尊厳を保持し，その有する能力に応じ自立した日常生活を営むことができるよう，必要な保健医療サービス及び福祉サービスに係る給付を行うため，国民の共同連帯の理念に基づき介護保険制度を設け，その行う保険給付等に関して必要な事項を定め，もって国民の保健医療の向上及び福祉の増進を図ること」としている．制度創設の主たる目的は本条で「有する能力に応じ自立した日常生活を営むことができるよう」としているように，高齢者が自身による「自立した日常生活」を営むことを支援することである．さらに「国民の共同連帯の理念に基づき」とあるように，それまで介護が必要となった高齢者を抱えている家族，とりわけ女性に負うところが大きかった「介護」の実態を「社会化」することで，要介護高齢者でも自宅で自立した生活を営むことができるように支援し，家族の介護負担を軽減させることにある．

　また，同法第4条1項では「国民は，自ら要介護状態となることを予防するため，加齢に伴って生ずる心身の変化を自覚して常に健康の保持増進に努めるとともに，要介護状態となった場合においても，進んでリハビリテーションその他の適切な保健医療サービス及び福祉サービスを利用することにより，その有する能力の維持向上に努めるものとする」として，生活習慣の改善や機能訓練などを通して健康を保持し増進させるなど，国民個々に介護予防への取り組みの義務があることを定めている．この条文によれば，介護保険の究極の目標は高齢者が生涯介護を必要としない生活を送れるように，国民自らが介護予防を実践することであるといえる．

　この実現に向け平成18(2006)年の法改正では，要支援者の予防給付に加え，要介護や要支援者に認定されない高齢者に対して地域支援事業の介護予防事業を創設して，国民の介護予防への取り組みの義務を明確にした．平成24(2012)年には地域支援事業に介護予防・日常生活支援総合事業(総合事業)を導入して介護予防を目的とした市区町村独自の多様なサービス提供を可能にした．さらに，平成27(2015)年には新しい介護予防・日常生活支援総合事業として拡充し，柔軟な人員基準・運営基準に従ったサービス事業者や住民主体の取り組みによる多様なサービス提供を可能にすることで，高齢者が地域の介護予防活動に参加し自らの介護予防を実現できるシステムを構築した．

B ● 介護保険制度における柔道整復師

　柔道整復師は介護保険法成立時に制度の要となる介護支援専門員（ケアマネジャー）の基礎資格として，また介護保険制度実施時には機能訓練指導員としても位置づけられた．しかし，制度導入の検討を始めた当初は制度に関連する職種に含まれてはいなかった．これに対し，社団法人日本柔道整復師会〔現公益社団法人日本柔道整復師会（日整）〕のさまざまな働きかけにより，平成11(1999)年2月に福祉系サービスである通所介護サービスや介護老人福祉施設などで機能訓練を担当する機能訓練指導員として，介護保険法施行規則の関連職種に位置づけられた．
　本項では，介護保険制度のサービス事業者として柔道整復師が活動する際の業務，求められるスキル，そして職務について解説する．

1 柔道整復師の業務

　柔道整復師は脱臼・骨折・捻挫・打撲・挫傷の施術を行うことを本来業務としているが，高齢化に伴い高齢者の損傷を取り扱う機会が増加し，大腿骨頸部骨折の保存療法での後療を通して，歩行を中心とした高齢者が一度喪失した日常生活機能を改善させるノウハウを蓄積してきた．この技術は加齢に伴う生活機能の低下がみられる高齢者に対しても応用可能で，運動器機能が低下する原因の把握や原因に対するアプローチの方法などに大きな力を発揮する．また，多くの高齢者に触れてきた経験は，人の加齢に対する心理的な変化，身体機能の変化，高齢者に特有な回復過程などを理解するうえで貴重な財産となっている．しかしながら，持っている技術の適用には経験の量だけでは不十分で，確たる科学的な裏づけが重要である．すなわち，老化のメカニズム，高齢者の心理状態，加齢に伴う身体機能の変化，高齢者特有の疾病構造，認知症の理解など高齢者介護に必要な知識に基づき技術を適用することが求められる．

2 柔道整復師に求められるスキル

　一般に柔道整復業務は柔道整復師単独で実施されるのに対して，高齢者介護のほとんどは医師，歯科医師，看護師，理学療法士，作業療法士，歯科衛生士，介護福祉士，訪問介護員などさまざまな関連職種がチームを編成してサービスが提供される．多くの柔道整復師はチームアプローチの経験が少なく，チームとしての活動はもっとも苦手とすることの1つである．柔道整復師がチームの一員として介護分野に参画するにあたっては，関連職種が担当する業務内容などを十分に理解するとともに，これらの人々との良好な関係を構築しなければならない．一方，医療現場と同様に介護現場でも提供するサービスには効果が求められる．すなわち，提供したサービスは要介護状態の予防，改善，少なくとも維持に寄与していなければならず，提供しているにもかかわらず要介護状態が悪化している場合などには，サービスそのものを変更するか，提供方法を変更しなければならない．要介護状態の改善または悪化を判定するには，要介護者の状態を正しく把握したり計測したりすることと，結果をフォーマットに従い記録することが不可欠である．これもまた柔道整復師が苦手とするところで，介護分野に参画するにあたっては十分な準備が必

要である.

3 柔道整復師の職務

　機能訓練指導員は介護保険制度の目的である介護予防ならびに高齢者の自立支援を行ううえで，もっとも重要な役割を担う．すなわち，柔道整復師は機能訓練指導を通して，要介護者等に対する重度化の防止または改善，非該当者の生活機能の維持や向上を目指さなければならないのである．

　高齢者の生活機能の低下は「閉じこもり」から「うつ傾向」に向かわせ，さらなる生活機能の低下を招く悪循環から「要介護状態」や「寝たきり」の直接的な原因となる．柔道整復師が行う介護保険非該当者への機能訓練指導(介護予防・生活支援サービス事業など)は，高齢者個々のQOL(quality of life)を改善させるばかりでなく，わが国における「介護予防」の実現に寄与する．このことは，必要となる介護の全体量を低下させ国民負担の軽減につながり，ひいては国民全体の幸福にもつながる．

第2章　発達と老化の理解

A ● 人間の成長と発達の基礎的理解

　時間経過や加齢に従って主に体の量的な増加による変化を「成長」，心身の形態や機能の変化を「発達」という．エリクソン(Erikson,E.H.)によれば発達には成長(growth)，成熟(maturation)，学習(learning)の三要素があり，「成長」は生涯発達のピークを分水嶺として前半が成長，後半が老化となるが老化＝衰退ではない．「成熟」とは性交渉によって生殖可能になることであり，女性ではその可能時期の終わりを告げるのが閉経である．また男女共に更年期があり，さまざまな更年期障害を呈する．また，「学習」とは経験により獲得した知識，理解により自分の行動，態度を微調整していくことができることをいい，学習の特殊なものは，学校教育の中で得られる．学習は人生の前半にのみあるものではなく，健忘症，物忘れなど人生の後半では負の学習といえるものも存在するとしている．

1　発　達

　前述のように発達は量的だけでなく質的な変化がみられる統合的な成長のことだが，成長と発達とを明確に区別しないで使うことが多い．発達に影響する因子を，遺伝を重視する立場から考える「生得説」，生育環境の影響を重視する立場から考える「経験説」があるが，遺伝的要因と環境的要因が輻輳（ひとつに集まる）するという「輻輳説」や遺伝的な制約を受けながら環境の影響を受け，相互作用の過程を経て成長するという「相互作用説」では，発達には遺伝と環境とが互いに影響し合っていると考えている．

a. 発達の段階

　人間の発達段階は，それぞれに特徴がある6段階に分けることができる．通常は，各々の発達段階で求められる課題を一定期間かけて充足した後に次の段階に進んで行くが，これはその期間に質的変化・変容を遂げているともいえる．

❶ 乳児期

　誕生から2歳くらいまで*をいい，歩く，話す，食べるなどの基本的な行動を獲得する時期である．

❷ 幼児期

　小学校入学までの時期*で，ヨチヨチ歩きから排泄や食事，入浴など生活上の基本的な事柄の自立が達成される．社会生活の第一歩である幼稚園や保育園での生活も始まり，これに適応する

---

* ここでは，心理学的な発達段階の分類で表す．

という課題も充足しなければならない．第1反抗期ともいわれ自我が芽生える．

❸ 児童期

　小学生の時期で，集団行動を始め基本的な社会性と，社会生活に必要な知識を学ぶ．運動技能なども巧みになり，心身が安定して生育する時期でもある．思考面の発達は具体的な思考から抽象的な言葉の理解まで進む．

❹ 思春期・青年期

a）思春期

　中学生から成人までの時期で，性的な成熟と社会的な自立の発達段階である．思春期には第2反抗期とよばれる心理的な離乳が生じ，親よりも友人関係を重視するようになる．

b）青年期

　自分の能力や性格を知って，社会人として自立して行く時期である．職業選択，結婚，家庭生活への準備を通して自身のアイデンティティが確立されていく．

❺ 成人期

　成人期の初期では配偶者選択や親になることなどの社会的課題が多くあり，成人以降は個人差が大きい時期である．人格的には安定した時期だが，近年，離婚や失職などの危機が増加している．

❻ 老年期

　成人期の次にある段階で，老化の進行が顕著になる時期を老年期の始まりと考えれば，時期的な個人差は大きくなる．心身機能の衰えと社会的活動の変化が生じるが，定年退職による社会生活の変化は大きく，仕事中心の生活から地域などでの個人的なつながりが中心の生活へと移行する．自身の生き方を内省して統合する時期である．

b．発達段階説

　代表的な発達段階に関する理論や考え方にピアジェ（Piajet, J.），フロイト（Freud, S.），エリクソンの発達段階説があり，それぞれ発達段階を分類・整理している．

❶ ピアジェの発達段階説

　心理学者であるピアジェの発達段階説は，子どもの思考や認知の発達を4段階に整理している（表2・1）．

❷ フロイトの心理・性的発達段階説

　精神分析学者のフロイトは心理・性的発達段階説を説いていて，リビドーとよばれる性的エネルギーがどのようにあらわれ，どのように充足されるかにより自我の発達を5段階に区別している（表2・2）．

❸ ハヴィガーストの発達課題とエリクソンの発達段階説

　発達課題という概念は，教育学者のハヴィガースト（Havighurst, R.J.）が初めて提唱した．発達課題とは個人の発達の特徴ではなく，社会的要請という視点からみたときに習得されなければならない課題のことである．ハヴィガーストの発達課題はその根底に他人との情緒的なつながりをもつコミュニケーションスキルと両親からの精神的・経済的自立があり，その他には，自己に対する正直で健全な態度，倫理的な良心や謙虚さ，男性・女性の性役割の受容などがあり，身体成熟や技能・知識の習得，役割の取得などの学習すべき具体的課題が示されている（表2・3）．

表2・1 ピアジェの発達段階説：子どもの思考や認知の発達

段階	年齢	特徴
感覚運動期	0～2歳ごろ	感覚でとらえた刺激に運動で反応するという行為が認識の重要な道具になっている．やがて刺激とは独立した行為（吸う，つかむなどのシェマ）によって外界とかかわるようになる．
前操作期	2～7歳ごろ	自己中心性で，自分以外に他者の視点があることに気づいていない．認識がみかけに影響されやすい．言葉による認識へと至る過程の時期でこの時期が終わる頃までは，他者視点での思考は難しいと言われている．
具体的操作期	7～11歳ごろ	実際の行為ではなく，内面化された行為（＝操作）が認識に用いられるようになり，みかけに影響されず，事実に対する論理的判断が行われるようになる．
形式的操作期	11歳ごろ～	現実に起こっていないことにも論理的判断ができるようになる．推論の論理形式を内容から独立させて新しい内容に当てはめられる．

シェマ：人間が環境に適応していく中で体制化される認知システムを構成する諸要素のこと．ピアジェは人間の適応や発達にとって既存のシェマにより情報を取り入れる「同化」の過程と，シェマ自体を変更する「調節」との2つの過程が重要としている．

表2・2 フロイトの発達段階説：自我の発達

段階	年齢	特徴
口唇期	誕生～1歳ごろ	授乳・摂食によって口唇から快感を得ている時期
肛門期	3歳ごろまで	前期では排泄に，後期ではその我慢に対して満足が集中する時期
男根期	5歳ごろまで	生殖器への関心や異性親に対する性欲が中心となる時期 エディプス・コンプレックス（精神分析でもっとも有名な概念）は，男根期に生じる無意識的葛藤であり，発達の重要な転換点と考えられている．
潜在期	思春期まで	性的エネルギーが外部に向けられ，性活動が潜在化する時期
性器期	思春期以降	身体的成熟と共に性器性欲が出現し，異性愛が完成する時期

エディプスコンプレックス：異性の親を手に入れようと思い，また同性の親に対して強い対抗心を抱くが，親を越えることはできないという，幼児期において起こる現実の状況に対する二律背反的な心理の抑圧のことをいう．

　心理学者のエリクソンの発達段階説は，発達を生涯の全段階を通じて続くものとみなしていて，これを生涯発達という．心理・社会的側面からライフサイクルを8つに分けて，各段階での発達課題とその課題が達成されなかったときの危機を設定した（**表2・4**）．
　エリクソンの発達課題は心理的特質というとらえ方をしている．

2　学習

　一般に学習とは「学問・技術などを学び習うこと」であり，教育における学習は「学校で系統的・計画的に学ぶこと」である．心理学や生理学における学習は「人間も含めて動物が，出生後に経験を通じて知識や環境に適応する態度・行動などを身につけ変容していくことで，不安や嫌悪など好ましくないものの体得も含まれる」とされている．ハヴィガーストやエリクソンがあげているように，老年期にも特有な発達課題があり，課題の克服には生涯を通じて年代に応じた学

表2・3 ハヴィガーストの発達課題（1953）

発達段階	発達課題
乳幼児期	歩行の学習，固形食を食べる学習，話すことの学習，生理的安定の達成，性差と性的慎み深さの学習，社会的・物理的現実についての単純な概念の形成，両親兄弟の人間関係の学習，善悪の区別，良心の学習
児童期	日常の遊びに必要な身体的技能の学習，生活体としての自己に対する健康な態度の形成，遊び友達を作って，うまく付き合う学習，男子・女子の区別の学習とその社会的役割の適切な認識，読み・書き・計算の基礎的学力の習得と発達，日常生活に必要な概念の発達，良心・道徳性・価値観の適応的な発達，個人的独立の段階的な達成・母子分離，社会集団や社会制度に対する態度の発達
青年期	両性の友人との交流と新しい成熟した人間関係をもつ対人関係スキルの習得，男性・女性としての社会的役割の達成，自分の身体的変化を受け入れ，身体を適切に有効に使うこと，両親や他の大人からの情緒的独立の達成，経済的独立の目安を立てる，職業選択とそれへの準備，結婚と家庭生活への準備，市民として必要な知的技能と概念の発達，社会人としての自覚と責任，それに基づいた適切な行動，行動を導く価値観や倫理体系の形成
壮年期	配偶者の選択，配偶者との生活の学習，第一子を家庭に加えること，育児の遂行，家庭の心理的・経済的・社会的な管理，職業に就くこと，市民的責任を負うこと，適した社会集団の選択
中年期	市民的・社会的責任の達成，経済力の確保と維持，十代の子どもの精神的な成長の援助，余暇を充実させること，配偶者と人間として信頼関係で結びつくこと，中年の生理的変化の受け入れと対応，年老いた両親の世話と適応
老年期	肉体的な力，健康の衰退への適応，同年代の人と明るい親密な関係を結ぶこと，社会的・市民的義務の引き受け，肉体的に満足な生活を送る為の準備，死の到来への準備と受容

表2・4 エリクソンの発達段階説：発達課題と危機

段階	発達課題	課題が達成されなかったときの危機	概要
乳児期	信頼	不信	養育者との関係を通じて世界に対する信頼感や安定性を獲得する段階，ここでの信頼感が後のアイデンティティの基礎となる
幼児期前期	自立性	恥・疑惑	自我が芽生え，しつけの時期にあたる，初めは外から統制されていたものを内的に自分で統制することを身につける段階
幼児期後期	積極性	罪悪感	自発的に行動することを通して，計画や目標を立てることを学ぶと共に状況に応じてそれらを変更する必要性を知る段階
児童期	勤勉性	劣等感	学校や家庭でのさまざまな活動を通じて，知的技能や道具の使用などの習得が行われる，自己や他人の特徴を知り，対人関係の技能を習得する段階
青年期	アイデンティティ	アイデンティティ拡散	それ以前に経験してきた多様な自己像を調和させ，アイデンティティを確立しようとする段階，社会的な視野から自分とは何者かを理解する
成人前期	親密性	孤立	結婚や家族の形成のように，他者と相互に親密な関係を築き，人との愛や信頼を獲得する段階
成人後期	生殖性	停滞	子孫を生み出すこと，生産性や創造性を発揮する段階，家庭や仕事を通して社会的に価値のあるものを産み育てていく段階
老年期	統合	絶望	人生を振り返り，自分が価値ある存在であったか否かを考える段階，死に思いをはせ，一生の成就を受け止めようとする

習が必要になる．また，年代や性により心身の状態，学習環境，習得すべき内容などに特性があり，これらに配慮した適切な学習機会を提供する必要がある．

a. 生涯学習の世代別・性別の特性

❶ 幼児・青少年期の特性

学校教育・社会教育を通じてさまざまな学習を重ね，他者との出会いを通して社会人としての素地を築く時期であり，この時期の学習が高齢期の生き方に大きく影響を与える．自ら課題をみつけ，主体的に判断し，問題解決できる能力を養えるような支援が重要である．近年では人の老いや介護，人の死と向き合う経験が少なくなっていることから，学校や地域での高齢者とのふれあいなどを通じて，人の生涯や命の尊厳，高齢者の心身の特徴などについて考える機会を設けることが重要である．

❷ 成人期の特性

社会人としての生活スタイルが安定する時期であり，個人の関心，年齢，体力に応じた主体的な活動がより可能となる時期である．この時期は，自己実現や生きがいづくりで充実した人生の実現を目的に，学習活動や地域社会の取り組みに積極的にかかわり，仕事以外の人間関係を幅広く築くと共に，積極的にスポーツに取り組み，第二，第三の人生を生きるために学ぶ必要がある．しかし，現実には学習や地域での活動に関与する人の割合は決して高くない．近年では「男性は仕事中心，女性は家事・育児中心」という固定的な性別役割分担意識に異を唱える人たちが増え，家庭や仕事を男女ともに担う「ワーク・ライフ・バランス（仕事と生活の調和）」の実現に向けた取り組みが進められ，社会的機運も高まっている．ゆとりある生活の中での学習が，これらに関する視野・識見を広げ業務効率を高めることにつながる．

❸ 高齢期の特性

定年退職により仕事中心の「タテ社会」から家庭や地域社会中心の「ヨコ社会」の生活へとライフスタイルへの変更が求められる時期であり，健康で生きがいのある生活と社会とのかかわりが求められる一方で，加齢に伴う心身機能の衰えや介護の問題，家庭や地域からの孤立などさまざまな問題が表面化してくる時期でもある．男性高齢者では「一人暮らしによる孤立化」，女性高齢者では単身世帯の相対的貧困率の高さが課題となる．高齢期の生活状況は，若い時期の働き方や家族や地域とのかかわり方，能力開発，生活習慣などの蓄積に負う面が大きい．この時期は，職業能力開発機会の提供や就業相談など多様な働き方を整備し経済的自立を支援すると共に，それまでの人生で培ってきた知識・経験をもとに，社会貢献活動や地域活動に参画し，学びと実践を繰り返しながら自己実現，生きがいの創出を図ることが必要である．

また，健康な高齢期を過ごせるよう，自分に適した食生活や運動で健康維持や体力増強に努め社会とのかかわりをもち続ける努力，交流の場所に参加し人や地域社会とのつながりを継続して自己実現を図る学びが重要である．さらに，地域におけるボランティアや世代間交流を促進して高齢者の地域社会への関心を高め，地域を支える人材資源として活用する環境づくりも必要である．

b. 高齢期の学習の必要性

生きがいは個人の生活の質を高め人生に喜びをもたらすが，何が生きがいとなるかは多種多様で人それぞれ異なる．趣味や教養，就労，起業，社会貢献，それらにつながる学習活動も含め生

きがいになり得る．近年，地域参画・社会貢献に生きがいを感じる高齢者が増えてきているが，定年後の生きがいはすぐにみつかるものではなく，若い時期から高齢期を見据え，学習活動，能力開発，社会貢献などを通して，自ら生きがいを創出していくことが重要である．

また，高齢期に健康な生活を維持するためには，運動の必要性やその効果に関する知識，運動実践のための知識や技能，栄養摂取の重要性を理解し適切に摂取するための知識，地域社会での人間関係の形成に必要な知識などさまざまな学習が必要になる．

B●老年期の発達と成熟

国連の人口統計で統計上の区分としての「高齢者」は60歳以上と65歳以上の2通りがあり，わが国では65歳以上を採用している．WHOの区分では65～74歳を前期高齢者，75歳以上を後期高齢者，85歳以上を末期高齢者としている．

身体機能や精神機能は加齢に伴い少しずつ低下して行くが，生涯を通した生理的変化のうち成長がピークに達した後の変化を老化(senescence)といい，全生涯にわたる変化は加齢(aging)とよんでいる．老化現象は記憶力の低下や生理機能の低下などのように，疾病や事故がなくても生じる生理的老化と，老年期に多い脳血管障害や心疾患などの疾病によって生じる病的老化とに区別されている．

1 ストレーラーの老化の基準

ストレーラー(Strehler, B.L.)によれば，生理的老化現象の基準は誰にでも生じる「普遍性(universal)」，誕生や死と同様に個体にあらかじめ存在している「内在性(intrinsic)」，一方向的である「進行性(progressive)」，機能の低下や減退がある「有害性(deletereious)」の4つがあり，これらをすべて満たした場合に老化とされるが，すべての個体に一様に出現するとは限らないとしている．

2 老化の原因とメカニズム

消耗説，代謝率説，老化プログラム説，機能衰退説，エラー破局説，フリーラジカル説などが代表的な学説だが，いずれもまだ十分には確立されていない．

3 エイジズム

年齢に基づく差別をいい，高齢者というカテゴリーを基に生じる単純化されたステレオタイプな認識が年齢に基づく差別の基盤となっている．超高齢化社会ではエイジズムをなくすことが求められる．

4 老年期の発達課題

高齢期には定年退職などの社会的役割の喪失や，子どもの自立，配偶者との死別，病気や老化による健康の喪失などさまざまな喪失場面に直面する．そのため喪失や衰えへの適応が老年期の

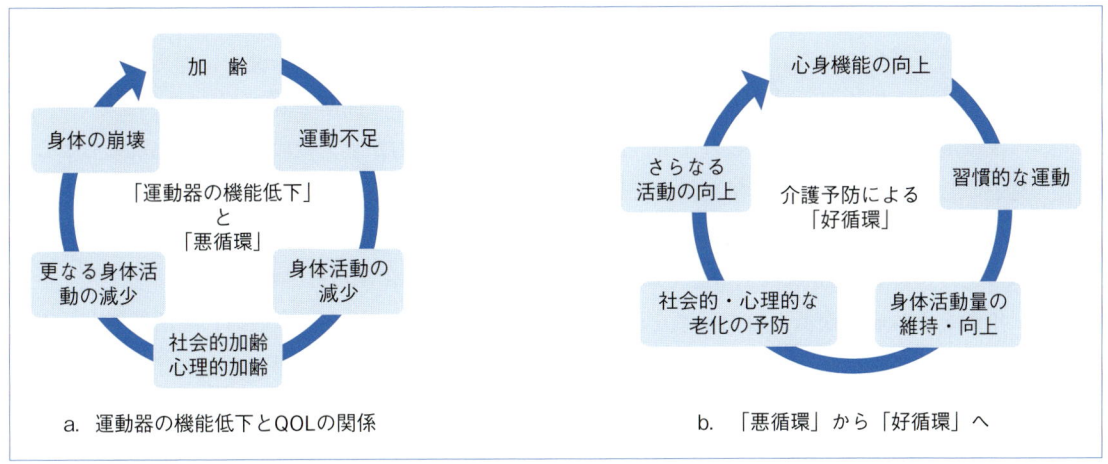

図2・1 老化に伴う心と体の変化

発達課題のテーマとなる．
　ハヴィガーストは，肉体的強さと健康の衰退への適応，引退と収入減少への適応，配偶者の死への適応，同年齢の人々との親密な関係の確立，身体的に満足な生活を送るための準備などを老年期の発達課題としてあげている．生活の質であるQOLには，身体状況や生活環境を含む客観的QOLと，幸福感や生きがいがかかわっている主観的QOLとがあるが，前述の高齢者が抱える課題から生じるQOLの低下や，ケアによるQOLの向上を考えるときにもこれらの両方の観点が必要である．

C ● 老化に伴う心と身体の変化と日常生活（図2・1）

　老化によって心身にはいろいろな変化が生じる．身体的変化としてはみた目の変化である形態的な変化と，生理的機能の変化である機能的変化があり両方が複合したものが老化による変化として現れる．特にサルコペニアとフレイルは老化のサインとして重要である．

[1] サルコペニアとフレイル

　サルコペニアは(sarcopenia)は進行性かつ全身性の骨格筋量・骨格筋力の低下を示す疾患である．ギリシア語で「筋肉」を意味するサルコ(sarco)と「減少・消失」を意味するペニア(penia)からなる造語で，1989年に「加齢による筋肉量減少」としてローゼンバーグRosenbergにより提唱された．元々の定義は，骨格筋の「量の減少」であったが，次第に「筋力や機能の低下」も含むようになった．これはEuropean Working Group on Sarcopenia in Older People (EWGSOP)による定義であり，身体機能障害，QOLの低下，死のリスクを伴う包括的な内容も含まれる．ヨーロッパ静脈経腸栄養学会のコンセンサス論文では筋肉量減少と筋力低下を認める状態としている．また，国際悪液質学会 the Society of Sarcopenia Cachexia and Wasting Disorder (SCWD)では筋肉量減少と身体機能低下を認める状態と定義している．サルコペニアの定義はまだ確定していな

いが，これらをまとめると狭い意味では「筋肉量減少のみ」が，広い意味では「筋力低下や身体機能の低下が含まれる」ものと考えることができる．臨床では筋肉量の減少に加えて，筋力の低下もしくは身体能力の低下のいずれかがあればサルコペニアと診断される．

医療現場や介護現場ではこれまで，高齢になり筋力や活力が衰えた段階を「老化現象」として見過ごしてきたが，日本老年医学会では提言をまとめ，病気と健康の中間的なこの段階を「フレイル」と名付け（「虚弱」を意味する英語のfrailtyからきている），予防に取り組むとしている．この提言によると75歳以上の多くがここを経て要介護状態に至るとされている．

年齢を重ね筋力が低下した状態を「サルコペニア」，これに加えて全般的に生活機能が低下することを「フレイル」と指すと考えることができる．最近の考え方はサルコペニアは疾患で，フレイルは症候群としてとらえられている．

米国老年医学会では，フレイルは移動能力の低下，握力の低下，体重の減少，疲労感の自覚，活動レベルの低下，のうち3つに当てはまると，この段階と評価するとしている．国立長寿医療研究センターの報告によると，愛知県大府市在住の65歳以上で脳卒中などの持病を持たない高齢者およそ5千人のうち11％がこの段階であったとしている．この段階になるのを防いだり，遅らせたりするためにはタンパク質を含んだ食事や定期的な運動が有効である．適切な対応で，心身のよい状態を長く保つことにつながる．これによって医療費や介護費の抑制につながるかもしれない．フレイルを予防するためには，①タンパク質，ビタミン，ミネラルを含む食事の摂取すること，②ストレッチングやウォーキングなどの運動を定期的に行うこと，③身体の活動量や認知機能を定期的に確認すること，④感染を予防すること（ワクチン接種を含む），⑤手術後は栄養やリハビリテーションなど適切なケアを受けること，⑥内服薬が多い人（6種類以上）は主治医と相談すること，が有効であるとされている．

2 生活不活発病

生活不活発病（廃用症候群）は運動が可能なのに運動機能を使わずにいると起こりやすく，意欲の低下を引き起こし，これを原因とするさらなる運動機能低下が起こるという悪循環を招く．これに引き続いて要介護状態に陥ることもある．廃用症候群は予防が重要である．

3 運動機能低下

(1) 加齢や運動量の低下によって筋力が低下して，歩行や寝た姿勢からの起き上がり動作が行いにくくなる．
(2) 運動に関係する神経機能の老化はバランス感覚を低下させ転倒しやすくなる．原因は神経伝達速度の低下である．
(3) 軟骨量の減少などに伴う変形性関節症など関節にも老化がみられ，関節の痛みや拘縮が高度になると歩行困難になることもある．

4 生理機能低下

(1) 肺機能の低下は肺活量や換気量の低下，咳反射の低下につながり，高齢者が頻繁に誤嚥を

起こす原因となる．
(2) 老化によって排泄機能が低下し，咳やくしゃみで腹圧が上昇したときに尿漏れを起こすことがある．この腹圧性尿失禁（腹圧が関与する尿失禁）は，男性に比べて尿道を締める役割の尿道括約筋が弱いとされる女性に生じやすい．また，男女ともに尿意を覚えてもトイレに到着するまで我慢できないで切迫性の失禁をきたすようになる．
(3) 外見からは判断できないが，加齢に伴って膵臓のインスリン分泌能が低下するため，糖代謝能が低下する．糖代謝とは食べ物から摂取したエネルギーを臓器が消費し，余分なエネルギーを蓄え，必要なときに利用する仕組みである．

D●エイジング理論

老年社会学における主なエイジング理論には，高齢者の社会的活動の減少を「社会的に引き起こされる」とする活動理論，「高齢者が自らの変化に応じて選択した自然なことである」とする離脱理論，「高齢者が自分の過去の経験やこれまでの社会関係を生かすような適応的選択を行うことで，老年期のパーソナリティは変化することなく保たれる」とする継続性理論がある．

1 老 化

老化は感覚，知能，記憶，人格のそれぞれに影響するが，必ずしも全体的な変化が一度に生じるわけではなく，感覚や知能，記憶には低下や衰えがみられるが，人格の基本的な部分は保たれるなど出現に時間的相違がある．

a．感覚の老化

個人差はあるが感覚という側面からみると視・聴・嗅・味・触覚の五感が全般的に鈍化する．視覚や聴覚の老化があるとコミュニケーションや外界からの情報取得が困難になるため，人間関係や活動範囲を縮小させることがある．感覚の鈍化にはそれぞれの感覚内でも低下しやすい側面とそうでない側面とがあり，とくに，高齢者の難聴では声をかけても気づかない，テレビの音量を大きくする，高音域が聞き取りにくくなるなどという特徴的な徴候がみられ感音性難聴といわれる．
(1) 聴覚では高音域の感度から低下し音の識別力も低下する．とくに，これらは男性に著しくあらわれる．
(2) 視覚での変化は視力・目の焦点を調整する機能が低下し，視野が狭くなり奥行きや対象物の移動を知覚する能力の低下がみられ順応が遅くなる．彩度明度の低い色が識別しにくくなるのも加齢による変化といえる．
(3) 嗅覚では臭いに対する感覚が低下し，味覚では甘・辛・苦・酸に対する感受性が低下すると共に，味覚の変化もみられる．
(4) 皮膚感覚では，痛覚や温度覚が低下する．

b．知能の老化

知能という側面からみた老化の影響は，経験と知識の積み重ねによって培われる能力である結

表 2・5　ライチャードの分類

類　型	特　徴
円熟型	自己受容，将来への関心，積極的社会参加
依存型（安楽椅子型）	責任解放，受容，いたわりを好む→受動的・消極的
装甲型（防衛型）	不安・拒否感→積極的に活動
自責型	自責の念
他罰的憤慨型（敵意型）	他人を攻撃→受容できない，死への恐れ

表 2・6　ニューガーテンの分類

類　型	特　徴
統合型	柔軟な受容，情緒安定
防壁型	反動から積極的活動 → 社会活動縮小
依存型	責任解放，受動的受容
不統合型	精神機能・情動低下，適応不良

　晶性知能(言語性知能)は比較的維持されるが，新しい場面・環境に適応する際に必要な能力である流動性知能(動作性知能)の低下がみられる．

　高齢者の認知機能障害は，薬を飲み忘れる，量を間違えるなど服薬管理ができなくなる要因となり，介護または療養上の問題が起こり得る．

MEMO　高齢者の知能検査
高齢者の知能検査にはウェクスラー式成人知能検査（WAIS）が使われ現在わが国では平成 23（2011）年から WAIS-Ⅳの日本語版が出版され使用されている．

c. 記憶の老化

　記憶では長期記憶は比較的よく保持され，それ以外の記憶機能は衰えやすい．音や映像を 1～2 秒程度のごく短時間保持する記憶である感覚記憶，感覚器から転送された情報が 20 秒程度保存される機能である短期記憶は老化によって低下しやすい記憶である．

　長期記憶は言葉の意味に関する知識である意味記憶，何月何日に何があったというような経験や出来事に関するエピソード記憶，運動の仕方や手順などについての手続き的記憶に区別され，これらはいずれも数分から数年以上にわたって保持される．

d. 人格の老化

　人格は基本部分に老化に伴う大きな変化はないが，身体機能や脳の働きの低下などの間接的要因によって影響を受けることがある．人格は生得的な素質を土台として，体験や学習を通じて行動傾向が形成され青年期を経てほぼ安定するが，加齢のみが原因で大きく変わることはない．

　高齢者の人格の分類には，心理学者のライチャード（Reichard,S.）の分類（**表 2・5**）と同じく心理学者であるニューガーテン（Neugarten,B.L.）の分類（**表 2・6**）とがある．ライチャードは，定年退職後の男性高齢者の人格特性を円熟型，依存型(安楽椅子型)，装甲型(防衛型)，自責型，他罰的

憤慨型(敵意型)の5つに分類し自責型と他罰的憤慨型は社会に不適応的としている．ニューガーテンは高齢者の人格特性を基本的に統合型，防壁型，依存型，不統合型の4つに分類しているが，社会参加のレベルや人生の満足感などの観点から統合型を再統合型・集中型・離脱型に，防壁型を固執型・緊縮型に，依存型を依存型・鈍麻型に分類し，これに不統合型を加えた8つのパターンに細かく分類している．再統合型がもっとも人生の満足感が高いものとされ，不統合型は満足感がもっとも低いとされている．

2 老化の心理的影響

　高齢者の心理を理解するうえでさまざまな老化の心理的影響を，それぞれの側面から客観的に把握し理解に役立てることが重要である．また，うつ病についても理解しておかなければならない．ただし，初老期および高齢期のうつ病(老年期うつ病)は，必ずしも精神的要因で生じるわけではなく脳の疾患やパーキンソン病，糖尿病や薬物などで生じることも多く，環境変化が要因となって老年期うつ病を起こすこともある．さらに青年期のうつ病と比べて慢性化しやすく再発もしやすいといった特徴もある．老年期うつ病は身体的症状を強く訴えるためうつ状態を見い出しにくいのが特徴であり，一時的に認知症に似た症状を示す場合には，認知症との鑑別が難しく仮性認知症といわれている．

　50～60歳代半ばの初老期はうつ病の好発期である．うつ病やうつ状態の高齢者に対応するときに大切なことは受容的な態度で接し，励まさない，身体のケアや援助を行うために症状の変化や薬の副作用を観察する，自殺の予防に努めるなどであるが，このことは高齢者に限らず一般的なうつ病でも留意すべきことである．

　高齢者に生じやすい薬の副作用に抗コリン作用*などがあり，注意深く観察しなければならない．高齢者の自殺の原因は，健康問題，経済・生活問題，家庭問題などが多く，これらの原因の延長上でうつ病を発症すると考えられている．

MEMO　抗コリン作用

脳神経のシナプスは前部・後部に分かれており，前部から放出された神経伝達物質を後部が受容することで，情報が伝わる仕組みになっている．この際，シナプス前部から放出された神経伝達物質が後部に受容されることなくシナプスの間隙に残った場合，シナプス前部が再取り込みを行う．

三環系抗うつ薬などはセロトニンやアドレナリンの再取り込みを阻害することによって，うつ症状を軽減するなどの効果を発するが，同時に神経伝達物質の1つであるアセチルコリンがシナプス後部の受容体と結合を阻害する作用を一般に抗コリン作用といい，アセチルコリンによって作動している神経は正しく機能しなくなる．その結果，便秘や口の渇きなどが副作用として現れる．とくに緑内障患者の場合は抗コリン作用による眼圧の上昇により症状を悪化させる懸念がある．また前立腺肥大症患者の場合は尿が出にくくなるなどの副作用がみられる．

アセチルコリンがアセチルコリン受容体に結合するのを阻害する薬物を抗コリン薬という．

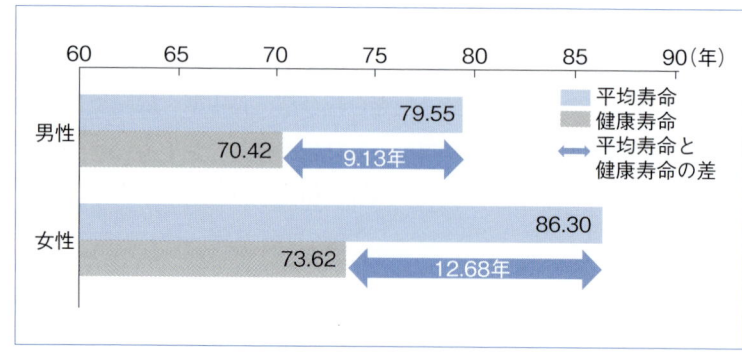

図2・2　平均寿命と健康寿命の差

(平均寿命(平成22年)は，厚生労働省「平成22年完全生命表」より，健康寿命(平成22年)は，厚生労働科学研究費補助金「平均寿命における将来予測と生活習慣病対策の費用対効果に関する研究」より作成)

E ●高齢者と健康

　高齢者の介護を行ううえで高齢者にみられるさまざまな疾患について，その原因や生活上の留意点をよく把握しておくことが重要である．高齢者の疾患の特徴には複数の疾患を合併している，症状が非定型的である，社会的環境の影響を受けやすい，慢性化しやすい，寝たきりの原因になりやすい，検査成績に大きな個人差がみられる，精神・神経症状を伴いやすい，薬剤に対して若年者と異なる反応がみられるなどがあげられる．

1　健康寿命

　健康づくりは運動や栄養，休養を通じて，心身ともに健康づくりをすることから始まる．高齢者の健康は心身ともに健全な状態をつくり，維持することが重要である．主観的な健康と客観的な健康とがあり，精神的な健康感も重要である．なお健康を維持するために重要な運動，栄養，休養による外部的な影響と共に，遺伝などに影響される内在的な因子がある．健康寿命とは寿命から病気や障害をうけた期間を引いた健康を維持した期間をいう．この健康寿命が長いほどよいとされ，健康の指標の1つとなっている．日本人の寿命は国際的にも世界トップクラスであり，わが国の医療がすぐれているという評価指標となっている．健康指標としては健康寿命の長さを比較する方法と，健康高齢者の人口割合をみる方法とがある．しかしながら平均寿命と健康寿命の差は10年前後存在する(図2・2)．

　そして健康長寿こそが我々がめざす目標である．すなわち健やかに長生きすること，満足した，生活の質の高い生活を送るとともに，社会参加し，共生しあう社会を構築することが必要であり，その結果終末期においても満足した老後を全うし，死んでいくときに生に満足した死を迎えることが望ましい．また周囲がよりよい看取りをすることが重要であろう．

2 高齢者にみられる疾患の理解

　高齢者は複数の疾患を合併している場合が多く，訴えが複雑に重なっていて整理して丁寧に聞き取らなければ本質を見誤ることになる．また，疾病に伴う症状の出現が比較的軽微で小さな変化が重大な問題を孕んでいる場合もみられる．高齢者の医療や介護では応答が機敏でない高齢者に対しても，介護者は忍耐強く受容的に接すると共に，小さな変化を見逃さず機敏に対応することが重要である．

a. 高齢者の腹痛

　高齢者が腹痛を訴えるときは腸閉塞（イレウス），消化性潰瘍（胃・十二指腸），大腸腫瘍などとの関連に留意する．腸閉塞は胆道感染症，胃腸疾患の進行による腸管の損傷，便秘，腹部手術による癒着などが原因になっている場合があり考慮しなければならない．高齢者の消化性潰瘍では，強い腹痛を訴えないことが多いようである．

b. 高齢者の便通

　高齢者の大半は便秘の問題を抱えているが，医学的判断基準では排便が 1 週間に 2 回以下である，排便時の 1/4 以上に硬便，残便感，難渋する排便のうちの 2 つ以上がみられる，のいずれかに該当すれば便秘としている．

　下痢にはウイルス性と細菌性とがあり，多くの場合に嘔吐，嘔気，発熱，食欲不振を伴う．原因となるノロウイルスやロタウイルスは感染力が非常に強く，感染が疑われる場合には医療機関を受診させる．介護者は日頃から手洗いや消毒を心がけるべきだが，感染の可能性がある場合には実施を徹底することが重要である．

c. 誤嚥と窒息・誤嚥性肺炎

　高齢者の日常生活に関する介護で，とくに注意しなければならない事項は，食事中の誤嚥や窒息である．高齢者の介護では口腔ケアや，食材・調理法を工夫して食事を提供するが，食事中に咳き込むあるいはむせる人は，とくに誤嚥に注意しなければならない．誤嚥性肺炎の予防には口腔ケアにより口腔内容物などが気道に入って細菌感染するのを防ぐことが重要だが，食後の体位に注意することでもある程度の効果がある．

d. 骨粗鬆症

　骨量の減少によって骨が脆弱化した状態をいう．身体的要因としては加齢，閉経後の女性で女性ホルモンの分泌量低下，遺伝的素因などがあり，日常の生活習慣が要因となるものではカルシウムの摂取不足，日光浴不足によるビタミン D 不足，運動不足などがあげられる．疾患や薬物に関するものでは慢性腎不全で透析をしている患者，ステロイド剤を長期にわたって内服している患者，廃用症候群症状のある患者などが骨粗鬆症になりやすい．また，疾患に続発する骨粗鬆症は，バセドウ病や副甲状腺機能亢進症などのホルモン異常が原因とされている．

　骨粗鬆症のある高齢者の介護では車椅子への移乗，体位変換などの際に急激な力を加えると，骨折を起こす危険性が非常に高くなることを理解しておく必要がある．

e. 高齢者の骨折

　転倒に伴う骨折の発生率は年齢に比例し高くなる．大腿骨頸部骨折，脊椎圧迫骨折，橈骨遠位

端部骨折，上腕骨頸部骨折は高齢者での発生頻度が高く，とくに注意が必要である．高齢者骨折はQOLの低下を招く原因となるので細心の注意を払って予防する．

❶ 大腿骨頸部骨折

寝たきりの原因となる頻度が高い骨折で，原則として手術治療を選択し可能な限り臥床期間を短縮する．転倒が原因で起こることが多く，転倒して立ち上がれないときはこの骨折の可能性が高い．

❷ 脊椎圧迫骨折

脊椎圧迫骨折も寝たきりの原因になることが多い．転倒や中腰で物を持ち上げたとき，自分の体重などが原因で圧迫骨折を起こし，腰部の激痛で立ち上がれなくなることがある．原因と骨折の程度とが比例しない場合が多いので注意が必要である．

❸ 橈骨遠位端部骨折

発生頻度が高く，転倒して手をつき起こる手関節近傍の骨折であり，高度な変形癒合や骨萎縮に伴う機能障害などの後遺症を残す可能性がある．

❹ 上腕骨頸部骨折

骨粗鬆症に伴う骨折として頻度が高く，骨折と共に脱臼を起こしている場合もある．転倒した際に「上腕をぶつける」または「手をつく」ことで発生する骨折である．

f. 疼痛を伴う運動器疾患

高齢者に起こりやすい慢性的な疼痛は骨粗鬆症，関節リウマチ，変形性関節症などが原因とされる．高齢者では足腰や節々の痛みを訴えるが，関節や骨に起因する疼痛であることが多く，数ヵ月以上にわたって持続または再発を繰り返すのを特徴とする．

❶ 関節リウマチ

難治性・全身性の炎症性疾患で関節の痛みや腫れ，変形，可動域制限がみられ慢性的な経過をたどる．手足の小さい関節から左右対称性に始まり，重症例では日常生活活動がほとんど不可能になる場合もみられる．関節リウマチは40～50歳代の女性に発生することが多く，自己免疫機構に起こった異常によるという説が有力であるが，明確な原因はつかめていない．

生活上では安静，関節への負荷の軽減，転倒予防，関節を冷やさないなどの注意が必要で，重症例では活動の不自由さを補う意味で自助具の使用が必要になる．

❷ 変形性関節症など

老化によって関節の骨や軟骨がすり減ることで生じ，骨棘形成など関節の変形を伴う有痛性の疾患で変形性膝関節症，変形性股関節症などで肩関節周囲炎を含める場合がある．

変形性膝関節症は50歳以上の肥満女性での頻度が高く，多くはO脚変形を呈して膝関節の内側に痛みが生じる．膝関節運動に関与する筋力の低下・アンバランスが主な原因であり，治療および予防には肥満を解消して膝関節への生活上の負担を軽減する，転倒を予防する，正座を避ける，適度な運動をする，膝を冷やさないように留意するなどがあげられる．

変形性股関節症は発達性股関節脱臼や臼蓋形成不全であった女性が30～40歳代で発症することが多い．男性は女性に比べて発生頻度が低いが，外傷性股関節脱臼から股関節の変形に至るもの，ペルテス病後に起こるものがみられる．日常生活では歩行補助具を用いる，股関節を冷やさ

ないなどに留意する．

　肩関節周囲炎は中年以降（とくに50歳代に多い）に発生する，肩関節の疼痛と可動域制限を伴う疾患の総称で，関節を構成する骨，軟骨，靱帯，腱などの老化（変性）を主な原因として，肩関節の周囲組織に炎症が起こると考えられている．夜間に特徴的にみられる疼痛は，肩が冷える，就寝中に上腕骨頭と肩峰との間の構造物に長時間圧力が加わることが原因と考えられている．骨，軟骨などに変性を伴うことから変形性関節症の範疇に入れている．急性期では安静が有効であるが，慢性期に移行したものでは適度な運動をする，肩を冷やさないように留意するなどが重要である．

❸ **腰部脊柱管狭窄症**

　60歳代以降の高齢者に多い腰部の疾患で，腰椎部の脊柱管が狭窄され中の神経組織が圧迫される病態で，特徴的な間欠性跛行がみられ下肢の麻痺や排尿・排便障害などを伴うが腰痛は軽度である．間欠性跛行は歩行で下肢に痛みやしびれが起こり一時的に歩行困難となるが，しばらく休むと症状が軽減し再び歩けるようになる．

　四肢（主として下肢）の末梢動脈の内膜炎により動脈の閉塞をきたすバージャー病でも間欠性跛行がみられるが，立位での休息が症状の回復に無効であり鑑別できる．

g. 運動器系以外の疾病

❶ **良性発作性頭位めまい症**

　50〜70歳代に好発し女性にやや多い疾病で，決まった頭の位置をとると回転性のめまいが生じるが耳鳴りや難聴を伴わない．同じ回転性めまいがみられるメニエール病は高齢者には少ない．脳動脈硬化が進んだ高齢者には，数ヵ月以上持続する動揺感を伴って現れる慢性のめまい（浮動性のめまい）がみられる．脳卒中の発作直後に麻痺は出現せずめまいが出現することもあるので注意を要する．

❷ **急激な体重減少**

　前期高齢者に1ヵ月で2 kg以上の体重減少があれば，悪性腫瘍，うつ病，慢性疾患の悪化などを疑う．

❸ **末梢神経障害**

　加齢によってしびれを生じることは多いが，高齢者の手足の機能障害を伴う末梢神経障害は非常に頻度が高く，生活の不自由さに直結する．

❹ **呼吸器・循環器疾患**

　肺が行うガス交換の障害で呼気を吐き出せないタイプのものを閉塞性換気障害といい，高齢者にみられる慢性の咳の原因でもっとも多い．慢性閉塞性肺疾患（COPD）とよばれ，病名は慢性気管支炎と肺気腫とである．慢性閉塞性肺疾患では慢性の咳がみられるが，それまであまり咳がみられなかった高齢者に咳が出はじめた場合は感染症の疑いもある．肺の感染症では肺結核，レジオネラ菌による肺炎などが考えられるが，とくに施設内などではレジオネラ菌による肺炎は適切な治療が遅れると，感染が拡大して多くの死亡者を出すこともある．

　肺と心臓の両方の働きに関連する症状として，息切れや息苦しさを訴えるものがあり，心肺機能の低下が高度な場合には安静時でも息苦しくなる．肺胞の破壊などで二酸化炭素と酸素とのガ

ス交換ができなくなった状態を呼吸不全といい，心臓の予備力低下により心拍出量が減少して，全身の臓器に血液循環不全が生じている状態を心不全という．呼吸不全の原因としては慢性閉塞性肺疾患が多く，心不全の原因では虚血性心疾患と高血圧性心疾患とが多い．

❺ 皮膚疾患

免疫力の弱い高齢者や糖尿病患者などにみられる皮膚疾患には，真菌(カビ)感染症である白癬やカンジダ症がある．白癬は白癬菌の感染によって起こるもので，発症する部位によって「水虫」(足)，「タムシ」(体)，「しらくも」(頭皮)などとよばれている．乳房下や脇の下，股，おむつがあたる部分などにはカンジダ症が多くみられる．疥癬虫(ヒゼンダニ)を病原体とする疥癬は，病院や介護施設での集団感染が問題となっている．夜間の激しいかゆみを特徴として，寝たきりの高齢者が増加していることも原因の1つと考えられている．

❻ 不 眠

高齢者の睡眠障害の1つで，原因はさまざまで複雑である．うつ病や神経症の徴候，生活障害，睡眠リズムそのものの変化が背景となっていることもある．

3 高齢者の三大生活習慣病

高齢者には三大生活習慣病も多くみられる．

a. 脳・循環器系血管疾患

脳血管疾患では脳梗塞，一過性脳虚血発作，脳出血やクモ膜下出血のような頭蓋内で起こる内出血が主なものである．症状は発症当初の頭痛，嘔吐，意識障害，片麻痺，しびれ，言語障害と引き続きみられる機能障害の残存である．循環器系の疾患では狭心症や心筋梗塞がみられるが，急性心筋梗塞の死亡率は非常に高い．

❶ 脳血管障害

脳出血は40〜50歳代に多く加齢や高血圧などで血管が脆弱化していて，急に破れることで発生する．多くの場合は活動中に発症し高頻度で意識障害が認められる．急速に昏睡に陥ることがあり，脳神経の障害を伴う．クモ膜下出血は40〜60歳代に多く脳動脈の分岐部にできた脳動脈瘤が破裂して発生する．突然の激しい頭痛，嘔気・嘔吐，一過性の意識障害が認められ死亡率の高い疾患である．

脳の血管が詰まったものが脳梗塞で，詰まった血管が支配していた脳神経組織に血液が供給されなくなり神経細胞が壊死する．脳梗塞の主な原因である脳血栓は，脳血管内の動脈硬化部位で生じた血栓によって血流が途絶えた脳組織が壊死するもので，同じく脳梗塞の原因となる脳塞栓は，心臓内で形成された血栓が血流によって脳に達し脳血管を塞ぐことで発生する．脳血栓は休息時に起こりやすく，症状は徐々に進行するのが特徴で，脳塞栓は突発的に生じて数分以内に症状が現れる．

一過性脳虚血発作は，脳の血管に血栓が詰まることによって生じるもので，一度現れた症状は消えるが，繰り返して発作が起こる場合は脳梗塞を発症しやすくなる．

脳血管障害では長期臥床などで心身の不活発状態が続いた結果として，筋や骨の萎縮，褥瘡，関節拘縮，心肺機能の低下などの廃用症候群が引き起こされ，後遺症として寝たきりになること

が多い．

❷ 高血圧症

脳出血や脳梗塞の原因に高血圧がある．血圧には収縮期血圧と拡張期血圧があり，収縮期血圧が 140 mmHg 以上かつ拡張期血圧が 90 mmHg 以上のものを高血圧と定義〔世界保健機構（WHO）や日本高血圧学会のガイドラインによる〕している．原因が明らかでない高血圧を本態性高血圧症といい，老人性高血圧の大部分を占めている．高齢者のおよそ 1/3 が高血圧症といわれていて，収縮期血圧だけが高く拡張期血圧が低い収縮期高血圧症が多い．

高血圧の治療法には非薬物療法や薬物療法があるが，まず非薬物療法で生活習慣を改善する．具体的には食塩・脂肪摂取などの制限，適度な運動，肥満の改善などを行う．非薬物療法で降圧目標に達しない場合にカルシウム拮抗薬や，アンギオテンシンⅡ受容体拮抗薬などの降圧薬を用いた薬物療法が行われる．

❸ 心疾患

胸が締めつけられるような痛みや圧迫感が狭心症の特徴で，労作性狭心症と安静狭心症とがある．労作性狭心症は発作が起きたら安静にするか，ニトログリセリンを舌下投与すると発作は数分以内に消失する．安静やニトログリセリンの舌下投与で軽快しない持続的な胸痛は急性心筋梗塞が考えられる．胸痛にはモルヒネが用いられるが，不整脈やショックなどのために死亡率が高い．心不全では動悸，息切れ，呼吸困難などがみられ，下肢の浮腫などの全身的な変化を特徴とする．虚血性心疾患は心臓のポンプ機能が低下しているために心筋に十分な酸素が供給されない状態で，心筋へ血液を送る冠動脈が狭窄・閉塞して十分な血液や酸素が供給できないために生じる病態で，狭心症と心筋梗塞とに分けられるが，狭心症は心筋の壊死（心筋細胞の死）がなく心筋梗塞は壊死が起こる．

高齢者の場合は典型的な症状がなく上腹部痛の訴えや痛みを伴わない無痛性心筋梗塞も多くみられ，認知症や意識障害のために胸痛を正確に訴えられない場合やすでに心不全によるショックや呼吸困難を生じている場合もある．

b. 悪性新生物

高齢者にはさまざまながんもみられる．胃がんの初期には特徴的な症状がなく，進行するに従って痛み，出血，体重減少，貧血などが起こる．胃がんの原因の 1 つとされるヘリコバクター・ピロリは，50 歳代以上の日本人の 8 割以上が保菌しているといわれている．胃がんの死亡率は男女ともに年々減少している．

対照的に年々死亡率が増加しているのが大腸がんで，増加の原因は食生活の欧米化が関係しているといわれている．早期大腸がんには自覚症状があまりなく，進行すると血便，便通異常，さらに進行すると貧血，体重減少，腸閉塞などの症状がみられる．

肝がんには原発性肝がんと転移性肝がんがあり，原発性肝がんには肝細胞がんと胆管細胞がんがある．肝細胞がんは男性に好発しもっとも多いのは 50 歳代で，肝硬変を合併することが多い．原発性肝がんの 90％以上が肝細胞がんである．

膵臓がんも肝がんと同じで男性に多いがんで近年は増加傾向にあり，高齢者が罹患することが多い．膵頭部での発生が多く，黄疸を起こしやすいのが特徴である．5 年生存率は低く早期診断

が困難ながんである．

　　肺がんを分類すると腺がん，扁平上皮がん，大細胞がん，小細胞がんの4つがあり，症状として咳，痰，血痰，胸痛などがみられるが肺がん特有のものではなく，人間ドックなどで発見されるものがほとんどである．

　　70歳以上の男性高齢者に多い前立腺がんは骨転移しやすいことが特徴である．年齢，人種，環境などが危険因子であり，血清PSA検査（腫瘍マーカー）による早期発見が可能である．有効な治療法として抗男性ホルモン療法がある．

c. 糖尿病

　　糖尿病はさまざまな原因でインスリンの分泌が不足する，インスリンが十分に作用しないなどの理由で高血糖が持続する病態で，口渇，多飲，夜間頻尿，全身倦怠感，体重が減少するなどの症状がみられるが，初期には自覚症状のないことも多く，空腹時の血糖値やHbA1c（血中ヘモグロビンA1c値）を指標として診断される．高齢者の場合は，口渇，多尿，全身倦怠感のほか，低血糖時の冷汗，動悸などの糖尿病の典型的な症状が現れにくくなる．ふらつきやめまい，目のかすみなどの訴えである場合もある．

　　糖尿病には若い人に多く生活習慣と無関係な1型糖尿病と中高年に多く生活習慣が関係する2型糖尿病があり，1型糖尿病が急激に発症して進行も速くインスリン注射が必要となりやすいのに対し，2型糖尿病は進行が遅く食事療法や運動療法で治療できることもある．2型糖尿病は肥満を伴う場合が多いといえる．

　　一般的に糖尿病の治療には食事療法，運動療法，薬物療法があり，食事と運動で改善しない場合は経口血糖降下薬の内服かインスリン注射が行われる．治療中に冷汗，動悸，手足の震え，意識消失などの低血糖症状が出現することがあり，症状がみられた場合は砂糖かブドウ糖を摂取するが十分な注意が必要である．

　　糖尿病は合併症を起こしやすく網膜症，腎症，神経障害が三大合併症とよばれる．網膜症は網膜に出血を生じるので失明の危険性もあり，腎症ではタンパク尿や高血圧を伴い進行すると人工透析が必要となる．神経障害ではしびれや自律神経障害の症状がみられ，狭心症の発症や足指壊疽を生じることもある．

4　その他の高齢者疾患

a. 脂質異常症

　　血液中のコレステロールや中性脂肪などの脂質が異常値を示す脂質異常症（高脂血症）は，自覚症状がほとんどないため，サイレントキラーとよばれる．放置すると動脈硬化が進行し心筋梗塞や脳梗塞を起こしやすくなる．

b. 高尿酸血症

　　血中の尿酸値が異常に高くなった状態で，血液中の過剰な尿酸が身体各部（とくに関節部）で結晶化（尿酸塩結晶）して蓄積して行く．痛風は肥満，アルコール摂取，ストレスなどを原因とするプリン体代謝異常による高尿酸血症を起こす病気で中年男性に多い．多くは足の第1MP関節部で，激しく痛み発赤や腫脹を伴う痛風発作が起こる．

c. 白内障

　　水晶体が混濁した状態のことで，個人差はあるが70歳以上の高齢者にはほぼ全員にみられる．老人性白内障と先天性白内障があり，一般的に進行した場合は手術をする．
　　加齢を原因することがもっとも多く，かすんでみえる，まぶしく感じる，物が二重にみえるなどが主な症状である．

d. 緑内障

　　白内障と違い自覚症状がほとんどなく，何らかの原因で視神経が障害されて視野が狭くなる．多くの場合，進行は非常にゆっくりであり，病因の1つとして眼圧の亢進があるが，近年は眼圧の上昇を伴わないものも多い．

e. 老人性難聴

　　聴覚機能の老化を原因とする加齢性難聴(老人性難聴)がみられる．初期にはまず高音域の聴力が低下し，進行すると全周波数領域で低下する．

f. 失　禁

　　膀胱から無意識に尿が漏れることを尿失禁といい，60歳を過ぎた頃から症状がみられる．高齢者に多いのは切迫性尿失禁であり，尿意が起こると我慢できないで，トイレが間に合わず漏れてしまう．また，膀胱炎や腎盂腎炎などの尿路感染症も起こしやすい．高齢者の尿路感染症では無症状のことも多いが，一般的には排尿痛，頻尿，残尿感，排尿困難などの症状がみられる．

g. パーキンソン病

　　パーキンソン病は40～65歳に発症することが多く，振戦，固縮，無動(または寡動)，姿勢反射障害が4大徴候である．仮面様顔貌，小刻み歩行，前かがみの姿勢，嚥下障害，幻覚などもみられ，人口10万あたり約100人の有病率となっている．

h. 肝硬変

　　肝硬変は加齢に伴って増加するものではなく，青年期に発病し70歳以前に致命的疾患となることが多い．長年の慢性炎症で肝臓の細胞が破壊され線維化して硬くなり，肝臓内部の血液循環に異常が生じて肝臓の機能低下がみられる．

i. 感染症

　　感染症も高齢者が罹ると重症化する場合があり，予防には十分な注意が必要である．インフルエンザはインフルエンザウイルスによる感染症で，突然の高熱や関節痛，筋肉痛を伴う．流行の型は年によって変わりワクチン接種などで予防するが，抵抗力の弱い高齢者や乳幼児は死に至ることもある．ノロウイルスは下痢便や吐瀉物から感染が広がり，発熱，嘔吐，下痢などの症状がみられる胃腸炎である．汚物の処理の際には必ず手袋を着用し，手洗いなどを徹底して感染の拡大を予防しなければならない．

　　院内感染や施設内感染の重要な病原菌であるMRSA(メチシリン耐性黄色ブドウ球菌)感染症は，多種類の抗生物質に抵抗性があるため，投薬による効果が得られない．弱毒微生物による日和見感染症で，免疫力が低下した人が発症しやすく，通常の免疫力がある人には発症しない．高齢者のほか，がん末期・放射線療法・免疫抑制薬長期大量投与・臓器移植患者などがかかりやすい．

5 高齢者医療に関する知識の必要性

　福祉系職種と医療系職種との連携を有効にするには，高齢者特有の疾患や高齢者に特有な症状の現れ方などを知っておくことが重要である．福祉系職種は要介護者の心身の状態が変化したときや病気の前兆としての前駆症状がみられたら，医師や歯科医師，保健師，看護師，理学療法士，作業療法士などの医療系職種に報告し連携を図る．前駆症状が単独で現れることは少ないが，発熱，発疹，嘔気・嘔吐，下痢，浮腫，意識障害などに注意してしっかり観察する必要がある．

6 薬物療法のポイント

　薬剤に関する知識も必要で，例えば坐薬は体温で溶けるように作られているので冷蔵庫に保管する．錠剤やカプセル剤は刺激性や味，臭いなどを調整していることが多いため原則として原型を壊さないで服用させる．点眼薬を共同で使用すると点眼薬を介して感染する感染症もあるので複数の人に使用しないようにするなどである．高齢者は飲んだ薬が体内にとどまる時間が長くなるために，薬によっては副作用が出現しやすいので注意する．主な副作用は皮膚症状や消化器症状で，副作用が疑われたら軽微なものでも，直ちに医師や看護師に報告する．高齢者介護に限ったことではないが，どの種類の薬剤でも長期間保管すると変質する可能性があり有効期限を守って使用することが重要である．

第3章　認知症の理解

A ● 認知症の定義

　国際疾病分類第10版(ICD-10)によると，「認知症とは，通常，慢性あるいは進行性の脳疾患によって生じ，記憶・思考・見当識・理解・計算・学習・言語・判断など多数の高次大脳機能の障害からなる症候群」と定義されている．

　平成25(2013)年に発行されたDSM第5版(DSM-5)では，これまで使われていたdementiaという用語が消え，neurocognitive disorder(NCD：神経認知障害)という新たな用語が大きなカテゴリーとして導入された．NCDは認知障害の重症度とそれによる日常生活自立度の程度により，major NCDとmild NCDとに大別され，さらに，せん妄(delirium)をも含むため，従来のdementiaの概念よりも広義となっている．major NCDは認知症，mild NCDは軽度認知機能障害として用いられることとなった．mild NCDは従来の軽度認知機能障害(MCI：mild cognitive impairment)の概念とほぼ同じである．

　Majorおよびmild NCDの診断基準を**表3・1**に示す．

表3・1 Major & Mild Neurocognitive Disorder の診断基準

A. <u>1つ以上の認知領域</u>（複雑性注意，実行機能，学習と記憶，言語，知覚-運動，社会的認知）において，以前の行為水準から有意な認知の低下があるという証拠 　(1) 本人，本人をよく知る情報提供者，臨床家による有意な認知機能の低下があったという懸念 　および 　(2) 可能であれば標準化された神経心理検査に記録された，それがなければ他の定量化された臨床評価によって実証された認知行為の障害
B. <u>Major</u>　毎日の活動において，認知欠損が自立を阻害する（すなわち，最低限，請求書を支払う，内服薬の管理をするなどの，複雑な手段的日常生活活動に援助を必要とする） 　<u>Mild</u>　毎日の活動において，認知欠損が<u>自立を阻害しない</u>（すなわち，請求書を支払う，内服薬の管理をするなどの複雑な手段的日常生活活動は保たれるが，以前よりも大きな努力，大小的方略，または工夫が必要であるかもしれない）
C. その認知欠損は，せん妄の状況のみでおこるものではない．
D. その認知欠損は，他の精神疾患によってうまく説明されない（例：うつ病，統合失調症）

(高橋三郎，大野　裕(監)：DSM-5精神疾患の診断・統計マニュアル，医学書院，2014より一部改変)

DSM-5におけるNCDは，複雑性注意，実行機能，学習と記憶，言語，知覚-運動，社会的認知の6つの主要な神経認知領域のうち，少なくとも1領域以上で障害があることと定義されており，その認知障害により自立した生活が困難になっていること，意識障害ではないこと，精神疾患ではないことという4つの大項目が提唱されている．

B 認知症を取り巻く状況

1 認知症の歴史

高齢者の認知症は明治初期の西洋医学の導入に伴い病気としての処遇が始まった．当初は癲狂院(てんきょういん)＊などで，後には精神病院が処遇を行うようになった．

> **MEMO　癲狂院**
> 明治政府が本格的に衛生行政に着手したのは明治6(1873)年で，この年に文部省に医務局が設置され，翌明治7(1874)年，医制を発布し，癲狂院の設立を規定した．明治8(1875)年には京都府左京区の臨済宗南禅寺派の寺院，南禅寺境内にわが国初の公立精神科病院「京都府療病院付属癲狂院」(現・川越病院)が設立されている．

1960～1970年代の重度認知症高齢者への対応は老人病院や精神病院への入院が中心で，病院内では身体拘束や投薬による抑制が行われていた．「認知症の人への生活支援より介護従事者に視点が置かれたケアが行われている」といった問題への対応や認知症の症状についての問題は1970年代後半から社会問題として取り上げられるようになった．

昭和55(1980)年に京都市で「呆け老人をかかえる家族の会」(現在の「認知症の人と家族の会」)が発足した．昭和59(1984)年には特別養護老人ホームが認知症の人を積極的に受け入れられるようにするために，痴呆性老人処遇技術研修事業が開始され，主に寮母を対象にして処遇技術研修が行われた．

1980年代は集団管理的ケアの時代とよばれていて，認知症ケアは介護従事者の都合を優先して行われていて，例えば外出を抑制するために施設を回廊式廊下にする，施錠を行う，睡眠を誘導するために高齢者を疲れさせるなどが行われていた．

認知症ケアのあり方については問題対処型の議論を中心として展開されていたが，その後，認知症ケアのあり方が模索され環境にも目が向けられるようになってきた．

昭和62(1987)年に島根県出雲市にわが国で初めての認知症グループホーム「ことぶき園」が開設され，1990年代以降は，認知症グループホームなどの小規模化したケアの有効性が認められ，大型施設にもユニットケアの考え方が取り入れられるようになった．この時期から認知症ケアで生活支援に主眼が置かれるようになり，利用者本位のケアが始まった．

平成4(1992)年に認知症対応型通所介護の前身である痴呆性老人毎日通所型デイサービス(E型)が創設された．平成16(2004)年には痴呆の呼称が認知症に変更されて行政用語として統一された．

2 認知症に関する行政の方針と施策

近年の制度では平成12(2000)年の介護保険法の施行および平成17(2005)年の介護保険制度の改正があり，認知症グループホームが制度化されてサービス評価も導入された．介護施設では認知症患者の権利擁護が重視されるようになり，例えば身体拘束は原則禁止で，緊急時や，やむを得ない場合のみ条件付で認められている．

平成17(2005)年の制度改正では市区町村によって日常生活圏が設定されて，サービスの種類や量が整備されるようになった．この改正で小規模多機能型居宅介護，認知症対応型通所介護，認知症対応型共同生活介護，夜間対応型訪問介護，地域密着型特定施設入居者生活介護，地域密着型介護老人福祉施設入所者生活介護などの地域密着型サービスも創設された．

認知症対策としては，地域包括支援センターを中核として，制度的に総合的なマネジメント体制の構築が図られることとなり，日常生活自立支援事業*では対象者の自立した生活の援助を行うことになった．例えば福祉サービスの利用手続きや日常的な金銭の管理などを自分で行えない人は，生活支援員*からそれらの手伝いを受けることができ，対象者が自立した生活を継続できるようにさまざまな援助をしている．

> **MEMO 日常生活自立支援事業**
> 認知症高齢者，知的障害者，精神障害者などのうち判断能力が不十分な人が地域において自立した生活が送れるよう，利用者との契約に基づき，福祉サービスの利用援助などを行う．

> **MEMO 生活支援員**
> 市町村社会福祉協議会からの推薦により登録され，一定の研修を終了した者で，利用者との契約締結後，生活支援計画にもとづき定期的な支援を行う．

3 オレンジプランと新オレンジプラン

オレンジプランは主に7つの柱からなっており，**表3・2**に概略を示す．まずは地域ケアパスの作成である．ここでは，地域資源の整理，時間軸による利用可能なサービスの明確化，医療と介護の連携により認知症の地域包括ケアの実現を目指す．

医療面から課題を解決するための方策として，BPSD(行動・心理症状)を中心とした薬物ガイドラインの作成，都道府県単位で病院勤務の医療従事者向けの研修の開催，精神病院での認知症患者の入院期間の短縮などが挙げられている．次に認知症初期集中支援チームの導入と構築(後述)，認知症医療支援診療所の導入と認定がある．認知症医療支援診療所では認知症患者の早期診断，早期対応や危機回避の支援(認知症ケアに関する地域の対応力を高めるためのバックアップ)を行う．また，かかりつけ医，認知症サポート医，認知症疾患医療センターや地域包括支援センターが有機的に機能した認知症医療体制づくりを目指し，認知症患者に対する地域包括支援体制を支える．

表3・2 オレンジプランの7本の柱

```
1. 標準的な認知症ケアパスの作成・普及
2. 地域での生活を支える医療サービスの構築
      認知症の薬物治療に関するガイドラインの策定
      一般病院での認知症の人の手術,処置等の実施の確保
      一般病院・介護保険施設などでの認知症対応力の向上
      精神科病院に入院が必要な状態像の明確化
      精神科病院からの円滑な退院・在宅復帰の支援
3. 早期診断・早期対応
      認知症初期集中支援チームの設置
      身近型認知症疾患医療センターの整備
4. 地域での生活を支える介護サービスの構築
5. 地域での日常生活・家族の支援の強化
6. 若年性認知症の支援
7. 認知症ライフサポートモデルの策定と人材育成
```

　若年性認知症の対策にはコールセンターの運営やハンドブックの作成があり，ここには地域ケア会議の強化も盛り込まれている．地域ケア会議では困難事例を中心に地域ごとに，医療・行政・介護が連携して問題を解決するチームケアが日本中で行われるようにすることが必要である．また，認知症患者と家族が気軽に相談し，集い会える場所を提供するためNPOや行政が認知症カフェを開設し始めている．

　新オレンジプランは平成27(2015)年1月に発出され，認知症対策が国家戦略として位置づけられた．認知症の人の視点を重視し，地域での生活を中心にした認知症の人や家族の支援に重点をおいたものとなっている．数値目標はオレンジプランを踏襲しているが，若年性認知症対策や，新規の研修などが新しく計画された(**図3・1, 2**)．

■ 認知症施策基本大綱

　令和元(2019)年6月には認知症施策基本法を前提に大綱が発表された(**図3・3**)．

　本大綱の理念は共生と予防であり，人づくり，街づくりが重要であり，70歳代の認知症の発症を10年間で1年遅らせることを目標としている．具体的な施策の5つの柱は①普及啓発・本人発信支援，②予防，③医療・ケア・介護サービス・介護者への支援，④認知症バリアフリーの推進・若年性認知症の人への支援・社会参加支援，⑤研究開発・産業促進・国際展開である．

4 認知症のケアパスについて

　認知症のケアパスは「認知症の人の状態に応じた適切なサービス提供の流れ」と定義されている．すなわち地域における認知症連携パスのことである(**図3・4**)．最初に介護保険事業計画に反映させるために，地域資源の調査が必要となる．次に地域資源のマップを作成し，認知症のステージごとに時間軸にあわせて，多職種の医療介護連携を構築することである．完成すれば今後は介護保険事業計画に盛り込むことになっている．すなわち横軸は時間であり，縦軸には医療と介護の専門職と，行政，ボランティアの機能が明示されている．しかしながら本来のパスは個人のものであり，市町村全体の概略を作成後に，個別のパスを作成する必要があり，個々のプラン

図3・1 新オレンジプランの基本的な考え方

> 認知症の人の意思が尊重され，できる限り住み慣れた地域のよい環境で自分らしく暮らし続ける事ができる社会の実現を目ざす

- 厚生労働省が関係省庁（内閣官房，内閣府，警察庁，金融庁，消費者庁，総務省，法務省，文部科学省，農林水産省，経済産業省，国土交通省）と共同して策定
- 新プランの対象期間は団塊の世代が75歳以上となる平成37（2025）年だが，介護保険に合わせて平成29（2017）年度末など
- 策定に当たり認知症の人や家族などさまざまな関係者から幅広く意見を聴取

図3・2 新オレンジプランの基本的な考え方＜7つの柱＞

【旧オレンジプラン】
1. 標準的な認知症ケアパスの作成・普及
2. 早期診断・早期対応
3. 地域での生活を支える医療サービスの構築
4. 地域での生活を支える介護サービスの構築
5. 地域での日常生活・家族の支援の強化
6. 若年性認知症施策の強化
7. 医療・介護サービスを担う人材の育成

【新オレンジプラン】
1. 認知症への理解を深めるための普及・啓発の推進
2. 認知症の様態に応じた適時・適切な医療・介護等の提供
3. 若年性認知症施策の強化
4. 認知症の人の介護者への支援
5. 認知症の人を含む高齢者にやさしい地域づくりの推進
6. 認知症の予防法，診断法，治療法リハビリテーションモデル，介護モデル等の研究開発の推進
7. 認知症の人やその家族の視点の重視

は，認知症の本人や家族のためにケアマネジャーが作成するべきであろう．

認知症ケアパスを概説する．認知症の早期発見，早期対応の重要性はいうまでもないが，当初認知症と認識されなかったり，受診を拒否したりするケースがある．そこで家族や民生委員，近所の人が認知症ではないかと疑ったときに相談できるところが認知症初期集中支援チームとなる（**図3・5**）．チーム員は研修を受けた者であり，相談を受けた場合にはアウトリーチを行う．すなわち訪問し，アセスメントを行う．その結果をもとに認知症サポート医を含むチーム員会議で検討し，適切なアドバイスを行う．診断治療が必要な場合には医療機関を紹介し，介護サービスの利用が必要であれば要介護認定につなげ，ケアマネジャーにつなげることとする．その後，医療や介護を利用し，もしBPSDが悪化すれば，再度地域の専門医や認知症疾患医療センターへの受診や入院ができるようにアクセスするシステムを構築する．可能なかぎり在宅で療養し，最期には介護施設の利用も検討する．そうした長期にわたって，地域で安心して暮らせる体制の指針づくりが認知症ケアパスであり，ポイントは行政の指導のもとに医師会や介護・福祉が連携して，顔がみえる関係を構築することである．

認知症ケアパスには地域全体（マクロ）としてのものと，個々の高齢者（ミクロ）としてのものの

> **基本的考え方**
> 　認知症の発症を遅らせ，認知症になっても希望をもって日常生活を過ごせる社会を目指し認知症の人や家族の視点を重視しながら「共生」と「予防」＊を車の両輪として政策を推進する．
> ＊「予防」とは，「認知症にならない」という意味ではなく，「認知症になるのを遅らせる」「認知症になっても進行を緩やかにする」という意味．

コンセプト
○認知症は誰もがなりうるものであり，家族や身近な人が認知症になることなども含め，多くの人にとって身近なものとなっている．
○生活上の困難が生じた場合でも，重症化を予防しつつ，周囲や地域の理解と協力のもと，本人が希望をもって前を向き，力を活かしていくことで極力それらを減らし，住み慣れた地域の中で尊厳が守られ，自分らしく暮らし続けることができる社会を目指す．
○運動不足の改善，糖尿病や高血圧症などの生活習慣病の予防，社会参加による社会的孤立の解消や役割の保持などが，認知症の発症を遅らせることができる可能性が示唆されていることを踏まえ，予防に関するエビデンスを収集・普及し，正しい理解に基づき，予防を含めた認知症への「備え」としての取り組みを促す．結果として70歳代での発症を10年間で1歳遅らせることを目指す．また，認知症の発症や進行の仕組みの解明や予防法・診断法・治療法などの研究開発を進める．

具体的な施策の5つの柱

①普及啓発・本人発信支援
・企業・職域での認知症サポーター養成の推進
・「認知症とともに生きる希望宣言」の展開　など

②予防
・高齢者などが身近で通える場「通いの場」の拡充
・エビデンスの収集・普及　など

③医療・ケア・介護サービス・介護者への支援
・早期発見・早期対応の体制の質の向上，連携強化
・家族教室や家族同士のピア活動などの推進　など

④認知症バリアフリーの推進・若年性認知症の人への支援・社会参加支援
・認知症になっても利用しやすい生活環境づくり
・企業認証・表彰の仕組みの検討
・社会参加活動などの推進　など

⑤研究開発・産業促進・国際展開
・薬剤治験に即応できるコホートの構築　など

認知症の人や家族の視点の重視

図3・3　認知症政策推進大綱（概要）
令和元年6月18日認知症政策推進関係閣僚会議決定 日認知症政策推進関係閣僚会議決定

2種類がある．「地域全体(マクロ)としての認知症ケアパス」は気づきシートと社会資源シートに関連している．この点で「個々の認知症患者のケアパス」とは若干異なる．しかし，地域全体のケアパスは個々の認知症患者のケアパスが積み上がることで成り立っていることから，これらは非常に近く，関連するものと言える．「個々の認知症患者のケアパス」は患者の背景にある様々な要素(生活歴，ニーズ，家族状況，経済状況など)を踏まえて検討される．検討にあたっては専門職(地域のケアマネージャーや医師，看護師介護職)，民生委員，認知症地域支援推進員などから情報を得て，地域の実情を可能な限り把握しなくてはいけない．

5　認知症高齢者の実態

厚生労働省研究班の報告によれば平成24(2012)年の全国の65歳以上の高齢者人口は3079万人で，認知症の有病率は15％とされ，その数は約462万人と推計されている．また，全国の軽度認知障害(MCI)の推定を13％とすると，その数は全国で380万人と推定される．さらに，平成27(2015)年の1月27日に公表された新オレンジプランによれば，平成37(2025)年には認知症

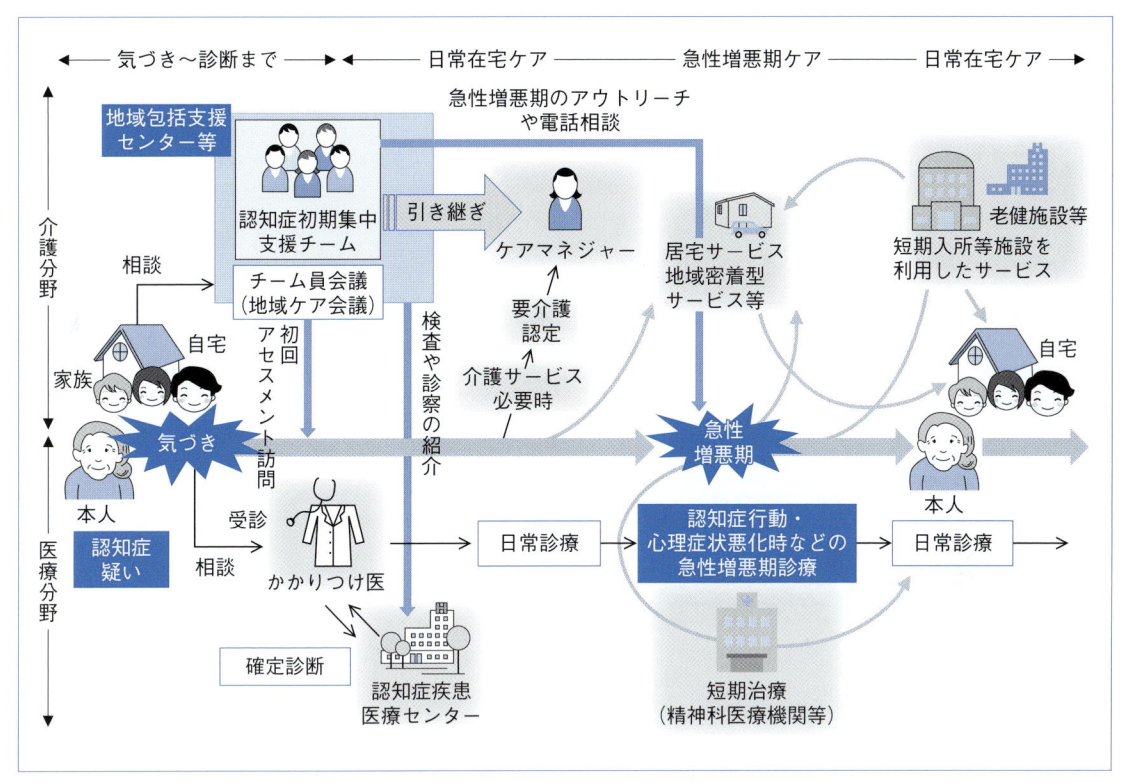

図3・4 標準的な認知症ケアパスの概念図―住み慣れた地域で暮らし続けるために―

の人が約700万人に達するとされていて，65歳以上の高齢者のうち，5人に1人が認知症に罹患する計算になる．

　国は戦後のベビーブーム世代のすべてが65歳になる平成27（2015）年までに，介護予防やリハビリテーションの充実，生活の継続性を維持するための新しい介護体系の構築，新しいケアモデルによる認知症高齢者ケア，サービスの質の確保と向上などを新しい高齢者介護のケアモデルとして確立することを目指してきた．厚生労働省高齢者介護研究会の「2015年の高齢者介護」では，基本は「高齢者の尊厳を支えるケアの確立」をすることだとしている．

6 認知症高齢者のケア

　認知症の原因疾患の内訳は，アルツハイマー病が50％，脳血管障害が30％，レビー小体病が10％，その他が10％となっている．認知症ケアの理念として，室伏君士は「その人の心の向き（態度）を知り，それによってその老人の生き方を援助していくのがケアである」として，認知症の人の個々の特性に合わせたケアを提唱している．

　心理学者のキットウッド（Kitwood, T.）は，認知症ケアを「人」が中心となるケアとしてとらえ，認知症の状態は社会とのかかわりの方に影響する5つの要因である脳神経障害，性格傾向，生活歴，健康状態・感覚機能，社会心理学的状況が相互にかかわり合って成り立つものとするパーソンセンタード・ケアを提唱した．

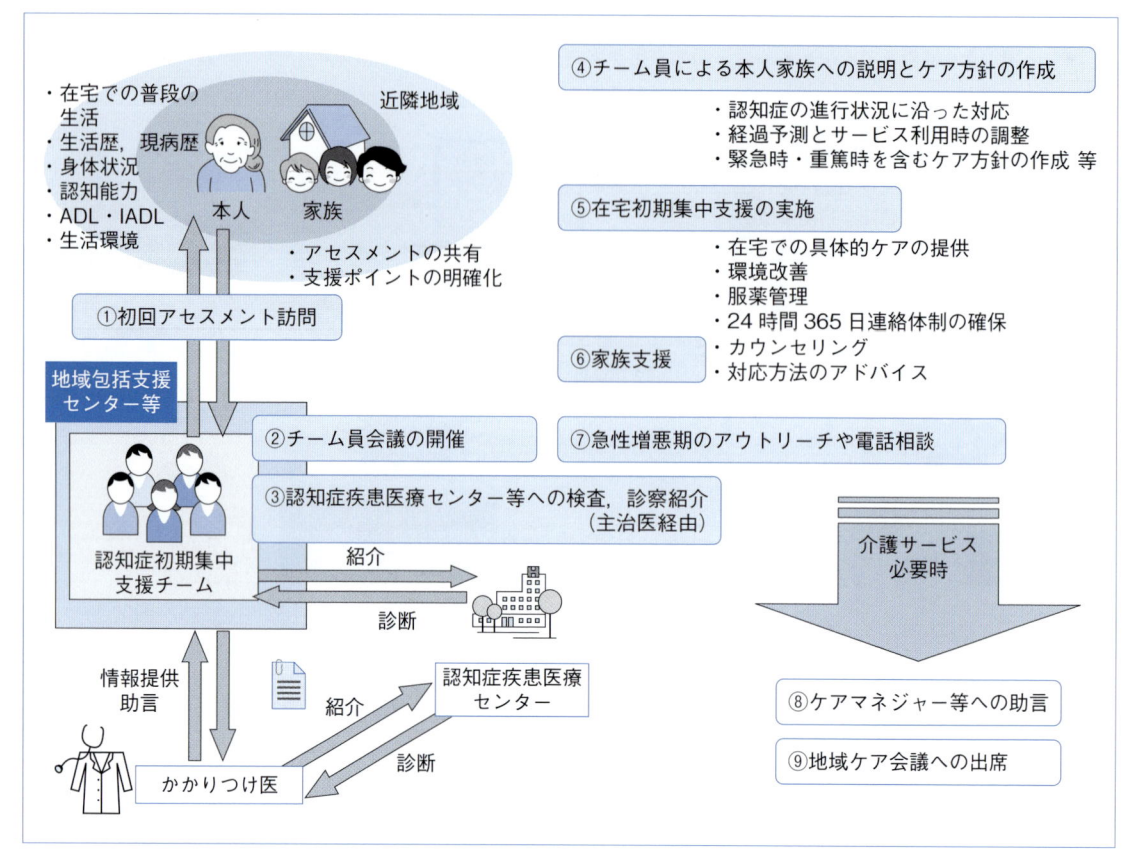

図3・5 認知症初期集中支援チームの概念図

C ● 医学的側面からみた認知症の基礎

　　認知症の人にはさまざまな障害があり，代表的なものの記憶障害は新しいことを覚えられない記銘障害と，記憶したことを思い出せない想起障害に分けられる．時間や今いる場所，自分の名前や年齢，自分と周囲との関係など，日常生活に必要な情報が正しく理解できない状態である見当識障害（失見当）は認知症の進行に伴って程度も変化する．

1 認知症の症状

　　認知症の症状には，計算能力の低下で基本的な数の概念を喪失する失計算，運動機能が保たれているのに目的に沿って適切に行動できなくなる失行，感覚機能に異常がないのに対象を正しく認識できない状態である失認などがある．これらは認知症の障害や症状だが，症状が似ているうつ病，うつ状態，せん妄などは認知症と誤認されやすい．
　　うつ病は認知症に似た状態が出現することがあるが，回復すれば元に戻るので仮性認知症ともよばれ，長谷川式簡易知能評価スケール（HDS-R）などの得点の低下もみられるが回復と共に改

表3・3 認知症を認める原因疾患と診断名

原因となる疾患	診断名
脳血管障害	脳出血，脳梗塞，ビンスワンガー病
退行変性疾患	アルツハイマー病，レビー小体病，前頭側頭型認知症（ピック病），ハンチントン舞踏病
分泌・代謝性疾患	甲状腺機能低下症，ビタミンB_{12}欠乏症，サイアミン欠乏症，肝性脳症，透析脳症，肺性脳症，低酸素症
中毒性疾患	各種薬物・金属・有機化合物などの中毒，アルコール中毒
感染性疾患	クロイツフェルト・ヤコブ病，各種脳炎・髄膜炎，進行麻痺，エイズ
腫瘍性疾患	脳腫瘍，転移性腫瘍
外傷性疾患	頭部外傷後遺症，慢性硬膜下血腫
その他	正常圧水頭症，多発性硬化症，神経ベーチェット病

表3・4 アルツハイマー病と脳血管性認知症の違い

	アルツハイマー病	脳血管性認知症
発症年齢	70歳以上に多い	60～70歳代に多い
男女比	女性に多い	男性に多い
自覚症状	なし	初期に頭痛やめまい，もの忘れなど
経過	少しずつ確実に進行	よくなったり，悪くなったりする
人格変化	しばしば明らかにある	比較的少ない
合併する病気	高血圧，糖尿病	高血圧，糖尿病，心疾患，動脈硬化など
特徴的な症状	多弁，奇異な屈託のなさ，落ち着きのなさ	感情失禁，妄想，せん妄

善する．

　うつ状態とは気分の落ち込みである抑うつ気分を中核とする症状で，それ以外にも焦燥感，悲哀感，興味や喜びの喪失，思考力や集中力の低下，罪責感や絶望的観念，自殺念慮・企図などの症状と，身体的には睡眠障害，食欲減退または増加，頭重，疲れやすさなどがある．

　せん妄は意識の混濁や錯覚，幻覚，妄想，不穏や興奮を伴う意識障害の一種で，原因として脳の循環障害や感染症，脱水状態，栄養失調，薬剤の過剰投与，アルコール中毒などが考えられる．

2　認知症の原因疾患（表3・3）

a. アルツハイマー病

　精神科医のアルツハイマー（Alzheimer, A.）によって報告された認知機能に障害がみられる代表的な病気であり，大脳皮質にある神経細胞が消失し脳に萎縮が生じる認知症疾患である．発症の危険因子として加齢，家族歴，ApoE ε4などの遺伝子型，高血圧，糖尿病，喫煙，高脂血症，クラミジア肺炎球菌への感染，ある種の生活習慣などがあげられている．

　アルツハイマー病では海馬と大脳辺縁系を中心に特有な変化がみられ，海馬の変性では出来事

の記憶が低下するため少し前に体験したことを想起できなくなり，大脳辺縁系の変性でも記憶に関与する症状があらわれる．また，海馬や大脳辺縁系の変性が明らかなのに対して，運動や感覚中枢の変化は軽度で，末期を除いて運動機能や感覚機能は保持されている．

アルツハイマー病の主要な症状は記憶障害，思考と判断力の障害，巣症状（失語・失読・失書・失計算・失行・失認），見当識障害，神経症状の5つである．慢性的な経過をたどり発症時期は明確でない．発病からターミナル期までの経過は平均8年で，3～20年の幅がある．最終的には感染症や心不全が原因で死に至ることが多い．

b. 脳血管障害

脳出血，クモ膜下出血，脳梗塞などの脳血管障害も認知症の原因疾患の1つで，脳血管性認知症とよばれている．傷害された血管の部位によって起こる症状はそれぞれ違い，また，症状がみられる場合みられない場合など，時により状態にむらがあるものもあり，「まだら認知症」ともいわれる．記憶障害や見当識障害のほかに，感情失禁*，妄想，せん妄がみられ，神経症状として言語障害，知覚障害，片麻痺などを伴うこともある．

脳血管性認知症は，脳卒中をきっかけに言語障害や片麻痺などの局所症状を伴う発作型と，進行が緩やかで局所症状の乏しい緩徐型に分類され，緩徐型では頭重，頭痛，めまい，もの忘れなどの神経衰弱様症状の出現も多くみられる．大脳皮質の1ヵ所だけに生じた脳梗塞では，認知症症状ではなく特定の高次脳機能障害がみられる．

アルツハイマー病の脳には全般的萎縮がみられるのに対して，脳血管性認知症は傷害を受けた脳血管によって養われていた脳の部分だけが損傷を受けることから，傷害に伴うそれぞれの認知症症状は似てはいるが相違するものである（**表3・4**）．

> **MEMO**
> **感情失禁**
> 情動のコントロールができないため，わずかな刺激で急に泣いたり，笑ったり，怒ったりする状態をいう．脳卒中後の患者に昔話などさせると，この状態がよくみられる．脳出血，脳梗塞などの脳血管障害に特徴的な症状である．

c. レビー小体病

認知症の中でアルツハイマー，脳血管性，についで，三番目に多い．症状は初期に幻覚，幻視（無いものがみえる）が出現する．話をよく聞くうちに症状が消える事も多いので，「ありえない」などと言わない．レム（REM：rapid eye movement）睡眠期の障害があり，体は休んでいるが，脳は活動しているレム睡眠の最中に叫んだり暴れたりする．パーキンソン病と同じように動作がゆっくり，前屈みで歩く，動作が小さいなどの歩行障害が起きる．やや男性に多い，脳の萎縮は軽く，徘徊は少ないという特徴がある．認知症は進行性で数年で大方の人が高度認知症になり寝たきりになる．原因はレビー小体という一種のタンパク質が大脳皮質に蓄積し，神経細胞が壊れていくことによる．高齢者に多いが，40歳代で発症することもある．こわばりやうつの症状が強いからと安易に薬を使うとかえって症状が悪化する危険もある．治療は漢方薬の抑肝散で幻視が消え症状が落ち着くことがある．最近ではドネペジル（アリセプト）も適応が認可されている．

表3・5 改訂長谷川式簡易知能評価スケール(HDS-R)の項目

	項目	点数
1	年齢	1
2	時間の見当識	4
3	場所の見当識	2
4	3つの単語の直後再生	3
5	計算	2
6	数字の逆唱	2
7	3つの単語の遅延再生	6
8	5つの物品課題	5
9	言語の流暢性	5
合計点数		30

(加藤伸司ほか：老年精神医学雑誌 2：1339-1347, 1991)

表3・6 ミニメンタルステート検査（MMSE）の項目

	項目	点数
1	日時等に関する見当識	5
2	場所に関する見当識	5
3	3つの言葉の記銘	3
4	計算問題	5
5	3つの言葉の遅延再生	3
6	物品呼称	2
7	復唱	1
8	口頭による3段階命令	3
9	書字理解・指示	1
10	自発書字	1
11	図形描写	1
カットオフ値		24/30

(Folstein, M.F., et al.：J Psychiatr Res 12:189-198, 1975)

d. その他の認知症原因疾患

　　前頭側頭型認知症は原因が不明で初老期に発症する代表的な認知症疾患で，前頭葉と側頭葉が萎縮する．ピック病は前頭側頭型認知症の1つで初期の記憶や生活への障害は軽度ではあるが，人格変化が特徴的にみられる．神経学者のヤコブ(Jakob, A.M.)によって報告されたクロイツフェルト・ヤコブ病も認知症疾患の1つで，感染性をもったプリオンタンパクとよばれる物質によって引き起こされ，50～60歳代に多く発症し進行は急速で6～12ヵ月で死に至る．

　　転倒などによる頭部打撲を主な原因として硬膜下に血腫ができる慢性硬膜下血腫は，血腫が脳を圧迫し認知症を引き起こす．徐々に進行し打撲後3ヵ月くらいで頭痛や物忘れの症状が出現する．慢性硬膜下血腫を原因とする認知症は，血腫を手術で取り除くことができるので治癒する可能性が高い．

e. 若年性認知症

　　65歳未満で発症する認知症をとくに若年性認知症という．18～64歳人口における有病率は人口10万人に対して47.6人(厚生労働省調査2009年3月)で低い．男性に多くみられ，アルツハイマー病，脳血管性認知症が主な原因疾患となっている．

3 認知症の簡易検査

　　認知症の有無を評価する尺度となる質問紙式の検査は，スクリーニングを目的として行われることが多く，長谷川式簡易知能評価スケール(HDS-R)やミニメンタルステートテスト(MMSE)などがある．

a. 長谷川式簡易知能評価スケール

　　簡易なスケールで**表3・5**のように9個の設問で構成されている．正答を1点，誤答や回答で

表3・7　FAST によるアルツハイマー型認知症の重症度のアセスメント

1	正常	
2	年相応	物の置き忘れなど
3	境界状態	熟練を要する仕事の場面では，機能低下が同僚によって認められる．新しい場所に旅行することは困難．
4	軽度のアルツハイマー型認知症	夕食に客を招く段取りをつけたり，家計を管理したり，買物をしたりする程度の仕事でも支障をきたす．
5	中等度のアルツハイマー型認知症	介助なしでは適切な洋服を選んで着ることができない．入浴させるときにもなんとか，なだめすかして説得することが必要なこともある．
6	やや高度のアルツハイマー型認知症	不適切な着衣．入浴に介助を要する．入浴を嫌がる．トイレの水を流せなくなる．失禁．
7	高度のアルツハイマー型認知症	最大約6語に限定された言語機能の低下．理解しうる語彙はただ1つの単語となる．歩行能力の喪失．着座能力の喪失．笑う能力の喪失．昏迷および昏睡．

(Reisberg, B., et al.：Functional staging of dementia of the Alzheimer type. Ann NY Acad Sci 435：481-483, 1984)

表3・8　初期認知症徴候観察リスト（OLD）

カテゴリー	項　目	内容例	チェック
記憶・忘れっぽさ	1. いつも日にちを忘れている	今日が何日かわからないなど	
	2. 少し前のことをしばしば忘れる	朝食を食べたことをわすれているなど	
	3. 最近聞いた話を繰り返すことができない	前回の検査結果など	
語彙・会話内容の繰り返し	4. 同じことを言うことがしばしばある	診察中に，同じ話を繰り返しする	
	5. いつも同じ話を繰り返す	前回や前々回の診察時にした同じ話（昔話など）を繰り返しする	
会話の組み立て能力と文脈理解	6. 特定の単語や言葉がでてこないことがしばしばある	仕事上の使い慣れた言葉などがでてこないなど	
	7. 話の脈絡をすぐに失う	話があちこち飛ぶ	
	8. 質問を理解していないことが答えからわかる	医師の質問に対する答えが的はずれで，かみあわないなど	
	9. 会話を理解することがかなり困難	患者さんの話がわからないなど	
見当識障害作話・依存など	10. 時間の観念がない	時間（午前か午後さえも）がわからないなど	
	11. 話のつじつまを合わせようとする	答えの間違いを指摘され，言いつくろおうとする	
	12. 家族に依存する様子がある	本人に質問すると，家族の方を向くなど	

(Hopman-Rock, M.：Int J Geriatr Psychiatry 16(4)：406-414, 2001)

表3・9 CDRスコア

	健康 (CDR0)	認知症の疑い (CDR 0.5)	軽度認知症 (CDR1)	中等度認知症 (CDR2)	重度認知症 (CDR3)
記憶	記憶障害なし，時に若干のもの忘れ	一貫した軽いもの忘れ 出来事を部分的に思い出す良性健忘	中等度記憶障害 とくに最近の出来事に対するもの，日常生活に支障	重度記憶障害 高度に学習した記憶は保持，新しいものはすぐに忘れる	重度記憶障害 断片的記憶のみ残存
見当識	見当識障害なし	同　左	時間に対しての障害があり，検査では場所，人物の失見当なし．しかし時に地理的失見当あり	常時，時間の失見当，時に場所の失見当	人物への見当識のみ
判断力と問題解決	適切な判断力問題解決	問題解決能力の障害が疑われる	複雑な問題解決に関する中等度の障害 社会的判断は保持	重度の問題解決能力の障害 社会的判断力の障害	判断不能 問題解決不能
社会適応	仕事，買い物，ビジネス，金銭の取扱い，ボランティアや社会的グループで普通の自立した機能	左記の活動の軽度の障害もしくはその疑い	左記の活動のいくつかにかかわっていても，自立した機能が果たせない	家庭外（一般社会）では独立した機能を果たせない	同　左
家庭状況および趣味・関心	家での生活，趣味，知的関心が保持されている	同左，もしくは若干の障害	軽度の家庭生活の障害 複雑な家事は障害 高度の趣味・関心の喪失	単純な家事のみ限定された関心	家庭内不適応
介護状況	セルフケア完全	同　左	ときどき激励が必要	着衣，衛生管理など身の回りのことに介助が必要	日常生活に十分な介護を要するしばしば失禁

(Hughes, C.P., et al.: Br J Psychiatry 140: 566-572, 1982)

きない場合を0点として合計点を算出し，満点は30点で20点以下をカットオフポイント（判断の基準点）とする．カットオフポイント以下であれば認知症を疑う．

b. ミニメンタルステートテスト

表3・6に示すように計算や日付に関する質問など11項目で構成されている．30点満点でカットオフポイントは24点である．

4　認知症の重度評価

本人を直接観察することや家族・介護者からの情報により評価する認知症の観察式重度評価にはFAST（functional assessment staging），初期認知症徴候観察リスト（observation list for early signs of dementia：OLD），CDR（clinical dementia rating），認知症高齢者の日常生活自立度判定基準などがある．

表 3・10　認知症高齢者の日常生活自立度判定基準

ランク	判断基準	みられる症状・行動の例	判断にあたっての留意事項および提供されるサービスの例
Ⅰ	何らかの認知症症状を有するが，日常生活は家庭内および社会的にほぼ自立している．		在宅生活が基本であり，一人暮らしも可能である．相談，指導などを実施することにより，症状の改善や進行の阻止を図る．具体的なサービスの例としては，家族などへの指導を含む訪問指導や健康相談がある．また，本人の友人づくり，生きがいづくりなど，心身の活動の機会づくりにも留意する．
Ⅱ	日常生活に支障をきたすような症状・行動や意思疎通の困難さが多少みられても，誰かが注意していれば自立できる．		在宅生活が基本であるが，一人暮らしは困難な場合もあるので，訪問指導を実施したり，日中の在宅サービスを利用したりすることにより，在宅生活の支援と症状の改善および進行の阻止を図る．具体的なサービスの例としては，訪問指導による療養方法などの指導，訪問リハビリテーション，デイケアなどを利用したリハビリテーション，毎日通所型をはじめとしたデイサービスや日常生活支援のためのホームヘルプサービスなどがある．
Ⅱa	家庭外で上記Ⅱの状態がみられる．	たびたび道に迷うとか，買物や事務，金銭管理などそれまでできたことにミスが目立つなど．	
Ⅱb	家庭内でも上記Ⅱの状態がみられる．	服薬管理ができない，電話の応対や訪問者との対応など一人で留守番ができないなど．	
Ⅲ	日常生活に支障をきたすような症状・行動や意思疎通の困難さがみられ，介護を必要とする．		日常生活に支障をきたすような行動や意思疎通の困難さがランクⅡより重度となり，介護が必要となる状態である．「ときどき」とはどのくらいの頻度を指すかについては，症状・行動の種類などにより異なるので一概には決められないが，一時も目を離せない状態ではない．
Ⅲa	日中を中心として上記Ⅲの状態がみられる．	着替え，食事，排便，排尿が上手にできない，時間がかかる．	在宅生活が基本であるが，一人暮らしは困難であるので，訪問指導や，夜間の利用も含めた在宅サービスを利用しこれらのサービスを組み合わせることによる在宅での対応を図る．具体的なサービスの例としては，訪問指導，訪問看護，訪問リハビリテーション，ホームヘルプサービス，デイケア・デイサービス，症状・行動が出現する時間帯を考慮したナイトケアなどを含むショートステイなどの在宅サービスがあり，これらを組み合わせて利用する．
Ⅲb	夜間を中心として上記Ⅲの状態がみられる．	やたらに物を口に入れる，物を拾い集める，徘徊，失禁，大声，奇声をあげる，火の不始末，不潔行為，性的異常行為など．	
Ⅳ	日常生活に支障をきたすような症状・行動や意思疎通の困難さが頻繁にみられ，常に介護を必要とする．	ランクⅢaに同じ．	常に目を離すことができない状態である．症状・行動はランクⅢと同じであるが，頻度の違いにより区分される．家族の介護力などの在宅基盤の強弱により在宅サービスを利用しながら在宅生活を続けるか，または特別養護老人ホーム・老人保健施設などの施設サービスを利用するかを選択する．施設サービスを選択する場合には，施設の特徴を踏まえた選択を行う．
M	著しい精神症状や問題行動あるいは重篤な身体疾患がみられ，専門医療を必要とする．	ランクⅢに同じ．	ランクⅠ～Ⅳと判定されていた高齢者が，精神病院や認知症専門棟を有する老人保健施設などでの治療が必要となる．または重篤な身体疾患がみられ老人病院などでの治療が必要となった状態である．専門医療機関を受診するよう勧める必要がある．

（平成5年10月26日 老健第135号 厚生省老人保健福祉局長通知）

表 3・11　障害高齢者の日常生活自立度（寝たきり度）判定基準

生活自立	ランク J	何らかの障害などを有するが、日常生活はほぼ自立しており独力で外出する． 1. 交通機関などを利用して外出する． 2. 隣近所へなら外出する．
準寝たきり	ランク A	屋内での生活は概ね自立しているが、介助なしには外出しない． 1. 介助により外出し、日中はほとんどベッドから離れて生活する． 2. 外出の頻度が少なく、日中も寝たり起きたりの生活をしている．
寝たきり	ランク B	屋内での生活は何らかの介助を要し、日中もベッド上での生活が主体であるが、座位を保つ． 1. 車椅子に移乗し、食事、排泄はベッドから離れて行う． 2. 介助により車椅子に移乗する．
	ランク C	1日中ベッド上で過ごし、排泄、食事、着替えにおいて介助を要する． 1. 自力で寝返りをうつ． 2. 自力では寝返りもうたない．

（平成 3 年 11 月 18 日 老健第 102-2 号 厚生省大臣官房老人保健福祉部長通知）

表 3・12　認知症の主な周辺症状

行動症状	心理症状
暴　力	抑うつ
暴　言	不　安
徘　徊	幻　覚
拒　絶	妄　想
不潔行為	睡眠障害

a. **FAST**（表 3・7）

　　観察式評価尺度でアルツハイマー病の症状ステージの判断に使われる．認知機能の障害なしから非常に高度の 7 段階に分類される．

b. **OLD**（表 3・8）

　　OLD は観察式の診断方法なので、診察に対して患者が協力的でなくても患者の日常生活をよく知っている人からの情報で実施が可能である．OLD では 12 項目のうち 4 項目以上が明らかに認められれば認知症を疑うが、チェックされた数の多い少ないにはこだわらず、OLD を意識して診療することで、認知症の早期発見につなげていくことを目的にしたチェックリストである．

c. **CDR**（表 3・9）

　　行動観察による評価法で、国際的にもっともよく用いられている．健康、認知症の疑い、軽度、中程度、重度の 5 段階に分けられ、記憶や社会適応など 6 つの項目にわたって評価する．

d. **認知症高齢者の日常生活自立度判定基準**（表 3・10）

　　厚生労働省が提案しているもので、日常生活に関する支障を具体的な目安をもとに判定する．9 つのランクに分けられ、それぞれにみられる症状や行動が例示されている．また、障害高齢者の日常生活自立度は、障害高齢者の日常生活自立度（寝たきり度）判定基準（**表 3・11**）で評価する．

表3・13 認知機能の障害に伴う行動・心理症状評価表（BPS-Cog）

カテゴリー	評価基準	評価基準の詳細	観察される行動・心理症状
0	行動・心理症状はない，又はあってもわずか	行動・心理症状は全くないか，あっても周囲が気づかない程度のわずかであり日常生活への影響はほとんどない．	認知機能障害に伴う行動の異常や心理的異常がない．あるいはあっても日常生活に支障がない程度のもの．
Ⅰ	行動・心理症状はあるが，見守りがあれば日常生活が営める	これまでの生活でみられなかった行動・心理症状があり，見守りや口頭での対応は必要であるが，本人の生命の危険や健康上の影響は少なく，一時も目が離せない状態ではない．	過剰な心配，疑い深い，怒りっぽい，いらいらしている，など以前にみられなかった症状や行動の異常があり，ときに本人をなだめるなど，何らかの対応が必要となる．しかし，その対応により，現在の生活を継続でき，かつ，対応に多くの時間や労力を費やさない．
Ⅱ	行動・心理症状があり常に目が離せない	本人の生命や健康に影響が及ぶ行動や周囲の人の日常生活に支障をきたす行動など，常に目が離せない若しくは対応が必要な状態である．	家から出て行ってしまい帰宅できないなどの本人の生命や健康に影響が及ぶ行動上の混乱や，激しい怒りや暴言など周囲の人に影響を与えるような感情の表出などがあり，常に目が離せない状態．
Ⅲ	自傷他害などがあり専門医療による対応を必要とする行動・心理症状がある	自身を傷つけ又は他人に害を及ぼす恐れのあるような著しい行動の異常や精神症状が持続し，専門医療による対応が必要である．	自身を傷つけ，または他人に害を及ぼす恐れのあるような著しい行動の異常や精神症状が持続し，周囲の人による対応が困難であり，入院などの専門医療による対応が必要である．
N	自分の意志で行動したり，意思疎通ができないため評価不能である	高度の麻痺があるなどの運動障害のために，本人の意思で行動することが不可能であり，上記の評価ができない．または，重度認知症や高度の意識障害が合併していることにより，臥床状態であり，意思疎通が困難なために評価できない．	

（日本社会事業大学大学院，今井幸充らによる）

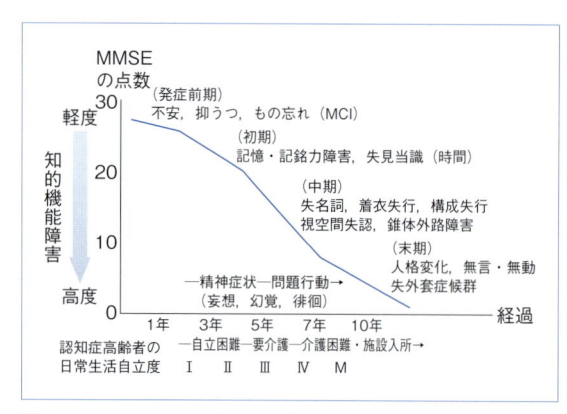

図3・6 アルツハイマー型認知症の経過を追った症状の変化

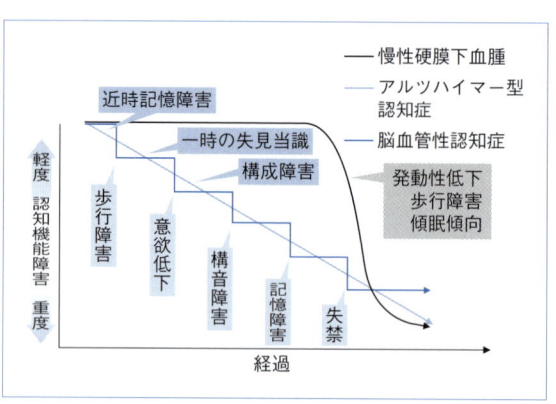

図3・7 原因別認知症の発症と進行過程
（池田学：高次脳機能研究，29:222-228, 2009 による）

D ● 認知症に伴う心と体の変化と日常生活

認知症では中核症状と周辺症状とがみられ，中核症状は脳神経細胞の損傷によって直接起こる症状であり，周辺症状は周囲の人とのかかわりのなかで起こってくる症状で，行動症状と心理症状とがある．これらの症状を把握しておくことは認知症患者をケアするうえで重要である．

1 中核症状

直前に起きたことも忘れる記憶障害，筋道を立てた思考ができなくなる判断力の障害，予想外のことに対処できなくなる問題解決能力の障害，計画的にものごとを実行できなくなる「実行機能障害」，"いつ・どこ"がわからなくなる「見当識障害」，ボタンが掛けられないなどの「失行」，道具の使い道がわからなくなる「失認」，物の名前がわからなくなる「失語」などがある．どの認知症患者にも認められる症状は物忘れの病的な悪化，時間や場所がわからない，計算や判断ができないなどである．

記憶力は最近の記憶から過去の記憶にさかのぼって忘れていくので，軽度の認知症であれば過去のことはよく覚えている．記憶力の低下に伴い記銘力，保持力，想起力が低下する．際立って低下がみられるのが計算力で，認知症の初期から認められる計算力の低下は，認知症を疑う初期症状として重要な要素となる．アルツハイマー型認知症の経過を追った図を図3・6に示す．また，原因別認知症の発症と進行過程を図3・7に示す．

2 周辺症状（表3・12）

BPSD (behavioral and psychological symptoms of dementia：行動・心理症状)は認知症の周辺症状のことで，行動症状と心理症状とを合わせた概念である．暴力をふるう，徘徊するなどの行動症状と幻覚をみる，妄想を抱くなどの心理症状とがあり，いずれも周辺症状の1つである．周辺症状はその人の置かれている環境や，人間関係，性格などが絡み合って起こるため，症状の表れ方は人それぞれ異なる．

BPSDは介護従事者側の不十分な対応が影響することもあるので，受容的に接するようにすることが重要であり，生じている場面などを観察し考察することも大切である．

認知症高齢者にみられる徘徊は周囲の人には無意味・無目的にみえても，理由や目的があるとか，不安や不快感が誘因となっている場合もある．徘徊を抑制や禁止すると，不安感を助長させてしまうことがあるのは，このためと考えられている．

妄想は非合理的で訂正が難しい思い込みのことであり，認知症にみられる特徴的な症状である．認知症による妄想は多くの場合被害感を伴う．

3 認知症介護の環境

介護施設などで生活環境の変化によって生じる精神的ダメージをトランスファーショック（リロケーションダメージ）といい，認知症の人に生じやすくなっている．ダメージの軽減を図るた

めに，居室に利用者が慣れ親しんだ物品を持ち込むなどの工夫をするとよい．

a. 人的環境

介護者（養護者，介護職など）の認知症の症状に対する偏見や無理解，誤った対応や声かけが認知症の人の混乱を招き不安を助長させる．

介護者は，共感的，受容的態度で対応し，不安を緩和するためにも介護者間で一貫した対応や介護方法をとることが望ましい．

b. 物的環境

認知症の中核症状である見当識障害や理解力・判断力の低下は，新しい場所や状況などの環境への適応に支障をきたす．介護施設などへの入所やショートステイ，介護施設などでの居室交換に際して，混乱が生じ症状が増悪する傾向がある．

ワイズマン（Weisman, G. D.）は，認知症の人を取り巻く環境として，認知症の人に対する周囲の人々の理解や対応などを含む「社会的環境」，認知症の人に対する刺激や物，空間などの「物理的環境」，介護の方針や目標などの「運営的環境」の3つの環境を提唱している．

E 連携と協働

認知症患者を支える地域のサポート体制の1つに認知症サポーターの養成がある．認知症サポーターとは認知症に関する正しい知識と理解をもち，地域や職域で認知症やその家族を支援する人のことである．認知症サポーターとして活動するには「認知症サポーター養成講座」の受講が必要である．

認知症のケアにおいて近年では認知症ケアパスの構築などチームアプローチが求められていて，多くの職種が連携，協働し，さまざまな資源を活用しながら認知症の人が継続して自分らしい生活ができるように支援することが重要である．

F 家族への支援

認知症患者を抱える家族には4つの苦しみがあり，家族介護者の思いについても理解しておかなければならない．一般的な4つの苦しみは，①24時間心身共に休まる時間がなく健康状態に問題を抱えている，②家族関係が乱れ家庭環境が混乱している，③将来に大きな不安を抱えている，④周囲の人に理解がなく孤立無援感があるというものであり，家族介護者による虐待事例の背景ともなっている．また，家族が行っている介護方法には特別な理由がある場合も多いので，基本的には家族の方法を尊重して家族への支援を実施することが大切である．

レスパイトケアやピア・カウンセリングなどの手法は，認知症患者の家族介護者へ導入する具体的な支援の方法として意義がある．

1 レスパイトケア

一時的にケアを代替し介護者にリフレッシュを図ってもらう目的で，在宅サービス（訪問介護

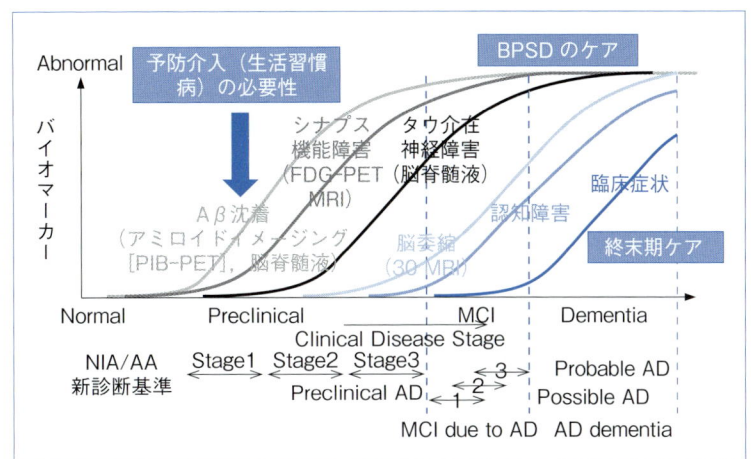

図3・8 アルツハイマー型認知症の新しい診断基準の考え方

ADの進展におけるバイオマーカーの変化と，米国立老化研究所（NIA）/アルツハイマー病協会（AA）による新しい診断基準
(Lancet Neurol. 2010 [PMID:20083042] より改変)

やデイサービス）の利用，ショートステイの利用，施設・グループホームへの入居などを行うもので，介護保険が適用される．

2 ピア・カウンセリング

介護に従事している家族同士で行われるもので，同じ悩みをもつ者が集まって悩みを打ち明け合う，あるいは各自の体験を話し合ったりする．ピアとは「仲間」の意味で，ピア・カウンセリングは有効な家族支援の方法である．

G●認知症予防

最近では認知症の予防は，原疾患にもよるが一定程度可能と考えられていて，日常診療において，認知症予防のための知識が必要である．認知症診療においては早期発見と診断能力，さらに薬物治療や合併症管理，BPSDへの対応が重要である（**図3・8**）．認知症の予防で，もっとも根拠のある方法は運動で，認知症の予防や発症・進行を遅延させる可能性がある．とくに有酸素運動は有用である．一方生活習慣病と認知症の研究も進んでおり，脳血管障害があると認知症のリスクが高まり，動脈硬化の予防が認知症予防につながることがある．

認知症の予防を考えるうえで，重要なのは認知症のリスク管理である．これまでの研究で，認知症のリスクとして，年齢，頭部外傷，うつ病，生活習慣病，難聴，視力低下，ライフスタイル，社会的・経済的要因，遺伝的要因などが考えられている．とくに生活習慣病は高血圧症，糖尿病，肥満などが強いリスク要因としてあげられている．逆にいえば，生活習慣病などの治療・管理が最大・最善の認知症予防とも考えることができる．すなわち認知症診療において，中高年の生活習慣病の治療が認知症予防の出発点となる．認知症の予防や進行遅延において，適正な生活習慣病の治療の重要性を理解し，有酸素運動の助言，生活指導が重要となる．

表 3・14 主なコグニサイズの具体的方法

- 声に出して数字を数えながら右横，左横にステップを踏み，3の倍数は数えずに拍手する．
- 3人1組で踏み台昇降をしながら，順番に好きな食べ物や動物などのしりとり．ただし，前の2人が言った単語も記憶し，繰り返してから自分の単語を言う．
- 床にテープなどでますを描き規則に従って足踏みする．
- しりとりや計算をしながらウォーキングする．

1 認知症予防のための疾病管理

a. 高血圧症

高血圧症はガイドラインに沿って，管理が必要である．高血圧症の治療は脳出血を激減させてきた．また脳梗塞は最近の抗凝固療法の進歩と治療により，予防や後遺症の軽減につながってきている．将来は確実に脳梗塞の減少と，白質病変の予防・軽減につながり，脳血管性認知症やアルツハイマー型認知症の発症予防に大きく貢献するものと期待される．

b. 糖尿病

糖尿病の治療は薬物療法，運動療法，食事療法からなるが，認知症予防を目的にした場合には，運動療法を重視し，治療目標としては可能なかぎり HbA1c を 7.0 以下にコントロールすることが重要である．

c. その他注意すべき生活習慣病

高コレステロール血症，肥満症，ストレス，喫煙なども生活習慣の影響を大きくうけている．高血圧症や糖尿病と同じく動脈硬化病変を通じて，脳血管障害に大きく関与し，認知症の大きなリスクとなる．これらの疾患や生活習慣を改善することの意義は大きい．

2 認知症予防について

これまでのリスクファクターに関する研究，疫学調査に関する研究，基礎的研究などを総合して判断すると，認知症の予防はある程度可能であろう．すなわち認知症予防の可能性のある第一は運動である．また生活習慣の改善は脳血管障害の予防につながり，アルツハイマー型認知症のリスクを低減する可能性がある．

これまでも抗酸化作用のある野菜や果物の認知機能に対する効果は知られているが，赤ワインに含まれるポリフェノールは認知機能の低下に効果がある可能性があり，さまざまのデータで認知機能低下に対して抑制的に働くことが知られている．

ナン・スタディによれば，病理解剖でアルツハイマー型認知症の病変があったにもかかわらず約8%が認知症を発病していなかったこと，さらに脳血管障害があるとアルツハイマー型認知症のリスクが高まっていたことがわかった．さらに高血圧症や糖尿病があると認知症の発症のリスクが高まることもわかってきた．こうした研究の積み重ねがエビデンスにつながると思われる．

●運動による記憶の検査

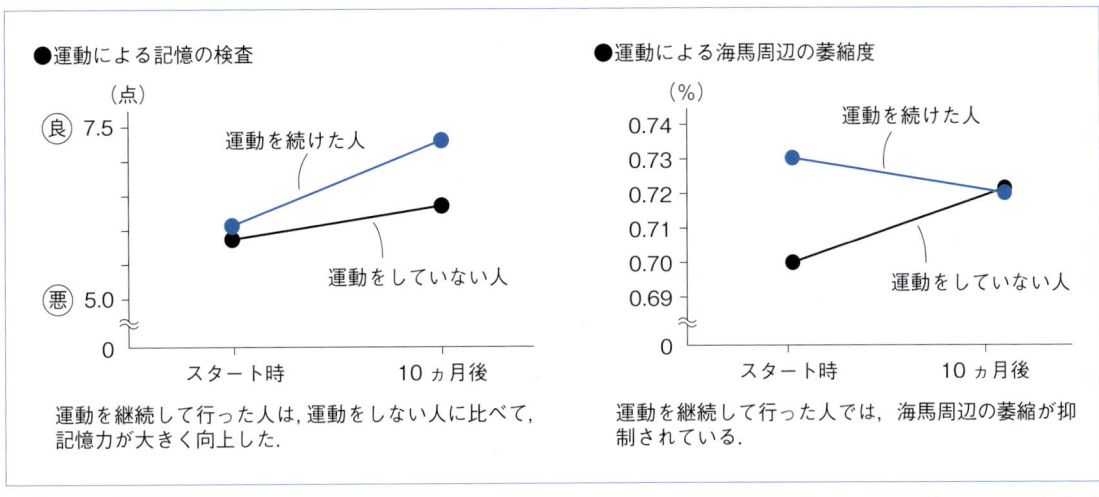

(良) 7.5 (点)
運動を続けた人
運動をしていない人
(悪) 5.0
スタート時　　10ヵ月後

運動を継続して行った人は,運動をしない人に比べて,記憶力が大きく向上した.

●運動による海馬周辺の萎縮度

(%)
0.74
0.73　運動を続けた人
0.72
0.71
0.70　運動をしていない人
0.69
スタート時　　10ヵ月後

運動を継続して行った人では,海馬周辺の萎縮が抑制されている.

図3・9　コグニサイズの効果　　　　　　　　　　　（厚生労働省研究班（代表　島田裕之）による研究成果）

3　コグニサイズ

　コグニサイズは国立長寿医療研究センターの鈴木隆雄・島田裕之らが研究・開発した．その名称は認知，認識を意味する cognition（コグニション）と，運動を意味する exercise（エクササイズ）からなる造語である．認知課題（しりとりや計算など）と軽い運動（ステップやウォーキングなど）を同時に行い，認知機能の向上を目指す．このとき2つの課題を同時にこなすことが大切である．認知症の大半を占めるアルツハイマー病は，脳にアミロイドβというタンパク質が蓄積し，神経細胞が死滅して起こる脳の萎縮が原因である．海馬（脳の記憶を司る箇所）では，運動により脳神経を成長させる脳由来神経栄養因子 brain-derived neurotrophic factor（BDNF）が多く分泌される．運動と同時に計算などをすることで脳が刺激され，新しい神経細胞が繋がりやすくなると考えられている．国立長寿医療研究センターが2010（平成22）年に愛知県大府市の軽い認知機能障害のある65歳以上100人にした調査では，コグニサイズを導入した運動教室に通う参加者の80％で，記憶力向上などの改善がみられた．体と脳へ適度な負荷をかすことと，毎日短時間でもよいので実践し，習慣にすることが重要である．認知課題は繰り返しによる慣れを防ぐため，内容は頻繁に変える必要がある．運動メニューは異なる内容（ステップ，ウォーキング，ストレッチングなど）を複数組み合わせる．強度は決して無理はせず，「楽」から「ややきつい」と感じる程度とする．また，時間は10〜15分から始め，少しずつ増やす．コグニサイズの効果に着目し，介護や認知症の予防事業として活用する自治体も出てきた．「健康寿命」の延伸を目標に掲げる神奈川県や愛知県ではコグニサイズに取り組んでいる．コグニサイズの具体的方法を表3・14に，効果を図3・9に示す．

　加齢は，認知機能低下の主要な危険因子である．さらに運動不足も認知機能低下の危険因子とされている．一方，以前から運動や活発な身体活動が認知機能低下の予防となる可能性が数多く報告されている．Laurinらは，認知症を発症していない高齢者4,615名を対象に5年間フォロー

した研究結果(「カナダにおける健康と加齢に関する前向き調査」)の中で，定期的な運動がアルツハイマー病の発症を抑制すると報告している．運動の強度，頻度に関しては，週3回以上の頻度で歩行より強い運動を行う群を高運動量群，歩行程度の運動を週3回以上行う群を中運動量群，これら以外を低運動量群に分類して比較した．その結果，軽度認知障害(MCI)発症率，アルツハイマー病発症率，全認知症発症率のいずれにおいても，高運動量群は低運動量群よりも有意にリスクが低かったと報告している．

　認知症患者を対象とした運動に関する研究はまだ少ないが，近年，アルツハイマー型認知症の患者とその介護者の双方に，家庭で行える運動プログラムを指導し，健康状態や心理面への影響を調査した報告がされている．対象は，55～93歳の153人のアルツハイマー型認知症患者で，認知機能は中等度以上に障害されていた(平均罹病期間は4.3年，MMSE 16.8 ± 7.1)．患者とその介護者に，有酸素運動，ストレッチング，バランス，柔軟性トレーニングを組み合わせた総合的な運動プログラムと問題行動の管理を指導して，健康状態やうつ状態を調査したところ，指導を行った群において身体面，心理面ともによい状態が保たれていることがわかった．また脱落した被検者の理由として，対照群では患者自身のBPSDが第一であったのに対し，運動指導群では介護者側の健康問題によるものであった．

第4章　介護保険制度

A◉介護保険

　わが国の社会保険には医療保険，年金保険，介護保険，雇用保険，労災保険の5種類があり，それぞれの保険事故に対して給付される．介護保険は介護が必要な状態を保険事故として，国民が介護を必要とする状態になったときに原則として現物給付，すなわち，介護に必要な「費用」ではなく「介護すること」が給付される．**表4・1**に介護保険制度の概要を示すが，保険者は市区町村で一部広域連合による保険者も許されている．被保険者は65歳以上の市区町村民（第1号被保険者）と40歳以上65歳未満で医療保険に加入している市区町村民（第2号被保険者）で構成されている．第1号被保険者の給付対象は原因の如何を問わず「介護が必要な状態」であり，第2号被保険者では**表4・2**に示す心身の病的加齢現象との医学的関係があると考えられる疾患（特定疾病という）によって起こった「介護が必要な状態」である．したがって，第2号被保険者では事故などが原因となった「介護が必要な状態」は給付の対象にならない．給付には介護給付と予防給付とがあり，介護予防・生活支援総合事業におけるサービスはこれに含まれない．また，給付されるサービスは**表4・3**に示すとおりであるが，予防給付には施設サービス，訪問介護，通所介護が含まれない．

　介護給付費は50％が介護保険料でまかなわれ，50％が公費による負担である．公費による負担のうち国が25％，都道府県が12.5％，市区町村が12.5％をまかなう．介護保険料の第1号被保険者と第2号被保険者との給付費に占める負担割合は被保険者数の人数比率に基づき定められることになっていて，おおむね2:3の割合で徐々に第1号被保険者数が増加している．令和3（2021）年度からの負担割合は第1号被保険者が23％，第2号被保険者27％となっている．

　第1号被保険者の保険料徴収は原則として特別徴収（被保険者に支給される年金から介護保険料を天引きする）が行われていて，年金が少額な場合に普通徴収（被保険者が市区町村に直接納付する）が行われる．第2号被保険者の徴収では医療保険の保険者が，医療保険の保険料に介護保険料を含めて徴収して市区町村に納付する．

　介護保険では40歳以上65歳未満の生活保護対象者は被保険者になれないが，これらの人が要介護者などになった場合の介護給付（生活保護法による指定事業者からのサービスに限る）は生活保護の介護扶助として給付される．65歳以上の人は介護保険の被保険者であり保険料分が生活保護の生活扶助に加算されている．また，これらの人が介護サービス（介護保険法による指定事業者からのサービス．平成26（2014）年6月30日以前に指定された事業者は生活保護法による指定も必要．）を受給した場合の一部負担金は介護扶助で給付（支払い能力に応じた負担なので一部を自分で負担する場合がある）される．

表 4・1　介護保険制度の概要

保険者		市区町村
被保険者	1号被保険者	65歳以上の市区町村民
	2号被保険者	40歳～64歳の市区町村民で医療保険被保険者
介護保険被保険者証	1号被保険者	65歳になった月に全員に交付
	2号被保険者	介護が必要になったときに交付
介護給付費の分担		国：25％，都道府県：12.5％，市区町村12.5％，介護保険料：50％
保険料の分担		1号被保険者：21％，2号被保険者：29％（平成24年度以降）
保険料の徴収	1号被保険者	特別徴収（年金から天引き） 年金が少額な人は普通徴収（被保険者が市区町村に直接納付する）
	2号被保険者	医療保険に上乗せして徴収
要介護認定		介護認定審査会が判定する （医療・保健，福祉，学識経験者の三者で構成）
		市区町村長が認定する （結果は介護保険証に要介護度等を記入して被保険者に郵送する）
要介護状態区分	要介護者	要介護状態にある被保険者 （要介護1～5）
	要支援者	要介護状態になる恐れのある被保険者 （要支援1, 2）
介護保険の給付	介護給付	要介護者に対する給付
	予防給付	要支援者に対する給付
介護給付の受給要件	1号被保険者	介護給付，予防給付 （原因は問わず，要介護または要支援状態）
	2号被保険者	介護給付，予防給付 （特定疾病による要介護または要支援状態）
サービス事業者	指定事業所	サービス事業種ごとに都道府県知事が指定する （提供するサービスが給付の対象になる）
	基準該当事業所	市区町村長が指定する （市区町村内で提供されたサービスだけが給付の対象になる）
サービス種	施設サービス	介護老人福祉施設，介護老人保健施設，介護療養型医療施設
	居宅サービス	通所介護，訪問介護など
受給手順	認定申請	本人またはケアマネジャーによる代行申請
	認定調査	市区町村職員（ケアマネジャーに委託する場合もある）による訪問調査
	医師の意見書	かかりつけ医が意見書を提出する
	要介護認定	介護認定審査会による判定 市区町村長による認定
	ケアプランの作成	ケアマネジャーまたは本人が作成する
	事業者との契約	利用するサービス事業者ごとに契約する
	サービス受給	ケアプランに盛り込まれたサービスだけが給付の対象

表4・2 特定疾病

1	がん（がん末期）
2	関節リウマチ
3	筋萎縮性側索硬化症（ALS）
4	後縦靱帯骨化症
5	骨折を伴う骨粗鬆症
6	初老期における認知症
7	進行性核上性麻痺，大脳皮質基底核変性症およびパーキンソン病（パーキンソン病関連疾患）
8	脊髄小脳変性症
9	脊柱管狭窄症
10	早老症
11	多系統萎縮症
12	糖尿病性　腎症・網膜症・神経障害
13	脳血管疾患
14	閉塞性動脈硬化症
15	慢性閉塞性肺疾患
16	両側の膝関節または股関節に著しい変形を伴う変形性関節症

　市区町村は，住民基本台帳のデータに基づき，住民が65歳（第1号被保険者）になった時点で被保険者証を交付する．65歳に到達した人は到達月の月末までに，65歳以上の転入者には転入時に交付される．第2号被保険者の被保険者証は原則として交付されず，介護保険を利用する必要が生じたときに交付される．

B ● 要介護度

　市区町村に設置された医療・保健，福祉，学識経験者の三者で構成する介護認定審査会による要支援・要介護判定で，支援や介護の必要度（介護の必要量）および認定有効期間について，要介護1～5，要支援1・2，非該当のいずれかに審査・判定され，市区町村長により認定される．

1 要介護者

　要介護状態にある人で，介護保険法第7条第1項で「身体上又は精神上の障害があるために，入浴，排泄，食事などの日常生活における基本的な動作の全部又は一部について，厚生労働省令で定める期間（原則6ヵ月，以下同じ）にわたり継続して，常時介護を要すると見込まれる状態であって，その介護の必要の程度に応じて厚生労働省令で定める区分（以下「要介護状態区分」という）のいずれかに該当するもの（要支援状態に該当するものを除く）をいう」と規定されていて，要介護1から要介護5まで5つの要介護状態区分が設けられている．

表4・3 介護保険で給付されるサービス

	予防給付におけるサービス	介護給付におけるサービス
都道府県が指定・監督を行うサービス	◎介護予防サービス 【訪問サービス】 ○介護予防訪問入浴介護 ○介護予防訪問看護 ○介護予防訪問リハビリテーション ○介護予防居宅療養管理指導 【通所サービス】 ○介護予防通所リハビリテーション 【短期入所サービス】 ○介護予防短期入所生活介護 ○介護予防短期入所療養介護 ○介護予防特定施設入居者生活介護 ○介護予防福祉用具貸与 ○特定介護予防福祉用具販売	◎居宅サービス 【訪問サービス】 ○訪問介護 ○訪問入浴介護 ○訪問看護 ○訪問リハビリテーション ○居宅療養管理指導 【通所サービス】 ○通所介護 　＊上限の利用者数が18人以下の事業所は地域密着型サービス事業所 ○通所リハビリテーション 【短期入所サービス】 ○短期入所生活介護 ○短期入所療養介護 ○特定施設入居者生活介護 ○福祉用具貸与 ○特定福祉用具販売 ◎居宅介護支援 ◎施設サービス ○介護老人福祉施設 　＊要介護1，2の人は入所できない ○介護老人保健施設 ○介護療養型医療施設
市区町村が指定・監督を行うサービス	◎介護予防支援 ◎地域密着型介護予防サービス ○介護予防小規模多機能型居宅介護 ○介護予防認知症対応型通所介護 ○介護予防認知症対応型共同生活介護 　（グループホーム）	◎地域密着型サービス ○小規模多機能型居宅介護 ○夜間対応型訪問介護 ○認知症対応型通所介護 ○認知症対応型共同生活介護 　（グループホーム） ○地域密着型特定施設入居者生活介護 ○地域密着型介護老人福祉施設入所者生活介護
その他	住宅改修	住宅改修

2 要支援者

　要支援状態にある人で，介護保険法第7条第2項で「身体上若しくは精神上の障害があるために入浴，排泄，食事などの日常生活における基本的な動作の全部若しくは一部について厚生労働省令で定める期間にわたり継続して常時介護を要する状態の軽減若しくは悪化の防止にとくに資する支援を要すると見込まれ，又は身体上若しくは精神上の障害があるために厚生労働省令で定める期間にわたり継続して日常生活を営むのに支障があると見込まれる状態であって，支援の必

要の程度に応じて厚生労働省令で定める区分（以下「要支援状態区分」という）のいずれかに該当するものをいう」と規定されていて，要支援1と要支援2の2つの要支援状態区分が設けられている．

3　非該当者

非該当者とは介護も支援も必要ない自立した状態の高齢者であり，介護保険からのサービスを受給することはできない．ただし，市区町村の事業である介護予防・日常生活支援総合事業（総合事業）は，介護保険からの給付ではないので，その一部を受給できる場合がある．

C　要介護認定

医療保険では医療が必要な状態になった被保険者が，被保険者証を持参し医療機関を受診する場合，無条件で必要な医療を受けることができ，必要な医療費が医療機関に支払われる「出来高払い（一部包括払いの制度もある）」の制度になっている．一方，介護保険では利用に先立ち被保険者は要介護認定を受ける必要があり，給付の対象になるサービスはケアプランに位置づけられたものだけである．また，要介護度ごとに区分支給限度基準額が設定されていて，介護の必要度に応じて利用できるサービスの量が決まっている．

1　要介護認定

要介護認定の手順を**図4・1**に示すが，介護保険による介護給付または予防給付を受給するには，医療保険とは異なり，介護を必要とする人が市区町村に申請して，行政（介護認定審査会）の判断により要介護または要支援の認定を受ける必要がある．また，介護保険では「区分支給限度基準額（**表4・4**）」が設定されていて，要介護または要支援者の状態に応じたサービス受給量の限度が定められている．この個々の利用者に対するサービスの必要量を決定するのが要介護認定である．

a.　要介護認定の申請

要介護（支援）認定の申請は市区町村役場（または福祉事務所）の担当窓口で行う．申請は利用者本人または家族が行うが，ケアマネジャーが代行申請することもできる．

要介護認定の申請には要介護認定（変更）申請書（市区町村・福祉事務所の担当窓口に備えてある），被保険者証（40歳以上65歳未満の人は医療保険被保険者証），印鑑（申請者が同居する人でない場合），主治医の氏名が必要で，申請と同時に居宅（介護予防）サービス計画作成（変更）依頼書を提出すると，依頼する居宅介護支援事業所または地域包括支援センターの暫定ケアプランで，その日からサービスを利用できる．要介護認定申請では居宅介護支援事業所に依頼し，要支援認定申請では地域包括支援センターに依頼する．しかし，暫定プランでサービスを利用して低い認定になった場合や認定されなかった場合には，全額または超過分が自己負担となるので注意が必要である．

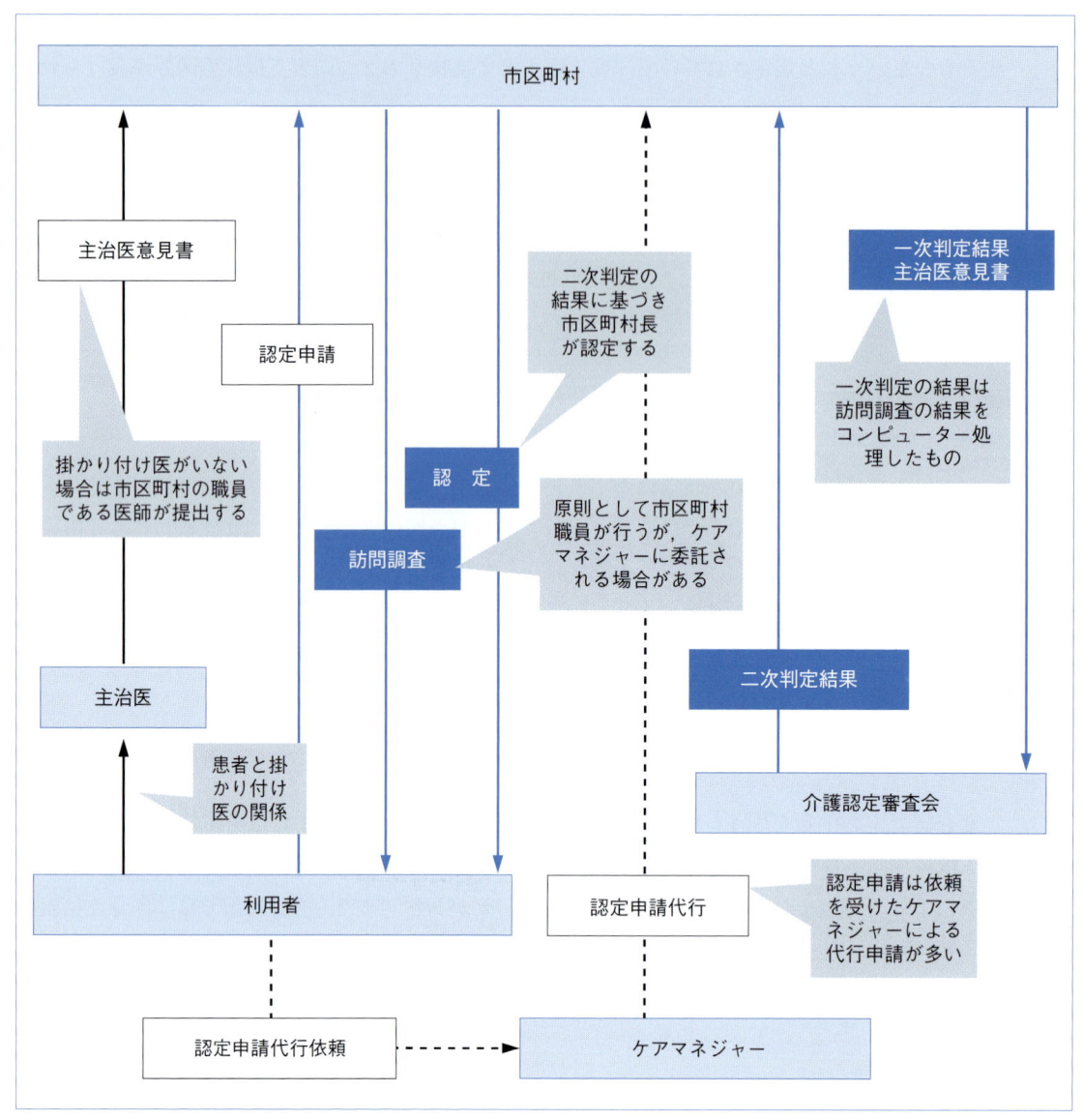

図 4・1　要介護認定の手順

b. 認定調査(訪問調査)

　　申請を受けた市区町村は申請者の自宅に認定調査員(原則として市区町村職員，委託を受けたケアマネジャーの場合もある)を派遣して調査する．基本調査の項目は麻痺(5項目)や拘縮(4項目)の有無，寝返り，座位保持など「身体機能・起居動作」に関する20項目．移乗，移動，嚥下，食事摂取など「生活機能」に関する12項目．意思の伝達，毎日の日課を理解，徘徊など「認知機能」に関する9項目．被害妄想，作話，感情の不安定など「精神・行動障害」に関する15項目．薬の内服，金銭の管理，日常の意思決定などの「社会生活への適応」に関する6項目の62項目に加え「特別な医療」に関する12項目の計74項目である．

表4・4 区分支給限度基準額

	支給限度額	要介護認定等基準時間
要支援1	5,032（単位）	25分以上32分未満
要支援2	10,531（単位）	32分以上50分未満
要介護1	16,765（単位）	
要介護2	19,705（単位）	50分以上70分未満
要介護3	27,048（単位）	70分以上90分未満
要介護4	30,938（単位）	90分以上110分未満
要介護5	36,217（単位）	110分以上

1単位は原則10円に相当するが，地域により多少異なる．基準時間は実際の介護に必要な時間とは異なる．

　これらの調査結果を基に市区町村は，「一次判定書」を作成する．一次判定の要介護度は認定調査結果で要介護認定等基準時間(**表4・4**)を集計し判定される．要介護認定等基準時間は要介護状態区分を判定するための「ものさし」として示されるもので，実際の介護にかかる時間とは異なる．

c. 主治医の意見書

　認定調査と同時に市区町村は申請者の主治医に，疾病の度合いや認知の度合いなど介護の必要性に関する医学的な見地からの「意見書」の提出を受ける．主治医がいない場合は市区町村が指定する医師の診断により提出を受ける．

d. 認定審査

　一次判定結果および主治医意見書により市区町村などが設置している介護認定審査会は二次判定を行い，要支援1または2，要介護1から5，非該当のどれに該当するか判定する．この際，認定調査における「特記事項」や主治医意見書の内容により一次判定結果を変更することがある．判定の結果およびサービス利用にあたっての認定審査会の意見やサービスの種類の指定がある場合には，これを含めて市区町村長に報告する．

e. 認定および結果の通知

　市区町村長は判定結果の報告を受けて要支援または要介護の認定をすると共に，申請後30日以内に要介護認定の結果を申請者に通知する．通知は要介護認定の結果および認定審査会の意見，サービスの種類の指定などを介護保険被保険者証に記載し申請者の自宅に送付することで行う．

　要介護認定における要介護度はみかけの重症度によるものではなく，介護の必要度によって決まるもので，終日寝たきり状態の利用者よりも認知症に伴う徘徊が問題となり介護の手間がかかる利用者の要介護度が高くなるなど，利用者や家族の印象と大きく異なる結果となる場合がみられる．判定結果に不服がある被保険者は都道府県に設置されている介護保険審査会に不服を申し立てることができる．

D ● 介護保険の給付

　　介護保険の給付には予防給付*と介護給付とがある．予防給付は支援が必要と認められ要支援1および要支援2に認定された人が指定介護予防サービス事業者から受給する．介護給付は介護が必要と認められ要介護1から要介護5までに認定された人が，指定居宅サービス事業者または指定介護老人福祉施設・介護老人保健施設等から受給する．

　　市区町村の提供する，総合事業により給付される訪問型・通所型（運動・口腔・栄養改善事業など）などの介護予防・生活支援サービス事業もあるが，これは市区町村の事業であり介護保険の給付ではない．この事業のサービス受給対象者は要支援者および基本チェックリストのスクリーニングなどで抽出された者である．基本チェックリストのスクリーニングは市区町村または地域包括支援センターに相談に訪れた人を対象に行われる．後で詳細を述べるが，総合事業によるサービスは対象者によって介護予防・生活支援サービス事業と一般介護予防事業のいずれかまたは両方を提供される．

> **MEMO**
> **予防給付**
> 予防給付であったサービスのうち介護予防訪問介護および介護予防通所介護は，平成27（2015）年4月から段階的に介護予防・生活支援サービス事業によるサービスに移行し，平成30（2018）年からはすべての市区町村で移行する．

E ● 介護サービスの利用

　　介護サービスの利用では利用者の自由な選択により，サービス事業所を決定することができる．また，サービス利用中に事業所の変更もできる．介護サービスを利用したときには，サービス種ごとに設定された介護報酬の1割（年金保険で一定水準以上の収入がある人は2割，以下同じ）に相当する金額を利用者が負担する．介護報酬は厚生労働大臣が社会保障審議会（介護給付費分科会）の意見を聞き定め，実際にサービス事業所に支払われる金額は，各サービスの提供にかかわる基本的な費用に加えて，事業所のサービス提供体制や利用者の状況などに応じた加算および減算が行われる．

a. サービス事業者との契約

　　サービスの利用はサービスごとに各事業所と契約をしたうえで始まる．ケアプランの作成を依頼するときも担当の居宅介護支援事業所または地域包括支援センター（介護予防ケアプランの場合）と契約をする．契約時に事業所は重要な事項を文書（重要事項説明書）にして説明することが義務づけられていて，利用者は説明を受け担当者名，サービスの範囲と料金，契約の変更や解約の方法，苦情対応の窓口などをよく確認する必要がある．また，契約した後でも事業所を変更することができる．

F ●介護サービスの受給パターン

　介護サービスは，自分の家に住みながら受けられる居宅(在宅)サービスと特別養護老人ホーム(指定介護老人福祉施設)などの施設に入って受ける施設サービスとの大きく2つに分かれる．また，サービスの内容は医療系サービスと福祉系サービスとに分かれていて，サービス提供を担当する者の資格に制限がある．

1 居宅サービスと施設サービス

a. 居宅(在宅)サービス

　利用者は自宅での生活を続けながら居宅サービス計画(ケアプラン)に従って提供される生活を継続するために必要な援助を受けるもので，訪問系サービスは介護サービス事業者が利用者宅に出向き提供し，通所系サービスでは利用者が介護関連施設に出向き施設内でサービスを受ける．居宅サービスには短期間施設に入所して受ける，ショートステイといわれる短期入所療養介護と短期入所生活介護とが含まれている．介護保険の給付の対象となるサービスは，介護保険法に基づき都道府県知事が指定した，指定介護サービス事業者の提供するものに限られ，提供されるサービスの種類は**表4・3**に示すものである．市区町村が必要と認め特別に給付する横出しサービスもあるが，原則として費用は全額自己負担となる．

b. 施設(入所)サービス

　介護関連施設に長期的に入所・入院(居宅サービスには短期入所サービスがある)して受けるサービスで，特別養護老人ホーム(指定介護老人福祉施設)，介護老人保健施設(老健)，指定介護療養型医療施設(療養型病床群など)の3種の施設で受けられる．利用者一人ひとりの体の状態や必要としているサービスなどに応じた施設を選択して入所でき，施設のケアマネジャーが作成した施設サービス計画に従ってサービスが提供される．平成27(2015)年4月以降，施設サービスのうち指定介護老人福祉施設(特別養護老人ホーム)に入所できる利用者は，原則として*要介護認定で要介護3～5の認定を受けた者に限られ，要介護1および2の者また要支援者には受給資格がない．

　指定介護老人福祉施設では主に生活上の介護を中心にサービスが提供され，指定介護療養型医療施設では医学上必要な事項を中心としたサービスが提供される．介護老人保健施設は両者の中間に位置し，将来自宅での生活を可能にするために必要になる心身機能の改善を目的にしてリハビリテーションなどを中心としたサービスが提供される．

　平成20(2008)年5月に介護療養型医療施設と介護老人保健施設との中間施設として，新型老健とよばれる介護療養型老人保健施設が設けられた．緊急で対応しなくてはならない治療が終了した後に慢性的な症状に対する療養を行う施設で，医療に重点が置かれたサービスを提供している．新型老健には介護保険実施当初から移行が計画されていた，療養型病床群の介護保険施設への移行をスムーズにするといった性格もある．

> **MEMO**
> 認知症高齢者であり常時見守りや介護が必要,知的障害や精神障害なども伴って地域で安定した生活を続けることが困難,家族などによる虐待が深刻であり心身の安心・安全の確保が不可欠な場合などは,「やむを得ない事情」として入所が認められる.

2 医療系サービスと福祉系サービス

a. 医療系サービス

利用者に提供するサービスのうち,とくに医学知識を持っていない提供者が行うと危険を伴うサービスである.

居宅サービスでは主に看護師が医師の指示を受けて行う訪問看護,理学療法士や作業療法士などリハビリテーション関連職種が医師の指示を受けて行う訪問リハビリテーション,医師・歯科医師・薬剤師などが行う居宅療養管理指導,主にリハビリテーションを行う医療施設に利用者が出向いて受ける通所リハビリテーション,介護老人保健施設や療養型病床群に利用者が短期間入所して受ける短期入所療養介護がこれにあたる.

施設サービスでは介護老人保健施設や療養型病床群に入所して受けるサービスは医療系サービスに分類される.

b. 福祉系サービス

利用者が生活上の援助を受けるサービスであり,居宅サービスではホームヘルパー(訪問介護員)などが利用者宅を訪問して生活上の援助を行う訪問介護,利用者宅に移動式の浴槽など入浴に必要な一切の機材を持ち込み,利用者を入浴させる訪問入浴介護(利用者が自宅の浴室で入浴するのを介護するのではない.また,訪問入浴には必ず看護師が同行しなくてはならない),利用者が通所介護施設や介護老人福祉施設などの福祉系施設に出向き食事,入浴,機能訓練などのサービスを受ける通所介護,介護老人福祉施設などに利用者が短期間入所して生活上の介護サービスを受ける短期入所生活介護,車椅子など利用者が生活を遂行するうえで必要な福祉用具を貸与する福祉用具貸与などがある.なお,室内用簡易トイレなど貸与になじまない福祉用具については特定福祉用具販売のサービスを利用する.

施設サービスでは指定介護老人福祉施設に入所して受けるサービスは福祉系サービスに分類される.

3 居宅介護支援

利用者が介護保険を利用して介護サービスを受給するには,申請にあたってさまざまな書類の提出,事業者の選択,事業者との契約など煩雑な事務手続きが必要であり,これを利用者本人または家族が行うには困難を伴う.介護保険法では利用者本人や家族が,これらの手続きおよびケアプランの作成を行うことを禁止していないが,居宅介護支援事業所にはケアマネジャーが配置されていて,利用者との契約によりケアマネジャーにこれらの手続きを代行させると共に,ケアプランの作成およびサービス提供における事業者との契約の援助,連絡調整,適正なサービス提

供および支援状況のモニタリングなど介護の過程全般を監視・監督させる事業を行っている．また，利用者が介護保険施設への入院または入所を希望した場合には，介護保険施設の紹介その他入所に必要な支援なども行う．指定介護支援事業所から受ける，これらのサービスにかかわる費用はケアプラン作成費として全額が保険給付され，事業所が申請したサービス提供区域以外でのサービス提供にかかわる交通費の実費などを除き自己負担はない．

G 介護サービス事業所

介護保険に関連する事業所には居宅サービスを提供する居宅系事業所と施設サービスを提供する施設系事業所とがある．居宅系事業は介護保険法に基づき，都道府県知事から指定を受けた指定介護サービス事業所がサービスを提供している．施設系事業所は設立にあたりそれぞれ所管する法律により指定，または認可を受けた事業所がサービスを提供している．

1 居宅系事業所

介護保険法ではそれぞれ介護サービス提供の事業を行う事業所に対し，施設基準，人員基準などの設置基準を設け，申請を受けた都道府県知事が基準に適合していることを確認して指定する．指定は事業種ごとで同一設置者が数種類の事業を行う場合は，それぞれの事業種で個別に指定を受けなければならない．法人格を有していることが指定を受ける条件であるため，設備基準などは満たしているものの法人格を有さない場合には，基準該当事業者として市区町村長が認め，当該市区町村内のみの事業展開が認められている．法人格を有していない診療所，歯科医院，薬局などは，特例でそれらの事業所を介護保険法上の「みなし法人」として都道府県知事が指定事業者に指定する．

2 施　設

a. 特別養護老人ホーム

特別養護老人ホームは老人福祉法の規定に従って開設許可を申請し，都道府県知事から許可を受けた施設である．この施設が介護保険事業を行うためには，改めて介護保険法に従い都道府県知事から指定を受ける必要がある．この指定を受けた場合の介護保険上の呼称は指定介護老人福祉施設という．この施設は入所する要介護者に対し施設サービス計画に基づいて，入浴，排泄，食事等の介護，その他の日常生活上の世話，機能訓練，健康管理および療養上の世話を行うことを目的としている．

平成27（2015）年以降，特養の入所基準は要介護3以上の者と変更された．これにより特養の重度化が進み，軽度の認知症者等は他の施設を利用せざるを得なくなった（例外あり）．

b. 介護老人保健施設

介護老人保健施設は介護保険法に規定される施設で，開設にあたって都道府県知事の許可を受ける必要がある．介護保険事業においてはすでに許可を受けているので改めて指定を受ける必要がない．この施設では入所する要介護者に対し，施設サービス計画に基づいて行われる看護，医

学的管理の下における介護および機能訓練その他必要な医療ならびに日常生活上の世話を行う．

平成20（2008）年5月に介護療養型老人保健施設（新型老健）が新設された．医療費の抑制，家庭の事情で高齢者が病院にとどまる社会的入院の解消，介護保険が適用される介護型療養病床の全廃，医療型療養病床*の大幅削減を目的としている．従来の老健（老人保健施設）では受け入れ困難であった医療の必要度が高い要介護者や，適切な介護を受けられない高齢者の急増の対策として設置された．新型老健は従来の老健よりも医療機能を強化したもので，廃止・削減される療養病床の転換先として位置づけられている．

> **MEMO　療養病床**
> 介護保険の介護療養型医療施設（介護型療養病床）は療養病床（旧療養型病床群）のひとつ．療養病床には介護保険の介護療養型医療施設と医療保険の医療型療養病床とがある．

c. 介護医療院

介護保険法の規定により都道府県知事の許可を受けて開設できる介護医療院は，令和6（2024）年3月末で全廃されることになっている介護療養型医療施設（介護療養病床）の役割を引き継ぐ施設として平成30（2018）年4月に新設された．単なる療養病床等からの移行先ではなく「住まいと生活を医療が支える新たなモデル」として創設され，「利用者の尊厳の保持」と「自立支援」を理念に掲げ「地域に貢献し地域に開かれた交流施設」としての役割が期待されている．「要介護者であって，主として長期にわたり療養が必要である者に対し，施設サービス計画に基づいて，療養上の管理，看護，医学的管理の下における介護及び機能訓練その他必要な医療並びに日常生活上の世話を行うことを目的とする施設」と定義され，目的に掲げる事項を遂行することで「利用者がその有する能力に応じ自立した日常生活を営むことができるようにする」ことを基本方針としている．

介護医療院は，入居者によって「Ⅰ型」「Ⅱ型」の2つに分類され，Ⅰ型の施設基準は従前の介護療養型医療施設相当であり主な利用者は「重篤な身体疾患を有する者及び身体合併症を有する認知症高齢者等」で，Ⅱ型の施設基準は介護老人保健施設相当以上であり主な利用者は「Ⅰ型と比べて容体は比較的安定した者」となっている．

具体的な介護医療院の利用者像は年齢が65歳以上で慢性期の患者かつ要介護者であり介護レベルは要介護1〜5，医療区分は比較的医療ニーズの低い1の人が中心になる．医療療養型病院の受け入れ対象から外れた利用者や，介護施設では対応できない医療的ケアを望む利用者などが生活できる施設として利用される．

d. 特定施設

介護保険法に規定する施設サービスは前述した3種類のサービスであるが，要介護者などの生活を支えることを目的とするサービスとしてさまざまな施設が設置されている．特定施設で提供される介護サービスは「施設サービス」ではなく「居宅サービス」として提供される．特定施設には定員が30人以上の「特定施設」と29人以下の「地域密着型特定施設」とがある．また，入居者の属性により主に要介護者が入居する「介護専用型特定施設」とそれ以外の「混合型特定施

設」に分けられる.

❶ **介護付有料老人ホーム**

民間が主体となって設置して運営する施設で介護の要否にかかわらず利用でき，住まいとサービスとがセットになっている．終身利用権方式や賃貸方式などがあり，多くは終身利用権方式を採用している．分譲による有料老人ホーム類似の住宅もある．要介護者を対象に運営している施設では，施設長，事務員，生活相談員，介護職員，看護職員，機能訓練指導員，栄養士，調理員を配し，入居者の実態に即し，夜間の介護，緊急時に対応できるよう配置することになっている．

有料老人ホームは老人福祉法第29条を根拠として設置されるが，「介護付」と称する場合は介護保険法第7条の16による特定施設の指定を受けたものでなければならない．

❷ **ケアハウス（軽費老人ホーム）**

身体機能の低下や高齢などで独立した生活に不安がある人を対象とする施設である．日常の生活が自立していることを入居条件とし，居住機能と福祉機能を併せ持っていて低額で利用できる．ケアハウスでは入居者が要介護状態になった場合，介護保険給付による居宅サービスを利用して生活しなければならないのに対し，軽費老人ホームは24時間にわたって，特別養護老人ホームのサービスレベルのケアを行うことができる．

ケアハウスは老人福祉法第20条の6を根拠として設置されるが，介護保険法第7条の16の厚生労働省令，介護保険法施行規則第20条の定めによる指定を受け，基準に従って施設長，介護・看護職員，管理栄養士，調理員，事務員などを配置する場合は「軽費老人ホーム」と称する．

❸ **サービス付き高齢者向け住宅**

平成23（2011）年に改正された「高齢者の居住の安定確保に関する法律（高齢者住まい法）」により創設された都道府県単位の登録制度で，国土交通省・厚生労働省が所管する．有料老人ホームの定義にも該当する場合は「有料老人ホーム」として特定施設に該当する．主に自立あるいは軽度の要介護状態の高齢者を受け入れており，一般的な賃貸住宅よりも高齢者が住みやすく，借りやすいことが特徴である．また利用権方式ではなく賃貸借方式の施設が多く，入居時に支払う敷金の返還を受けやすいなどの点で入居者の権利が守られている．入居者にとっては，他の介護施設と比較して在宅の扱いとなり，地域包括ケアの目玉となっている．選択肢が豊富なサービス付き高齢者向け住宅を選ぶことで，住み慣れた地域に住み続けやすくなるというメリットもある．施設は介護・医療と連携し高齢者の安心を支えるサービスを提供するバリアフリー構造の住宅であり，介護の専門家（社会福祉法人・医療法人・指定居宅サービス事業所などの職員，医師，看護師，介護福祉士，社会福祉士，ケアマネジャー，介護職員初任者研修課程修了者）が少なくとも日中常駐して，安否確認および生活相談サービスを全入居者に提供する．駐在しない時間は必要に応じて各居住部分に通報装置を設置し状況把握サービスを提供する．

介護保険法第7条の16による特定施設入居者生活介護の指定を受けた施設は，住宅を提供する事業者が住宅と介護保険サービスを一体で提供する．住宅が介護サービス事業所（居宅サービス）や診療所と併設・連携している場合もあるが，そうでない場合でも通常の在宅介護と同様に介護サービス事業所との契約で介護保険サービスを利用できる．寝たきりなど重度の要介護状態，重度の認知症，医療的な介護が必要になった場合など，介護施設に移らなければならない場

合も考えられる．

e. 地域密着型サービス施設

　　地域密着型サービス施設は市区町村が事業者の指定や指導・監督を行い，施設(事業所)のある市区町村の利用者だけがサービスを受給できる．サービスは高齢者が継続して住み慣れた地域で尊厳を持った暮らしができるように提供する．認知症高齢者グループホームやデイサービス，小規模多機能型居宅介護，夜間対応型訪問介護などがある．小規模多機能型居宅介護ではサービス内容が変わっても顔なじみの職員による対応が得られる．夜間対応型訪問介護は要介護3以上の人が自宅で生活できるよう，ホームヘルパーが24時間体勢で定期巡回して緊急事態に対応する．

　　また，平成28(2016)年4月から利用者数の上限が18人以下の通所介護事業所も地域密着型通所介護事業所として，市区町村の指定する地域密着型サービス施設に含まれる．

❶ 小規模多機能型居宅介護施設

　　利用者の状態や必要に応じて，通所を基本として入所(宿泊)，訪問の3つのサービスを組み合わせて提供する在宅介護サービスである．平成18(2006)年の介護保険法改正で厚生労働省は今後の介護のあり方を「施設」から「在宅」へ大きく転換する方針を打ち出したが，それに伴い制度化されたもので在宅介護施設に分類される．制度化される以前には「宅老所」という名称で存在していた．高齢者が介護や支援が必要になったときには，気を遣わず信頼関係が構築しやすい小規模の施設が理想的で，住み慣れた地域で可能な限り環境を変えずにケアを受けられることが大切である．小規模多機能型居宅介護施設は認知症高齢者にとってこれらを実現できる施設として適している．住み慣れた地域と小規模であることで可能となる家庭的な雰囲気にこだわったケアは，高齢化が急速に進むわが国に求められているサービスである．

❷ 認知症高齢者グループホーム

　　認知症対応型共同生活介護および介護予防認知症対応型共同生活介護を行う施設で，介護保険法第8条の18に規定される，「要介護者であって認知症である者(その者の認知症の原因となる疾患が急性の状態にある者を除く)について，その共同生活を営むべき住居において，入浴，排泄，食事などの介護その他の日常生活上の世話および機能訓練を行う」ことを目的にするサービス施設である．グループホームに入所した利用者が家庭的な環境と地域住民との交流を通して，可能な限り自立した日常生活を送ることができるようサービスを提供する．グループホームでは介護スタッフと共に5～9人の利用者が1つの共同生活住居(ユニット)で，少人数の共同生活を送る．介護予防認知症対応型共同生活介護の利用は要支援2の利用者に限られ，要支援1の者は利用できない．

　　施設の人員配置基準は介護職員(1ユニットに対し，日中3・夜間1)，管理者，計画作成担当者(併任可)となっている．

H ● 介護関連職種

　　介護保険制度が導入される以前のわが国の高齢者介護は，医療，保健，福祉のサービスが専門的立場から個別に提供されるシステムで，それぞれの法律に従って利用を申請する必要があり，

煩雑で非効率的であった．介護保険制度は必要に応じ医療，保健，福祉のサービスを効率的，一体的に提供するシステムを目指して，利便性を高めることを目的に構築された．制度を適切に運用する要となるのがチームケアであり，各専門職が相互理解に立って互いの立場を尊重すると共に，それぞれの立場から専門的知識を生かした適切な活動ができるチームを形成し，利用者の自立支援に資するケアを心がけなければならない．

1 介護支援専門員（ケアマネジャー）

　介護保険法第7条第5項に定められているケアマネジャーは居宅介護支援事業所，介護予防支援事業所，介護保険施設，グループホーム，小規模多機能型居宅介護事業所などには配置を義務づけられていて，利用者の介護全般に関する相談援助や関係機関との連絡調整を行うことを業務としている．援助の流れは要介護者や家族がどのような介護サービスを希望するのか面接（インテーク）して聴取する，専門的な見地からどのような介護サービスが必要とされているかを査定（アセスメント）する，介護保険が利用できるようにサービス計画や個別支援計画を作成（プランニング）するという順に進む．また，サービスの利用開始後も提供されている介護サービスが適切か否かを定期的に評価（モニタリング）して要介護者や介護者の状況に合わせて再評価，計画変更を行う．

　ケアマネジャーとして登録・任用されるには都道府県の実施する「介護支援専門員実務研修受講試験」に合格し，「介護支援専門員実務研修」全87時間の課程を休まず受講およびケアマネジメントの基礎技術に関する実習を行い，修了評価を受けたうえで，介護支援専門員証を申請し交付を受けなければならない．また平成18（2006）年の法改正でケアマネジャーには資格の更新が義務づけられ，ケアマネジャーの業務を開始した後6ヵ月以降3年以内に56時間以上の専門研修課程Ⅰを，3年以降5年以内に32時間以上の専門研修課程Ⅱをそれぞれ受講し修了評価を受けなければならない．有効期限満了日以降も業務を継続するには，満了の1年前から前日までに前述の専門研修課程Ⅰを受講し修了評価を受けたうえで介護支援専門員証の更新を申請する必要がある．なお，その間に業務の実績がない者は専門研修課程ⅠおよびⅡを受講し修了評価を受けたうえで介護支援専門員証の更新を申請する（平成28［2016］年4月以降適用）．

　「介護支援専門員実務研修受講試験」の受験資格としては法定資格である社会福祉士，精神保健福祉士，介護福祉士，医師，歯科医師，薬剤師，保健師，助産師，看護師，准看護師，理学療法士，作業療法士，視能訓練士，義肢装具士，歯科衛生士，言語聴覚士，あん摩マッサージ指圧師，はり師，きゅう師，柔道整復師，栄養士（管理栄養士を含む）を所持している者で5年，900日以上の実務経験を有する者，社会福祉主事任用資格，ホームヘルパー2級課程修了，介護職員初任者研修課程修了のいずれかの資格を所持している者で5年以上の実務経験を有する者および所定の福祉施設などでの相談援助，介護などの実務に従事した期間が10年，1,800日以上の者となっている．

2 介護福祉士

　介護福祉士は主に介護などを業とする社会福祉業務に携わる人の国家資格であり，「介護福祉

士の名称を用いて，専門的知識および技術をもって，身体上または精神上の障害があることにより日常生活を営むのに支障がある者につき心身の状況に応じた介護を行い，並びにその者およびその介護者に対して介護に関する指導を行うことを業とする者をいう(社会福祉士及び介護福祉士法第2条第2項)」と規定されている．

活動場所は，特別養護老人ホーム，介護老人保健施設，病院，デイケアセンターや障害福祉サービス事業所，その他の社会福祉施設であり，この資格は在宅で生活している要介護者の自宅に通って援助するホームヘルパーにも有用である．

3 社会福祉士

社会福祉士及び介護福祉士法で位置づけられた，社会福祉(主として相談援助)業務に携わる人の国家資格である．

社会福祉士は「社会福祉士の名称を用いて，専門的知識および技術をもって，身体上若しくは精神上の障害があることまたは環境上の理由により日常生活を営むのに支障がある者の福祉に関する相談に応じ，助言，指導，福祉サービスを提供する者または医師その他の保健医療サービスを提供する者その他の関係者との連絡および調整その他の援助を行うことを業とする者をいう(社会福祉士及び介護福祉士法第2条第1項)」と規定されている．

4 訪問介護員(ホームヘルパー)

都道府県知事の指定する「訪問介護員養成研修」の課程を修了した者をいい，修了証は研修実施者が発行する．訪問介護員は介護保険法第8条第2項において介護福祉士と共に，介護行為を許された「その他政令(介護保険法施行令)で定める者」に該当するもので，業務は訪問介護における身体介護，家事援助である．資格は国家資格ではなく訪問介護，夜間対応型訪問介護，定期巡回随時型訪問介護看護に従事する際に必須であるが，その他の介護保険法上の介護サービスに従事する場合は所有している必要はない．取得後実務経験3年以上(1級養成講習受講資格および介護福祉士受験資格付与)でサービス提供責任者もできるが，介護報酬は1割減算となる．また，介護施設においても身体介護ができ，1級取得者は訪問介護事業所においてサービス提供責任者として，後輩の育成指導，利用者とホームヘルパーとのコーディネートなどの業務ができる．

厚生労働省は介護に携わる者の資格を介護福祉士に一本化する方向を定め，平成25(2013)年度以降のホームヘルパー2級養成を「ホームヘルパー2級養成研修」から「介護職員初任者研修」に変更した．また，同様の目的から平成18(2006)年度以降に訪問介護員1級の講習として行われていた「介護職員基礎研修」を，改正社会福祉士及び介護福祉士法で導入した「実務者研修」の養成体系に一本化した．これにより「訪問介護員養成研修」および「介護職員基礎研修」は実施されなくなったが資格は引き続き存続する．

5 看護師

介護保険事業で看護師は多くの事業所に配置されている．施設系では介護療養型医療施設はも

ちろんのこと介護老人保健施設，介護老人福祉施設でも必置となっている．居宅系事業所でも訪問看護事業所(訪問看護ステーション)を始め，通所介護事業所(通所リハビリテーション，通所介護)では開設時間中に看護師に限った常勤は求められていないが密接な連携が求められ，訪問入浴サービスでは看護師の同行が必要である．また，訪問介護事業所においてはホームヘルパーの資格としてはもちろん，サービス提供責任者の基礎資格としても認められている．また，経験のある看護師は福祉系施設や通所介護事業所で行われる機能訓練で機能訓練指導員としても位置づけられている．

6 その他の介護関連職種

医師，歯科医師，薬剤師，理学療法士，作業療法士，視能訓練士，歯科衛生士，言語聴覚士，あん摩マッサージ指圧師，栄養士などの医療系職種もそれぞれの立場で介護サービス事業に参加している．

I ●居宅介護サービスの受給

居宅介護サービスの受給手順を図4・2に示す．

J ●施設サービスの受給

施設サービスは原則として要介護3以上に認定された人だけが利用できる．施設には介護老人福祉施設，介護老人保健施設，介護療養型医療施設があり，契約に基づき利用者の状態によっていずれか適切な施設に入所してサービスを受給する．主に日常生活上の世話，機能訓練，健康管理などが必要な場合は介護老人福祉施設，看護，医学的管理下における介護および機能訓練などを必要とする場合は介護老人保健施設，療養上の世話，看護，医学的管理下における介護などの世話などを必要とする場合は介護療養型医療施設が選択される．施設サービス費は要介護度，施設の種類，利用する居室のタイプ，人員配置などのサービス供給体制で異なり，利用者は費用の1割を自己負担する．施設サービスの受給にあたっては居宅サービス受給者とのバランスを図る観点から，施設サービス費の1割に加え，居住費，食費，日常生活費などが自己負担となる．

K ●地域包括ケアシステム

国は団塊の世代すべてが後期高齢者となる令和7(2025)年に向けて，高齢者が介護を必要とする状態になっても，尊厳を保ちながら，住み慣れた地域でその人らしい生活を送ることができるよう，医療，介護，予防，生活支援などを，住まいを中心として30分以内にサービスが提供される日常生活圏域で一体的に提供できる地域の体制(地域包括ケアシステム)の構築を目指している．

在宅を中心とする地域包括ケアシステムは方向性としては正しいものと考えられ，このなかで

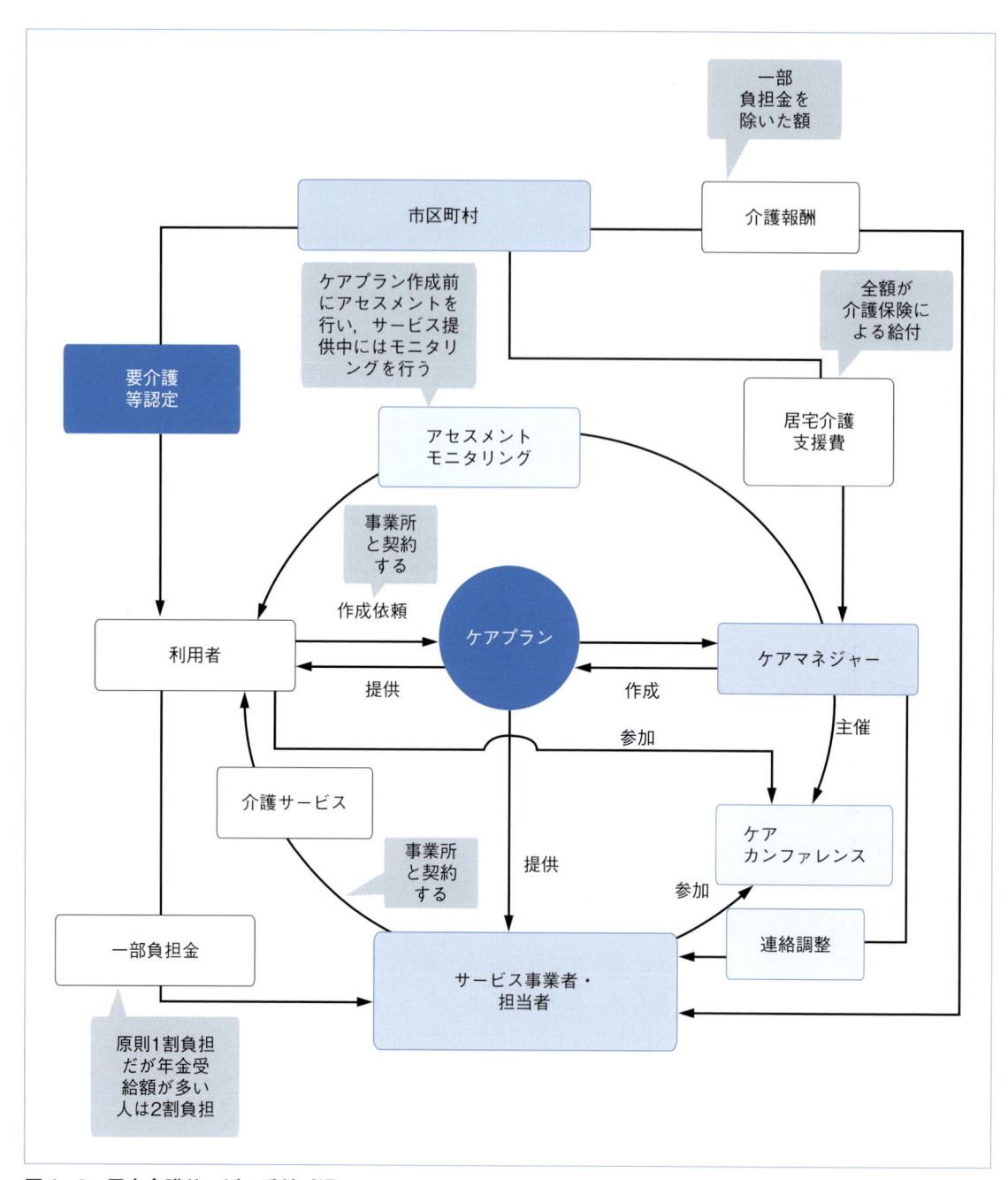

図4・2 居宅介護サービス受給手順

医療と介護サービスの重要性はいうまでもない．しかし，人口の変化はみられず後期高齢者人口が急増する大都市部，後期高齢者人口の増加は緩やかだが人口の減少する町村部など高齢化の進展状況には地域差が生じることが予想される．すなわち，その土地の特性に応じたシステムを作り上げる必要がある．そのために3年ごとの介護保険事業計画の策定・実施を通じて，地域の自主性や主体性に基づき構築していくとされている．

柔道整復術での地域包括ケアシステムへの貢献　MEMO

患者（Yさん）の概要
88歳の女性で，夫は90歳
高血圧症で近隣のクリニックを定期的に受診し安定している

Yさんの経過
- 2週間前に自宅の居間で転倒
- かかりつけのクリニックを受診，X線検査で骨折（－）
- 安静にしているようにと医師の指示
- 2週間自宅で養生（寝ていて）し段々動けなくなってきている
- 食事はベッドサイド，排泄はポータブル便器とおむつで対応
- 入浴は行えず家族による清拭で清潔の維持

この時点で地域包括支援センターで近隣接骨院に依頼

医療機関・包括と連携
医療機関とのカンファレンスで
- 施術の注意点
- 緊急時の対応

介護サービス事業所と担当者会議で
- 今後のADLおよびIADLの回復状況の伝達
- 介護サービス提供時の注意点の伝達

[往療施術]
○初回訪問時に活動状況，本人の希望の確認
- 状況確認「している活動」「できる活動」
- 夫と楽しく暮らした自宅での生活を続けたい
- スーパーに買い物に行き美味しい魚を食べたい

○治療計画と今後の見通しを本人に伝える
- 2週間程度は週2回の施術の実施．その後週1回の予定
- 1ヵ月半程度で自宅周囲の散歩ができる程度に回復予定

○日常生活上の注意点
○腰部打撲に対して後療法を実施

[経　過]
- 運動痛の軽減，腰部の圧痛の減少により姿勢保持安定
- 下肢の倦怠感消失，下肢筋力の向上により歩行能力向上

[2ヵ月後の状況]
- 腰臀部の運動痛が減少し座位から立位への体位変換も安定し介助が不要になった
- 玄関の上り下りも不安なく行える状態まで回復
- 玄関アプローチから外までは出られる

[今後の見通し]
下肢筋の持久力向上により近所のスーパー（800m）への買い物も可能になる．転倒に注意が必要．

　このシステム構築の実現のための中心的なものとして市区町村は地域包括支援センターを設置している．ここでは高齢者の保健医療の向上や福祉の増進の支援を目的とし，地域の高齢者の生活支援などを行い，地域ケア会議を主催するなどしている．地域ケア会議は，地域包括ケアシス

テムの構築のために重要となる．個人に対する支援の充実と，それを支える社会基盤の整備を同時に進めるために厚生労働省が設置を推進している機関で，自治体職員，医療職，介護職などから構成されている．

　地域包括ケア会議は，医療や介護などの多職種が協働して高齢者の個別的課題の解決，ケアマネジャーの自立支援に資するケアマネジメントの実践力を高めること，個別ケースの課題分析などの積み重ねにより地域に共通した課題を明確化すること，その地域課題の解決に必要な資源の開発や地域づくり，さらには介護保険事業計画への反映などの政策形成につなげることを目指している．

L ●医療介護総合確保法による今後の予想される変化

　介護保険財政の厳しさから，今後高齢者によっては介護サービス利用料が2割負担に増加するケースや食費の自己負担が求められる場合が増える．また平成30(2018)年までには要支援1・2に対する介護予防サービスが市町村の地域支援事業に変更され，地域行政対応が必要とされる．当然介護予防サービスの見直しも必須である．

第5章　介護の過程

A ● 介護過程の意義

　介護職は利用者にサービスを提供するにあたって，専門性を活かし客観的で科学的な根拠に基づく介護を実践する必要がある．そのためには課題(ニーズ)の抽出とそれに対する目標の設定，適切な計画を策定し，それに沿った介護(介護過程)を展開することが大切である．また，利用者のQOLを向上させるために，介護過程を記録して振り返ることも重要である．介護過程は関連職種と連携して利用者の自己実現や課題解決を支援できるように努め，利用者が望む「自分らしい生活」の実現を支援することを目的とする．そして「科学的思考と根拠に基づく介護の実践」「問題解決思考に基づく介護実践」「個別ケアの実践」「関連職種との協働と連携」「介護者自身の自己成長」「ケアの質向上」などが実現できるようにケアを進めていくことが重要である．

B ● 介護過程

　介護過程を展開していくには情報収集とアセスメント，課題の抽出・分析，目標の設定，個別援助計画の策定，サービスの実施，効果の評価などのプロセスを把握しながら，それぞれの過程の行為や意義を理解しておかなければならない．

1　情報収集

　利用者像を把握するためにその人の生活歴や価値観，ADL (activity of daily living)やIADL (instrumental activity of daily living)の状態などの項目についての情報を集める．情報の利用にあたっては，得られた情報の意味を考えて理解する「解釈」が必要になるので，単に利用者の周辺にある情報を集めるだけでなく，その後の処理を意識して目的に沿った収集を心がけなければならない．

2　アセスメント(課題分析)

　利用者の生活全般にわたってその状態を十分に把握すること，とくに個々の利用者に特有な課題(ニーズ)を明らかにし，個別性のある介護支援サービスを実践するために行われる．利用者の残存能力，すでに提供されているサービス(家族や隣人によるインフォーマルなサービスも含む)，生活環境などの評価を通じて利用者の実情・問題点を整理し，個々の利用者の生活を維持・向上させていくうえで生ずる課題を把握することが重要である．

　複雑に絡まっている情報を利用者の置かれている状況と関連づけ，関係性を整理し，介護者の

知識を統合して分析することが「情報の解釈」である．そこから導き出された生活上の課題を具現化することが「課題の明確化」である．さらに得られた情報の意味や情報間の関連性を解釈し，統合化を図り利用者の状態像を明らかにして，利用者が直面している問題や状況の本質，原因，経過，科学的に判定された予後などから課題を明確化することが「アセスメント」である．

3 課題・目標の設定

介護過程で情報収集とアセスメントの次の段階は課題・目標の設定である．解釈した情報から利用者の予後を予測し，状況の悪化防止や維持・改善に向けて必要な支援を検討する．そのなかで，利用者が望むよりよい生活や人生を実現あるいは継続するために，解決しなければならない問題が「課題」となる．そして，各々の課題に対して達成可能な「目標」を設定して，それを達成するために支援して行くことが重要である．

目標には最終的に目指す状態である長期目標と，それを目指して段階的に定めた短期目標とがある．設定する目標は利用者が望むその人らしい生活に向けた目標であり，それぞれの期間で達成可能なより具体的なものを設定するよう心がける．支援を行っている間は，それぞれ期間を区切って目標の達成状況などを評価する．

4 個別援助計画の立案

介護を直接提供する専門職の立場として，利用者一人ひとりの目標・課題の達成のために個別援助計画を立案する．ここでは，いつ(when)，どこで(where)，誰が(who)，何を(what)，なぜ(why)，どのように(how)，の5W1Hを踏まえた具体的な記述が必要である．

5 サービスの実施

計画を実施するときには，利用者の尊厳の維持，利用者の安全・安楽(安心)の確保と自立支援の視点が重要であり，実施した事柄は必ず経過を記録する．

6 モニタリングおよび評価

サービスを実施した後に大切なのは評価である．サービス提供中のモニタリングは介護過程に沿って行い，評価は利用者が望む生活に近づいているかや支援が適切に提供できているかを確認する．また，必要に応じてサービスの提供体制を見直しする．原則として設定した長期目標や短期目標の期間の最終日に評価を実施するが，状態が変わったときは直ちに行う．個別援助計画は目標の達成によって終了するが，評価の結果，目標が達成されていなければ修正した計画を再度立案し，介護過程を繰り返して行く．

C 情報収集と課題の優先順位

介護過程の展開は利用者の状態・状況に応じたものでなくてはならない．これを適切に行うには，情報を収集して利用者がどのような生活を送っているのかの全体像を把握し，得られた情報

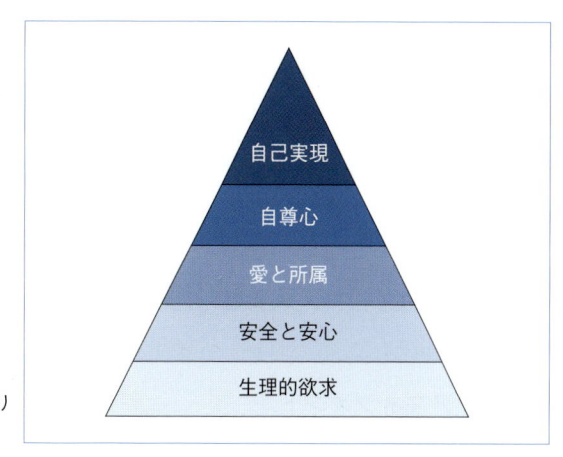

図5・1　マズローの欲求階層
(Potter P.A., Perry A.G., : Basic Nursing, p.25, 1991 より引用)

から抽出された課題について優先順位を決定し，利用者が直面する生活上の問題を解決する援助の方法を策定しなければならない．

1　情報収集の方法

情報は面接，観察，資料閲覧などによって収集するが，介護者などが感じる「主観的情報」と検査データなど「客観的情報」の両面から捉えて利用者の状況を把握する．

雑然と収集された情報を利用可能なものに整理するには ICF（国際生活機能分類，6章参照）の視点を活用するとよい（☞図6・1参照）．

ICF では健康状態と生活機能は相互作用があるとされ，利用者各々の健康状態，生活機能，背景因子などの視点から情報を整理するとアセスメントにつなげやすく幅も広がる．

2　課題の優先順位

利用者の課題とすることが複数ある場合には課題の重大性によって優先順位を決定する．優先順位を判断する方法のひとつにマズローの欲求階層（図5・1）があり，人間のあらゆる行動には動機が伴い，それらを階層的構造にして説明している．

三角形を底辺から5つの階層に区切って，下から「生理的欲求」「安全と安心」「愛と所属」「自尊心」「自己実現」となっている（マズローの基本的欲求の階層図は少なくとも5種類あり，きわめて錯綜していて「生存欲求」「安全欲求」「社会的欲求」「自我の欲求」「自己実現の欲求」などの表記もある）．「生理的欲求」は食事，睡眠，排泄などで，「安全と安心」は住居，衣服，貯金などの欲求である．「愛と所属」は友情，協同，人間関係などという欲求で，「自尊心」は他人からの尊敬，評価，昇進などであり，「自己実現」はよりよい自分になりたい欲求である．

マズローの基本的欲求の階層図では三角形の下に属するほど強い欲求となっていて，利用者が抱える課題のうち下位の欲求に関連した課題の優先順位を高くし，この課題を解決するための援助を優先的に提供すると利用者の QOL の改善につながる．

マズローの欲求階層とは別に介護を展開するための基準で，利用者の状態などを介護者の視点

で評価した「障害高齢者の日常生活自立度(寝たきり度)判定基準(平成3年11月18日 老健第102-2号 厚生省大臣官房老人保健福祉部長通知)(表3・10)」「認知症高齢者の日常生活自立度判定基準(平成5年10月26日 老健第135号 厚生省老人保健福祉局長通知)(表3・9)」が定められている．介護保険制度の要介護認定では認定調査や主治医意見書でこの指標が用いられており，一次判定や介護認定審査会における審査判定の際の参考として利用されている．

D 介護過程の実践的展開

1 ケアマネジメント

援助を必要とする利用者が保健・医療・福祉サービスを適切に受けられるように，利用者ニーズとサービス種，利用者と事業者との日程，事業者間の協力体制などを調整することを目的とした援助の展開方法をケアマネジメントといい，中核的な役割を担うのが介護支援専門員(ケアマネジャー)である．

ケアマネジメントは「利用者」「社会資源」「ケアマネジャー」で構成されていて，ケアマネジャーは介護過程で利用者の生活全体を支える計画であるケアプランを立案する．

2 ケアプラン

在宅でのサービス提供では「居宅サービス計画」，施設でのサービス提供では「施設サービス計画」が策定される．下記のaからdまでの過程を経て個々の生活課題に沿ったケース目標である「ケアプラン」が確定する．

a. 面接(インテーク)

利用者からの聞き取りや利用者の状態分析を行って，必要と思われる援助内容について説明し援助を受ける了解を得る．

b. 査定(アセスメント)

介護福祉分野でのアセスメントとは支援過程の第一段階で，援助活動に先立って行われる一連の手続きをいう．その目的は利用者が何を必要としているのかを正しく知ること，そしてそれが生活全般の中のどんな状況から生じているかを確認することであり，介護に関する利用者の問題の分析から援助活動の内容を決定する過程のことを指す．利用者から委託されたケアマネジャーがケアプランを作成するにあたっては認定調査票，主治医意見書，利用者からの聞き取りなどからアセスメントを行う．

c. ケアプラン原案の作成

ケアマネジャーは前述の認定調査票，主治医意見書，利用者からの聞き取りなどから抽出した利用者の課題(ニーズ)を解決するのに，もっとも有効だと思われるケアプランの原案を作成する．

d. ケアカンファレンス

ケアプランの原案についてケアカンファレンス(サービス担当者会議)を開催し，招集した各サービス事業者と意見を交換し合いケアプランを修正および決定する．その際，サービス利用者

や家族にも参加を求めその希望もプランに反映させる．利用者や家族が欠席の場合は，個人情報やケアプランの開示の了解を得ておく必要がある．

ケアカンファレンスの開催目的は，各事業者と利用者や家族が共通の認識をもつこと，各事業者がケアプランの内容をより深く理解すること，それぞれの役割を認識すること，解決しなければならない課題を共有することなどである．

3 サービス提供

介護保険法に基づく省令で「介護支援専門員は，居宅サービス計画の作成後，居宅サービス計画の実施状況の把握（利用者についての継続的なアセスメントを含む）を行い，必要に応じて居宅サービス計画の変更，指定居宅サービス事業者などとの連絡調整，その他の便宜の提供を行うものとする」となっていて，ケアマネジャーは必要な介護サービスが円滑に提供されるよう配慮しながら「支援を実施」していかなければならない．

サービス提供はケアプランに位置づけられたプロセスに従って展開されるが，ケアプランを実現させるために課題を解決する道筋を立てたものが個別援助計画である．サービス提供は目標と計画に基づいて各職種が協働で取り組まなければならず，ケースカンファレンスを実施してチームケアとして提供することが重要である．個別援助計画は個々のサービス担当者が立案して，日常生活の援助はその担当者が中心になって行うが，各担当者だけで行うものではなく，また，各担当者だけで行うことはできない．

4 モニタリング

介護保険では介護サービスの提供状況，状況の変化に応じて利用者のニーズが新たに発生していないか，常に現状を観察して把握する必要がある．ケアマネジャーはこの情報を入手するためにモニタリングを行う．モニタリングは1ヵ月に1回利用者と直接面談して行い結果を記録する．利用者の状況に変化がある場合や提供されているサービスが不適切と判断される場合には，それに応じてケアプランを変更しなければならない．

介護予防支援におけるモニタリングは原則として指定介護予防サービス事業者などへの訪問，利用者への電話などの方法により利用者の状況などを確認し，少なくとも1ヵ月に1回はその結果を記録する．また，3ヵ月に1回は訪問して利用者の状態やサービス提供の状況を把握する．

5 評 価

利用者の「課題」が解消されているかどうかを中心に評価し，サービス提供を終結するかどうか判定する．モニタリングの評価から「課題」が解消されていない場合や新たな課題が発見された場合，サービス提供体制や利用者の状態像を見直し，目標の修正や新たな目標の設定，計画の作り直しのために再度アセスメントを行う．

6 サービスの終結

ケアプランは最終的には利用者がケアマネジメントを利用しなくなるとか，ケアプランの必要

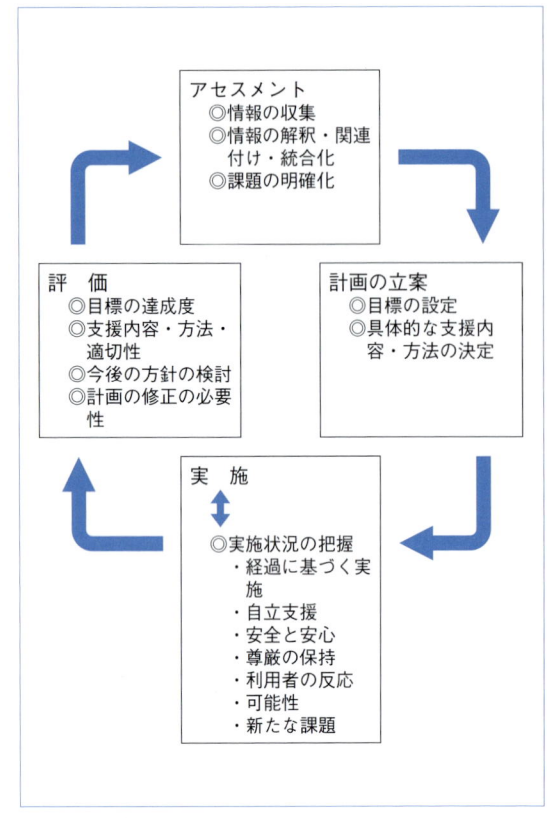

図5・2 介護の過程

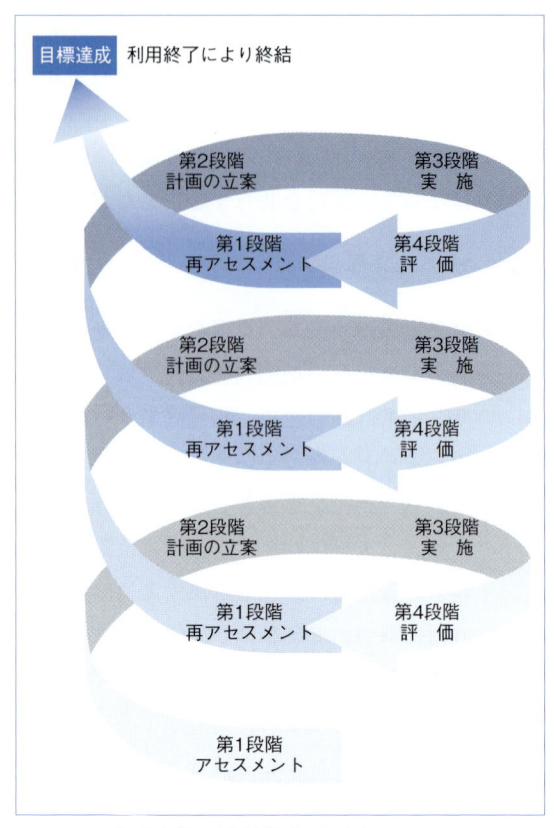

図5・3 介護過程の連続的なサイクル

がなくなるなどの理由で「終結」となる．

「インテーク」→「アセスメント」→「ケアプラン原案の作成」→「サービス担当者会議」→「ケアプランの確定」→「支援の実施」→「モニタリング」→「評価」→「終結」という手順が介護の過程であるが，「評価」では「課題」が十分解消されていない場合が多く再アセスメントを行う必要があるので，一般に「アセスメント」から「評価」は繰り返されることになる（図5・2，3）．

第6章　高齢者介護とICF

A ● 高齢者介護

1　高齢者介護の目標

　介護における「目標」とは，その対象者にとって「あるべき人生」の状態像であり，一人ひとりの対象者について，その人が時々の「もっとも幸せな人生を過ごして行く」ために，個別的で個性的な目標を立てることが重要である．

a. 介護における目標

　「目的」は，介護の提供などによって対象者が実現しようとしていることの意義や意味を示していて，「目標」は目的が示す方向の線上にある到達すべき具体的な1点を示している．介護における目標のあり方は

① 「この人がどの様に生きるのが一番よいのか」という具体像を示したもの
② 目前の問題点の解決や対応にとどまらないもの
③ きわめて具体的なものであり，個々の対象者に即したもの
④ 生活機能構造にアプローチすることで解決する可能性があるもの
⑤ 参加レベルの「主目標」をもっとも重視したもの
⑥ 到達時期が明確に示されているもの
⑦ 生活機能・疾患の予後から考えて実現可能なもの
⑧ 目標はインフォームド・コオペレーション（informed-co-operation，説明による専門家と当事者の共同作業）を基に立てられたもの
⑨ チーム全体として統一された目標となっているもの

でなければならず，正確な予測による予後に基づいた目標設定，すなわち介護における科学的な予後予測に基づく目標設定が大切である．

b. 介護におけるニーズとデザイア・デマンド

　「ニーズ（needs＝必要）」とは身体・精神の障害により日常生活を営むことが困難な場合，その充足のために客観的にみて対象者が真に必要とする身体的・精神的・社会的な要求や欲求のことで，対象者からは表出されにくいという特徴がある．対象者が自身の欲求として表現しやすいのはデザイア（desire＝欲望，願望）や「デマンド（demand＝要求・希望）」でデザイアは対象者が自覚している欲求，デマンドは対象者が話してくれた希望である．ケアプランの立案者は表現されたデザイアやデマンドの奥にある真の「ニーズ」を発見し，つかみ取らなければ正しい目標を設定することは困難である．

2 QOL の向上

QOL とは quality of life の略記であり「生命の質」「生活の質」「人生の質」などさまざまな側面をもっていて，個々で求める内容が異なるばかりでなく，それぞれの視点でも求められる内容が異なる．QOL は客観的 QOL と主観的 QOL とから構成され，社会レベルの QOL（人生の質），個人レベルの QOL（生活の質），生物レベルの QOL（生命の質）は客観的 QOL であり，実存レベルの QOL（体験としての人生の質）は主観的 QOL である．

3 ノーマライゼーション

ノーマライゼーション（normalization ＝常態化，正常化）とは，誰もが「普通の生活」ができるように社会を正常化していくことで，障害者や高齢者を含めた誰もが「共に生きる」社会を作って行くことを目的としている．障害者や高齢者が社会の構造に合わせて生きることを強いられ，健常な人々に比べて「生きにくい」社会はノーマライゼーションされているとはいえない．バリアフリー（barrier free）化による段差の解消やエレベータの設置は，その一手段にすぎない．

4 高齢者介護の原則

a. 自己決定の尊重

高齢者介護では可能な限りのさまざまな情報を高齢者に提供し，サービスの種類や提供する業者などの自己選択・自己決定ができるように支援していくことが重要で，インフォームド・コンセント（informed consent ＝告知に基づく同意）と共に，インフォームド・チョイス（informed choice ＝告知に基づく選択）を尊重しなければならない．そして，対象者が説明に基づいて自己決定した内容は文書にして残す．

b. 自立支援

高齢者介護は対象者の「自立」を支援することが大原則であり，自立には「心身機能の自立」に加え「身辺的自立」「経済的自立」「人格的自立」が含まれている．自立支援ではそれらの総合した結果である対象者の「自立した生活」を目指して支援する．

c. 生活を継続する支援

高齢者の過去の価値観や文化を尊重しながら，現在の生活を支援する（時間的継続性）ことと，高齢者のニーズ（デザイアやデマンドではない）がすべて充足されることで連続的なサービスが利用できること（生活の継続性）も考慮する．

B ● ICF

ICF（international classification of functioning, disability and health）は，「生活機能」に問題や困難を抱える人を総合的にとらえるのにもっとも適した枠組みを与え，専門家と当事者との間の「共通言語」としてもっとも適している．

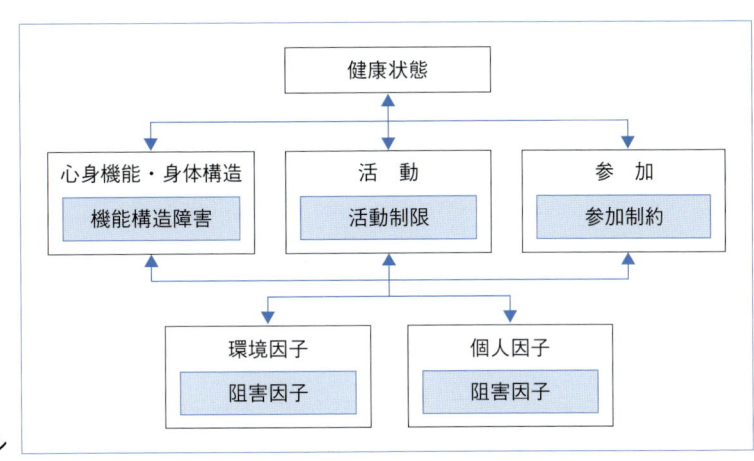

図6・1 ICF モデル

1 成立過程

国際的な障害に関する分類法は，昭和55(1980)年にWHOが国際疾病分類(ICD)の補助分類として「WHO国際障害分類(ICIDH：international classification of impairments, disabilities and handicaps)」を発表した．その後，WHOによる改訂作業が行われ，平成9(1997)年「ICIDH-2ベータ1案」が平成11(1999)年「ICIDH-2ベータ2案」が発表され，平成13(2001)年には最終的なICIDHの改訂版としてICFが，国際生活機能分類としてWHOで採択された．

2 ICFの特徴

ICFは健康や病気や障害に関連する仕事(介護，保健，医療，福祉，行政など)に従事する専門家と，当事者(対象者，患者，障害者，家族など)とを含めた，すべての関係者の間での相互理解と協力のための「共通言語」として作られた．

ICFの概念を表したものを「ICFモデル(図6・1)」というが，その特徴は以下のとおりである．

① すべての関係者の間での「共通言語」として作られている．
② 生活機能とは「生きる」ことの3つのレベル(＝「心身機能・身体構造」「活動」「参加」)で構成される．
③ 障害とは機能障害，活動制限，参加制約のすべてが含まれる．
④ 生活機能の3つのレベルについての大きなプラス(生活機能)のなかに小さなマイナス(障害)が含まれていると理解する．
⑤ 障害というマイナス面より生活機能というプラス面を重視している．
⑥ 「環境因子」の分類が入っていて，「物的環境」「人的環境」「制度的環境」までが含まれている．
⑦ 性，年齢，民族，ライフスタイルなどの「個人因子」を分類に加わえていて，「環境因子」＋「個人因子」を「背景因子」としている．
⑧ 生活機能も障害も3つのレベルからなる「階層構造」としている(表6・1)．

表6・1 生活機能と障害の階層構造

心身機能・身体構造	活 動	参 加
生物レベル	個人レベル	社会レベル
生 命	生 活	人 生

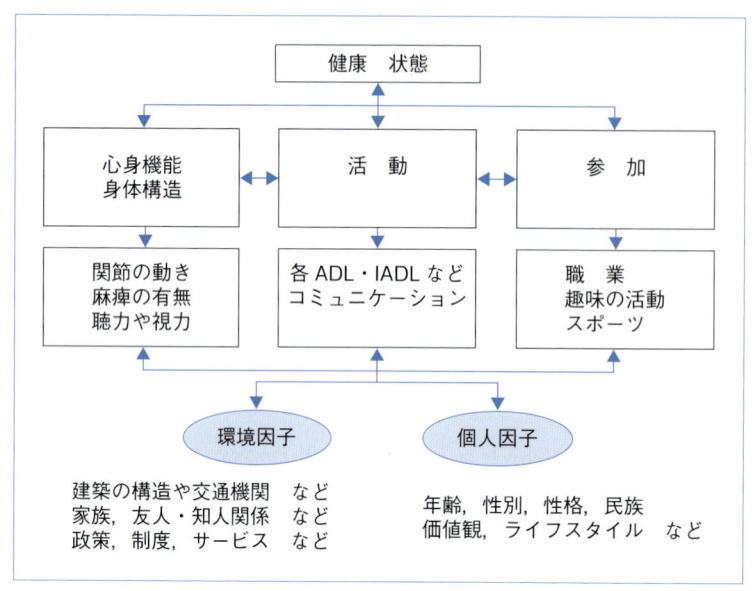

図6・2 ICFモデルの具体例

⑨ 各レベルの間の関係には「相互依存」「相対的独立性*」がある．

> **MEMO**
> **相対的独立性**
> 「絶対的」独立性ではなく，影響は受けるがそれで決まってしまうものではない．

3 ICFの活用

　ICFのもっとも大きな特徴は，単に心身機能，身体構造の障害による生活機能の障害や困難を分類するという考え方ではなく，活動や社会参加，とくに環境因子に大きな焦点をあてている点である．環境を含めて評価する構成であるICFは，障害者の保健・医療・福祉サービスの方向性を示唆しているものと考えられている．ICFを活用することで以下のことなどが可能になる（図6・2）．

① 障害や疾病を持った人やその家族，また，そうした人にサービスを提供する保健・医療・福祉などの幅広い分野の従事者が，ICFを用いて障害や疾病の状態などを表現することによって，対象者について共通理解を持つことができるようになる．

② さまざまな障害に対してサービスを提供する施設や機関などで行われるサービスの計画や評価，記録などを表記するための実際的な手段となる．

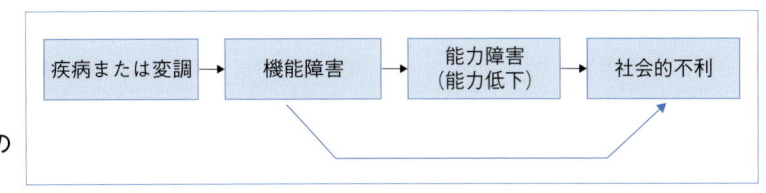

図6・3 ICIDHによる障害の3つのレベルの関係

③ 障害者に対するさまざまな調査や統計について，標準的な表記法として国内だけでなく国際的にも比較検討できる．

4 ICIDHとICF

ICIDHでは「疾病または変調」→「機能障害」→「能力障害(能力低下)」→「社会的不利」という一方向性の影響を考えていた(**図6・3**)．

ICFでは，「健康状態(変調または病気)」「心身機能・身体構造」「活動」「参加」「環境因子」「個人因子」が双方向に影響しあう関係にあるとして捉えている．

5 ICFの特性

ICFは人間のすべての側面と，安寧(well-being)のうち健康に関連する構成要素のいくつかを扱い，それらを健康領域および健康関連領域*として記述する．ICFの健康は広い意味での健康の範囲にとどまるものであり，社会経済的要因によってもたらされる，健康とは無関係な状況については扱わない．例えば，人種，性別，宗教などによる参加制約は健康関連の参加制約ではないとしている．一方，ICFは障害のある人だけではなく「すべての人」に関する分類であり，あらゆる健康状態について健康状態や健康関連状態を記述することが可能である．

ICFは人の生活機能と障害に関する状況の記述を可能にし，情報を組織化する枠組みとして役立ち，情報を有意義な，相互に関連した，容易に利用し得るものとして記述できるよう構成されている．そして，情報を2つの部門に整理し，第1部は「生活機能と障害」，第2部は「背景因子」として扱い，それぞれが2つの構成要素からなっている(**表6・2**)．

生活機能と障害は"身体"と"活動と参加"の構成要素からなり，さらに"身体"は心身機能と身体構造にわけることができる．また，活動と参加の構成要素は個人的視点および社会的観点からみた生活機能のさまざまな側面を示す全領域をカバーしている．

背景因子の構成要素は環境因子と個人因子である．環境因子は背景因子の第1の構成要素をなしていて，生活機能と障害のすべての構成要素に影響を及ぼし，個人の身近な環境から全般的な環境へと向かうように構成されている．個人因子は，社会的・文化的に大きな相違があるために，ICFでは分類されていない．

「生活機能と障害」の構成要素は，2つの側面から表現され，一方では問題点〔例：心身機能・構造障害，活動制限，参加制約であり，障害(disability)という包括用語で要約される〕を示すために用いられる．他方は健康状況と健康関連状況の問題のない(中立的な)側面で生活機能(functioning)という包括用語で要約される．

表 6・2 ICF の構成要素

	構成要素	定 義	構成要素	定 義
生活機能と障害	心身機能 (body function)	身体系の生理的機能（心理的機能を含む）	機能障害（構造障害を含む）(impairments)	著しい変異や喪失などといった，心身機能または身体構造上の問題
	身体構造 (body structures)	器官・肢体とその構成部分などの，身体の解剖学的部分		
	活 動 (activity)	課題や行為の個人による遂行	活動制限 (activity limitations)	個人が活動を行うときに生じる難しさ
	参 加 (participation)	生活・人生場面（life situation）へのかかわり	参加制約 (participation restrictions)	個人が何らかの生活・人生場面にかかわるときに経験する難しさ
背景因子	環境因子 (environmental factors)	人々が生活し，人生を送っている物的な環境や社会的環境，人々の社会的な態度による環境を構成する因子		
	個人因子 (personal factors)	未分類		

> **MEMO**
> 健康領域の例は見ること，聞くこと，歩行，学習，記憶を含み，一方，健康関連領域の例は交通，教育，社会的相互関係を含む．

6 ICF の構成要素

　各構成要素は肯定的と否定的の両方の用語から表現することが可能で，さまざまな領域からなり，それぞれの領域はカテゴリーに分かれ分類の単位となる．個人の健康状態や健康関連状況は適切なカテゴリーコードを選び，それに評価点(qualifiers)をつけることによって記載される．評価点とは数字のコード(**表 11・5**)であり，そのカテゴリーにおける生活機能や障害の程度または大きさ，あるいは環境因子が促進因子または阻害因子として作用する程度を明らかにする(**図 6・4**)．

C ● リハビリテーションと ICF

1 リハビリテーション医学

　リハビリテーション医学は広義の運動障害(高次脳機能障害，内部障害を含む)をもつ人のリハビリテーション(rehabilitation，全人間的復権)という実際的な目的をもって生れた科学であり技術である．リハビリテーション医学は大きく基礎学，障害学，臨床学の 3 部分に分けることができ，非常に多様な内容を含んだ総合的学問である．障害学は障害を科学的に研究するものであ

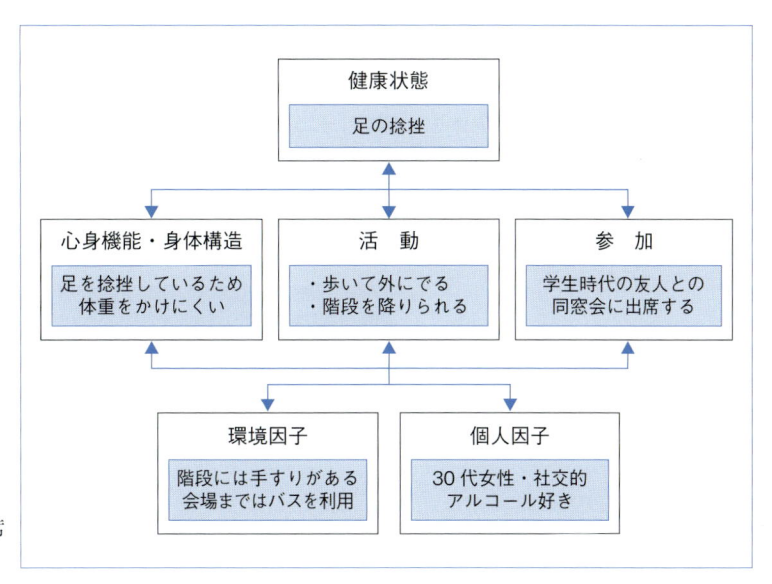

図 6・4　ICF 構成要素の具体例
足を捻挫した対象者が同窓会に出席する例

り，心身機能・構造障害，活動制限，参加制約のすべてを含む障害を対象とし，心身機能・構造障害だけを対象としているものではない．

　リハビリテーション医学が他の臨床医学(治療医学)ともっとも異なる点は，その目的が治療ではなくリハビリテーションを目指していることである．そのため「復権の医学」ともいわれる．臨床医学としてのリハビリテーション医学・医療の科学性とは，実施に先立ち分析と総合に基づいた障害の統合的把握が科学的に行われることであり，その把握に立脚してリハビリテーションプログラムが行われることである．

2　臨床的活用

　「リハビリテーション(総合)実施計画書」〔平成 15(2003)年4月〕では，評価と目的・具体的アプローチの両方において，最新の障害論に立って，問題点を機能障害(ICFでは心身機能・構造障害)，能力障害(ICFでは活動制限)，社会的不利(ICFでは参加制約)，心理，環境，さらに第三者の不利までをも含めて整理して総合的に評価・計画するべきものと定めている．

　運動機能について考えるとき理解すべき重要なことは，運動に関する心身機能は「要素機能」「基本動作」「複合動作」の3つのサブレベルからなる階層構造をもっていることである．「複合動作」は心身機能・構造のレベルではもっとも高い階層に属し，活動レベルにもっとも近い動作といえるが活動レベルでの動作ではない．活動レベルに属するADLなどは具体的な実際の場面・実際の時点における実用性・実効性をもった現実的な「能力」だが，日常生活活動における場面・時点などの限定をもたない複合動作は，いわば「抽象的」な「機能」である．複合動作と下の段階である「基本動作」とは全体と部分の関係にあり，同様に基本動作も「要素機能」との間で全体と部分の関係にある．ここでの「全体」は，部分が特定な空間的・時間的な組み合わせを持つ一定の構造をしていて，部分をランダムに集めただけの集合体ではない．一定の構造こそ

が「全体」の動作を特徴づけていて，ある複合動作は複数の基本動作(上肢，下肢，体幹)の特定の組み合わせで構成され，ある基本動作は複数の要素機能の特定の組み合わせで構成されている．その意味では全体を「部分」に分解し，まず，「部分」を向上させれば自然に「全体」が向上すると考える(基底還元論*)のは誤りで，「全体」には全体としての働きかけが必要であり，機能訓練指導は全体として構成された「動作」に働きかけることがもっとも有効とされる所以である．

> **MEMO　基底還元論**
> 還元主義ともいい，複雑な階層的構造をなしているものに対して，上位のレベル（階層）に属する現象をすべて下位のレベルの法則で説明できる（それに「還元」できる）とする考え方．

D●機能訓練と ICF

1　目標指向型機能訓練

歩行・ADL などの目標と家庭・社会生活上の目標とを関連づけて設定し，その自立を，さらに意識的により広い意味での自立志向に結び付けていくのが「目標指向的介護」である．これは「目標指向的アプローチ」に立った介護のことで，この概念に従えば目標指向的アプローチに沿った機能訓練は「目標指向型機能訓練」といえる．

2　目標指向型機能訓練の特徴

① 目前の問題のみに囚われず，対象者・家族の長期にわたる真の利益を目指して目標を設定し，それに向けて努力をする．
② 目標は具体的なものでなければならず，個別的・個性的なものでなければならない．
③ 目標には障害の構造に対応して，参加レベル(社会的不利レベル)の主目標と，活動レベル(機能障害レベル)の副目標とがある．主目標(人生・生活像＝生活の目標といえる)と副目標のうち，活動レベルの副目標(活動の目標ともいえる)は同時に決定される．「生活の目標」の具体像が「活動の目標」であり，「活動の目標」が明確でない「生活の目標」は漠然とした目標にすぎない．
④ これらの目標は障害(とくに心身機能・構造障害)の予後と環境因子・個人因子の条件に基づいて，実現可能なものとして設定される．
⑤ 目標は専門家チームが複数の予後(目標の候補)を対象者・家族に示し，よく説明してその中から対象者・家族が1つを選択する．これが専門家と対象者・家族との合意に基づく目標となり，それに向かって両者が協力して訓練を進めていく(インフォームド・コオペレーション)．
⑥ 目標およびそれを達成するプログラムはチーム全体のものであり，各職種が役割分担を

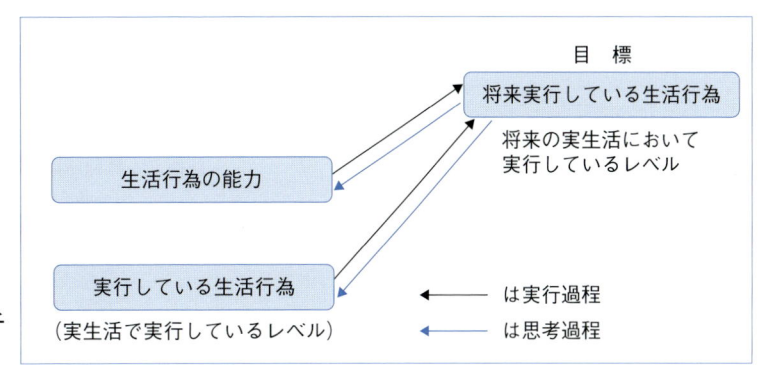

図6・5 目標指向的アプローチのイメージ

```
                                    目  標
                              ┌─────────────────┐
                              │ 将来実行している生活行為 │
                              └─────────────────┘
                                   ↕    将来の実生活において
        ┌──────────┐              │    実行しているレベル
        │ 生活行為の能力 │ ←──────────→│
        └──────────┘              │
                                   ↕
        ┌──────────┐
        │ 実行している生活行為 │         ←──  は実行過程
        └──────────┘         ←──  は思考過程
        (実生活で実行しているレベル)
```

し，協働で1つの目標に向かって進んでいく．

⑦ 機能訓練もインフォームド・コオペレーションに基づいた目標に向かって進んでいくものであるから，その内容は目標に沿ったものであり，対象者固有のプログラムとなる．

3 目標指向的アプローチ

目標を設定し機能訓練を実施するときには，対象者の状態を正確に把握しなければならない．それには「目標指向型機能訓練」の根幹をなす基本概念である「活動領域」と一部の「参加領域」も含め（以下，「生活行為」という）た3つのレベル，すなわち「生活行為の能力」「実行している生活行為」「将来実行している生活行為」を理解する必要がある（**図6・5**）．

「生活行為の能力」とは，訓練や評価・診察時に可能な対象者の能力で，「実行している生活行為」とは，各職種が日常観察したり対応している生活行為で，対象者が実生活の中で実行している状況である．この両者ではいうまでも無く「実行している生活行為」のレベルが重要である．「生活行為の能力」と「実行している生活行為」とは，対象者がある時点でみせる別の側面が表出されたもので，対象者には必ずこの両面がみられる．

訓練時に"できた"，すなわち「生活行為の能力」として独立したからといって，それがすぐに対象者が"一人で実行できる"，すなわち「実行している生活行為」として自立した行為にはならない．これが日常の介護の現場でよくみられる「能力」と「実行行為」との乖離という問題である．そして，「生活行為の能力」を高めれば，自然に「実行している生活行為」も高まると考えるのは大きな過ちで，両者の乖離の原因を明らかにして，それぞれに対するアプローチを考えなければならない．さらに，この両者に加えて「将来実行している生活行為」の概念が大切である．これは"目標とする将来の実生活で「実行している生活行為」となる"もので，将来的な生活の場で実行するようになる（と予測され，それを目指す）活動の能力である．

「将来実行している生活行為」は，「生活行為の能力」や「実行している生活行為」のレベルを高めて行くことで結果的に行きつくものではない．最初から「将来実行している生活行為」の具体的なやり方を想定して，それを実現するために「生活行為の能力」や「実行している生活行為」をどの様に高めていくかを十分に考察して設定するもので，それを目指してプログラムを進めて行って初めて達成できるものである．

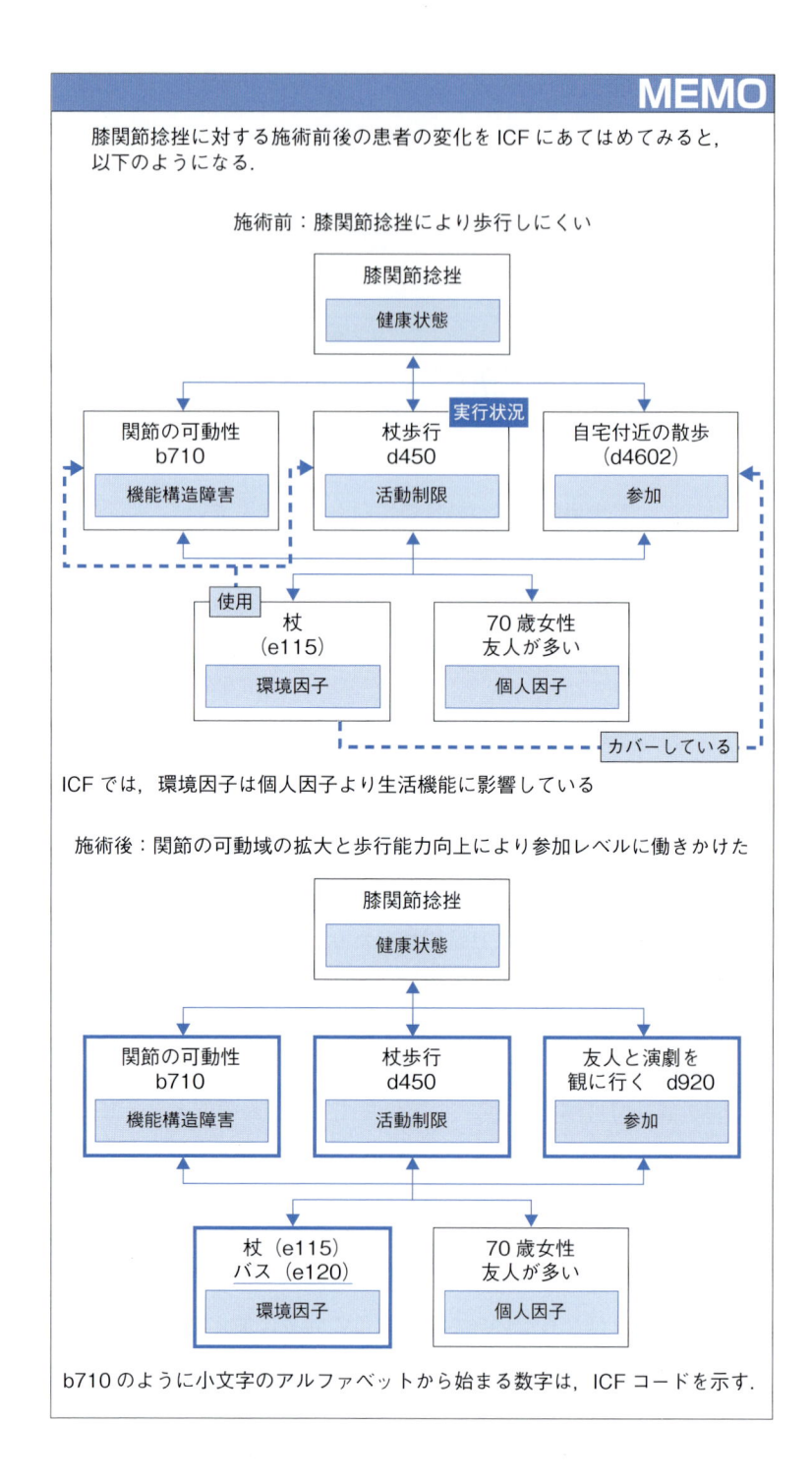

> **MEMO**
>
> 膝関節捻挫に対する施術前後の患者の変化をICFにあてはめてみると，以下のようになる．
>
> 施術前：膝関節捻挫により歩行しにくい
>
> ```
>                    膝関節捻挫
>                    [健康状態]
>
>   関節の可動性        杖歩行 [実行状況]    自宅付近の散歩
>     b710            d450              (d4602)
>   [機能構造障害]    [活動制限]         [参加]
>
>           [使用]    杖              70歳女性
>                   (e115)           友人が多い
>                   [環境因子]        [個人因子]
>                                              [カバーしている]
> ```
>
> ICFでは，環境因子は個人因子より生活機能に影響している
>
> 施術後：関節の可動域の拡大と歩行能力向上により参加レベルに働きかけた
>
> ```
>                    膝関節捻挫
>                    [健康状態]
>
>   関節の可動性        杖歩行          友人と演劇を
>     b710            d450           観に行く d920
>   [機能構造障害]    [活動制限]         [参加]
>
>                   杖 (e115)         70歳女性
>                   バス (e120)        友人が多い
>                   [環境因子]         [個人因子]
> ```
>
> b710のように小文字のアルファベットから始まる数字は，ICFコードを示す．

4 生活行為の評価

　生活行為が「日常的な」「生活上の」行為であることから非常に簡単なことであると考えがちだが，障害を持つ人にとっては生活行為の「実行」には困難が伴うことを理解することは，生活

行為の評価で重要である．これは能力の評価についても同様である．

　「生活行為の能力」や「実行している生活行為」の評価に限らず，正しい評価を行うための基本は実際にその状態を観察し確認することで，評価者の想像が介在した評価は評価ではない．また，生活行為の評価とは単に自立度のみの評価ではなく，具体的なやり方・姿勢・用具・対象物などについて詳細な評価をしなければ，訓練のための具体的なプログラムを立てることに利用できない．

　以上のような概念と視点から，対象者一人ひとりに合った個別の機能訓練を「将来実行している生活行為」という目標に沿ったプログラムに基づいて実施すれば，対象者の自立支援の大きな力となり，同時に介護予防にも大きく役立つものとなる．

第 7 章　介護予防と生活機能の向上

A⦿介護予防の問題点と対策

　介護保険の理念である「自立支援」をより前進させるという視点からの介護予防の問題点として，軽度要介護者については改善を支援するサービスが十分に提供されておらず，期待される要介護状態の改善がみられなかったことがある．平成18（2006）年の制度の見直しでは要支援1，2の軽度な要支援者が，要介護1～5といったより重度の状態に移行することを防止する観点から「新予防給付」を創設し，当該給付において「運動器の機能向上」「栄養改善」および「口腔機能の向上」といったサービスが追加された．また，要支援・要介護状態になる可能性の高い高齢者や，その予備軍であるすべての高齢者に対して行う地域支援事業（介護予防事業）が創設された．地域支援事業にはポピュレーションアプローチとして全高齢者を対象とする一次予防施策と，ハイリスクアプローチとして生活機能の低下した高齢者（二次予防対象者）を対象とする二次予防施策がある．市区町村ではこれらの新予防給付および二次予防施策の対象者には，地域包括支援センターを中心として目標指向型のケアマネジメントを実施し，利用者の意欲を引き出すための事業を実施してきた．しかし，この施策では，軽度要介護者の介護予防効果を当初の想定ほど上げることはできなかった．そこで，平成27（2015）年4月から，団塊の世代が75歳以上となる平成37（2025）年を目途に，重度な要介護状態となっても住み慣れた地域で自分らしい暮らしを人生の最後まで続けることができるよう，医療・介護・予防・住まい・生活支援が一体的に提供される地域包括ケアシステムの構築の実現を目指すこととなった．

B⦿運動器機能の向上と健康寿命の延伸

1　「長寿」から「元気で長生き」へ

　世界第1位の長寿国であるわが国は，介護を必要とする高齢者も増加しており，これからの介護予防では，単に長寿をめざすだけでなく，運動器の機能低下を防ぎ元気で長生き，いわゆる健康寿命を伸ばすことを目標とする必要がある．

2　機能低下に対する運動の効果

　これまで高齢による衰弱・転倒など明確な疾病ではないが，加齢に伴う生活機能の低下（以下老年症候群という）は，不可逆的なものと考えられてきた．しかし，Fiatarone らは米国のナーシングホームに居住する虚弱な高齢者でも運動器の機能向上がもたらされ，生活機能が改善するこ

とを報告(1994)している．加えて85歳以上の高齢者でも，介入効果を期待できるとしている．このような老年症候群の多くは，身体や精神の活動低下が背景にあると考えられ，積極的な働きかけによって改善することが期待できる．なかでも運動器の機能低下の改善や予防が可能であることを裏付ける報告は，1990年代以降，弾力性のあるバンドを用いた運動，鉄アレイを用いた運動，マシンを用いた筋力増強運動，バランス運動など，国内外で数多くみられる．また，骨折，腰痛，膝痛などの運動器疾患については，2000年以降に集中的な研究がなされ運動効果と継続の重要性が示されている．

3 運動器の機能向上訓練が目指すべき基本的考え方

運動器の機能が向上し，「できる」体験が多くなることは，その人らしさを自己認識しつづけるために，非常に重要である．運動器の機能向上訓練においては，このことをふまえ，身体はもちろん精神など多様な側面からの積極的な支援が必要である．

4 健康長寿のための生活機能低下予防

介護が必要となった主な原因をみると，要支援者では平成16(2004)年は「高齢による衰弱」「関節疾患(関節リウマチなど)」の順番であったが，平成22(2010)年には「関節疾患」「高齢による衰弱」と入れ替わり，平成25(2013)年もこれは継続している．また，要介護者では平成16(2004)年から平成25(2013)年まで「脳血管疾患(脳卒中)」が1位であるが，近年「認知症」の割合が増えてきている．

以上から，要支援レベルでは運動器の機能向上訓練が，要介護レベルでは生活習慣病予防が重要であることがわかる．さらに，近年要介護レベルでは「認知症」の割合が増えてきていることから，認知症の基礎的原因となる「閉じこもり」や「うつ傾向」への対策も今後より重要になることが考えられる．すなわち，対象者の自立した生活を妨げるさまざまな要因に着目し，運動機能はもちろん生活機能の低下を予防することが必要である．

C ● 生活機能低下予防での介入

1 個別の評価に基づく包括的な介入

高齢期の運動機能は個人差が増大することが特徴である．したがって，生活機能低下予防では集団の運動でも内容・頻度など個別の要素を取り入れて実施する必要がある．これまでに運動器の機能向上訓練では，個別評価に基づき処方したものに，より高い効果が認められることが報告されている．このため，筋力・バランス機能・歩行能力・複合的動作能力など体力の諸要素を個別に評価し，それに基づく個別で包括的な介入プランを提供していくことが望ましい．さらに，「活動」「参加」といった，日常生活の活動性を高め，地域や社会への参加を促し，それによって一人ひとりの生きがいや自己実現のための取り組みを支援して，QOLの向上を目指す必要がある．

表8・1 運動器の機能向上事業などの対象者の経時的データに基づく分析

1. マシンによる,またはマシンによらない筋力増強訓練では,運動器の機能を維持・改善しやすい.
2. レクリエーション・ゲームでは,運動器の機能を維持・改善しにくい.
3. 実施時間は,1時間以上2時間未満が至適時間である.
4. 実施頻度は,運動器の機能の維持・改善に大きく影響しない.

2 地域の高齢者生活支援(高齢者の社会参加と地域における支え合いの体制づくり)

高齢者のグループ活動は,多様化する生活支援の担い手としても期待されている.参加状況は平成15(2003)年には54.8%であったが,平成25(2013)年には61.0%と増加している.また,不参加者のうち54.1%が今後何かしらの活動に参加したいと考えているなど,高齢者の社会参加に対する希望は大きく,地域社会における高齢者自身の支え合いの力は可能性を秘めていると考えられる.このような地域の社会活動への参加は,活動する高齢者自身の生きがいの発見,さらには介護予防や閉じこもり防止にもつながり,市区町村が中心となって,これらを支援することは非常に重要である.

D 介入研究の結果

1 運動器の機能向上プログラムの効果に関する総合的評価・分析

平成21(2009)年の3月に,財団法人日本公衆衛生協会による「介護予防事業等の効果に関する総合的評価・分析に関する研究報告書」では,全国83市区町村において収集された9,105名の運動器の機能向上事業などの対象者の経時的なデータに基づく分析から**表8・1**のような結果が示された.

サービス提供職種では,理学療法士,保健師,柔道整復師が関与した場合に効果が高い傾向を認めた.また,アウトカム指標では医師,看護師については低くなったが,これらの職種がかかわることが多い医学的な関与が必要な対象者では効果が出にくい傾向があり,補正したもののしきれずにこのような結果となったと報告されている.

2 地域でのサービスに関する評価

厚生労働省が平成16(2004)年度に実施した筋力向上・栄養改善・口腔機能向上などの介入を行うモデル事業では,運動器の機能向上を目的とした筋力向上トレーニングは,3ヵ月程度の短期間の介入であっても要支援,要介護1,要介護2の高齢者の運動器の機能をおおむね向上できるとともに,運動器の機能向上サービスなどが地域で実施可能であることを示していた.このモデル事業の結果を踏まえ,平成18(2006)年度からは地域支援事業・予防給付において,運動器の機能向上サービスなどが広く実施され,平成20(2008)年度の介護予防継続的評価分析等検討

会で運動器の機能向上を含む介護予防サービスは，要支援者の重度化を予防する効果が明らかであることが示された．

E ● これからの介護予防の考え方

　介護予防の目的は，高齢者が要支援から要介護状態などとなることの予防または要介護状態などの軽減，もしくは悪化を防止し，自立した生活に導くことである．これにはリハビリテーションの理念にある「心身機能」「活動」「参加」の3つの要素をバランスよく取り入れた支援が重要である．これまでの介護予防は「心身機能」の改善を目的とした運動器の機能向上訓練を中心としてきたが，今後は「活動」や「参加」にも焦点をあてたアプローチも求められることになる．このアプローチを通じ高齢者自身が担い手となって生活できる家庭，地域の実現を目指す．

　つまり，心身機能の改善・機能維持という本人のみへの支援という介護予防の考え方から，その人を取り巻く生活環境・その人が暮らす地域での役割・生きがいを支援するという考え方へ転換する必要がある．そして，これらの体制が整うことは結果的に高齢者のQOLの向上，ひいては健康寿命の延伸につながると期待される．

第8章　介護予防・日常生活支援総合事業

　介護予防・日常生活支援総合事業(以下，「総合事業」という)は，平成18(2006)年度の介護保険法改正により創設された予防給付の要支援1・2の対象者と地域支援事業の二次予防事業対象者(旧特定高齢者)への介護予防事業を，総合的かつ一体的に行うことを目的として平成24(2012)年に創設された．この事業により，これまで保険給付外で行われていた地域支援事業のサービス〔介護予防事業や生活支援(配食・見守り等サービス)，権利擁護や，社会参加〕を，市区町村が主体となって提供することが可能になった．

　平成26(2014)年11月10日全国介護保険担当課長会議において総合事業の概要が示された(図8・1)．

　総合事業により，以前の二次予防対象者は，介護予防事業に加え，予防給付サービスのうち市区町村が定めるサービスおよび配食・見守り等サービスを受けることが可能となった．また，要支援1・2の対象者は，従来どおり予防給付としてサービスを受けるのか，総合事業としてサービスを受けるのかを，地域包括支援センターによるアセスメントに応じて市区町村が決定する(図8・2，3)．

A ● 介護予防・日常生活支援総合事業の趣旨

　市区町村が中心となり，地域の実情に応じ，住民などが参画してサービスを充実させることで地域の支え合い体制づくりを推進し，要支援者などに対する効果的かつ効率的な支援などを可能とすることを総合事業では目指している．また，総合事業の基本方針は**表8・1**のとおりである．

1　基本方針

表8・1　総合事業の基本方針

1. 多様な生活支援の充実 　住民主体の多様なサービスを支援の対象とするとともに，NPO，ボランティア等によるサービスの開発を進める．あわせて，サービスにアクセスしやすい環境の整備も進めていく．
2. 高齢者の社会参加と地域における支え合い体制づくり 　高齢者の社会参加のニーズは高く，高齢者の地域の社会的な活動への参加は，活動を行う高齢者自身の生きがいや介護予防等ともなるため，積極的な取り組みを推進する．
3. 介護予防の推進 　生活環境の調整や居場所と出番づくりなどの環境へのアプローチも含めた，バランスのとれたアプローチが重要．そのため，リハビリ専門職等を活かした自立支援に資する取り組みを推進する．

つづく

表 8・1 つづき

4. 市町村，住民等の関係者間における意識の共有と自立支援に向けたサービス等の展開 　　地域の関係者間で，自立支援・介護予防といった理念や，高齢者自らが介護予防に取り組むといった基本的な考え方，地域づくりの方向性等を共有するとともに，多職種によるケアマネジメント支援を行う．
5. 認知症施策の推進 　　ボランティア活動に参加する高齢者等に研修を実施するなど，認知症の人に対して適切な支援が行われるようにするとともに，認知症サポーターの養成等により，認知症にやさしいまちづくりに積極的に取り組む．
6. 共生社会の推進 　　地域のニーズが要支援者等だけではなく，また，多様な人とのかかわりが高齢者の支援にも有効で，豊かな地域づくりにつながっていくため，要支援者等以外の高齢者，障害者，児童等がともに集える環境づくりに心がけることが重要．

(厚生労働省：介護予防・日常生活支援総合事業ガイドラインより)

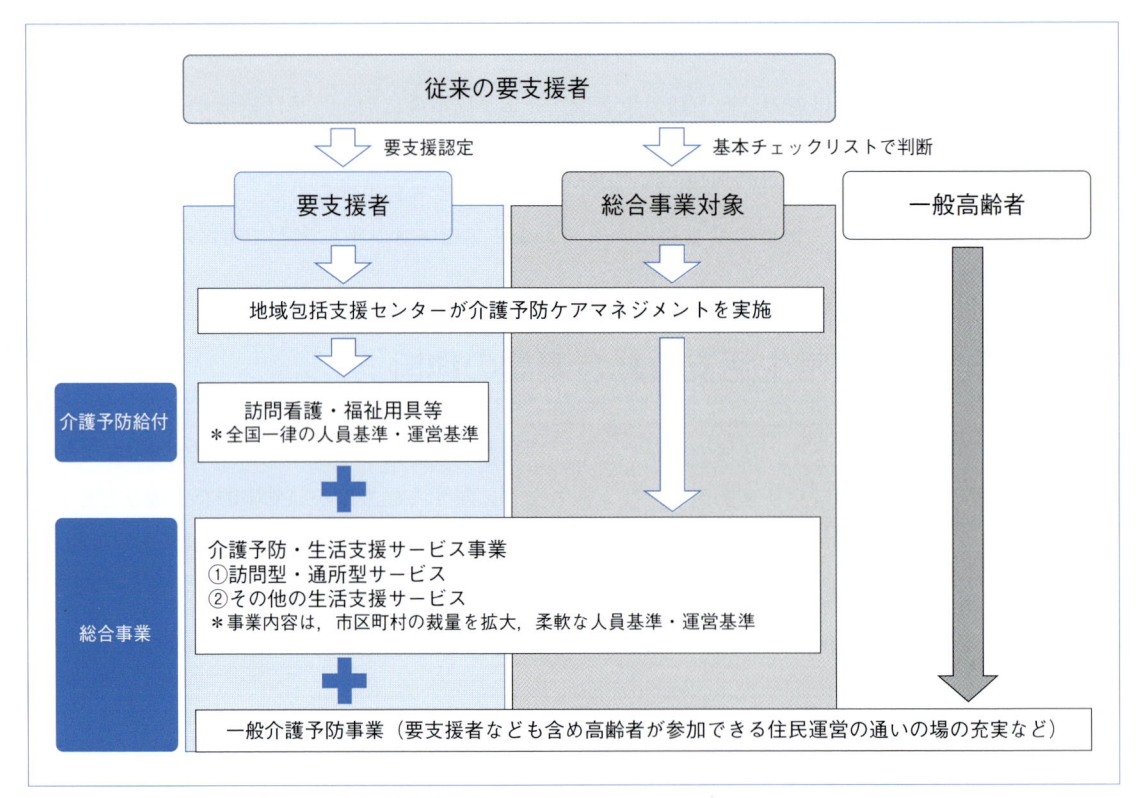

図 8・1　介護予防・日常生活支援総合事業の概要

【総合事業の概要】
① 訪問介護・通所介護以外のサービス（訪問看護，福祉用具など）は，引き続き介護予防給付によるサービス提供を継続．
② 地域包括支援センターによる介護予防ケアマネジメントに基づき，総合事業（介護予防・生活支援サービス事業及び一般介護予防事業）のサービスと介護予防給付のサービス（要支援者のみ）を組み合わせる．
③ 介護予防・生活支援サービス事業によるサービスのみ利用する場合は，要介護認定などを省略して「介護予防・生活支援サービス事業対象者」とし，迅速なサービス利用が可能（基本チェックリストで判断）．

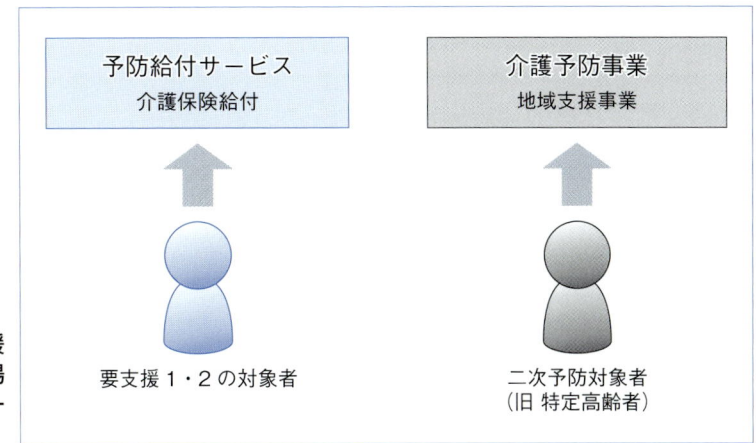

図8・2 介護予防・日常生活支援総合事業を実施しない場合（従来どおり）のサービス

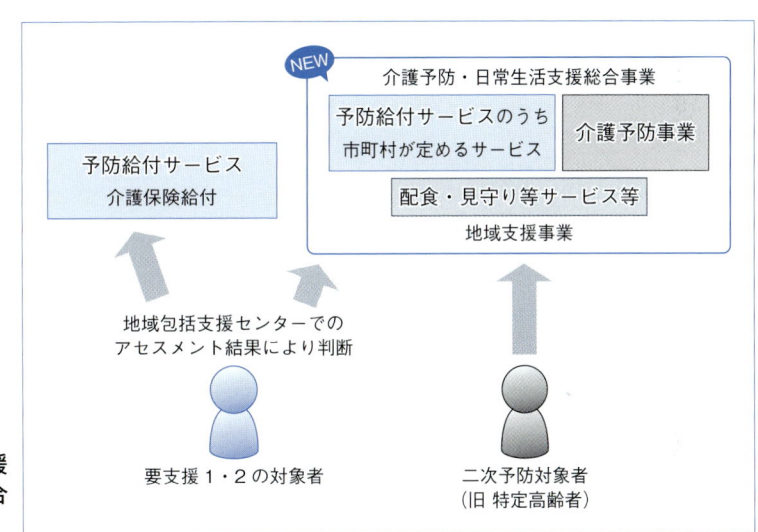

図8・3 介護予防・日常生活支援総合事業を実施する場合のサービス

B ● 生活支援サービスの充実

① 予防給付のうち訪問介護・通所介護については，市区町村が地域の実情に応じた取り組みが行えるように介護保険制度の地域支援事業に平成29(2017)年度末まで移行させる．

② 既存の介護事業所による既存のサービスに加えて，NPO，民間企業，ボランティアなど地域の多様な主体を活用して地域の高齢者を支援する．また，共助の精神で高齢者は支え手側に回ることも検討されている（**表8・2**）．

表8・2 生活支援サービスの類型

①訪問型サービス

基準	現行の訪問介護相当	多様なサービス			
サービス種別	① 訪問介護	② 訪問型サービスA	③ 訪問型サービスB	④ 訪問型サービスC	⑤ 訪問型サービスD
考え方		緩和した基準によるサービス	住民主体による支援	短期集中予防サービス	移動支援
サービス内容	訪問介護員による身体介護,生活援助	生活援助など	住民主体の自主活動として行う生活援助など	保健師などによる居宅での相談指導など	移送前後の生活支援
対象者とサービス提供の考え方	○既にサービスを利用しているケースで,サービスの利用の継続が必要なケース ○以下のような訪問介護員によるサービスが必要なケース(例) ・認知機能の低下により日常生活に支障がある症状・行動を伴うもの ・退院直後で状態が変化しやすく,専門的サービスがとくに必要なもの など ＊状態などを踏まえながら,多様なサービスの利用を促進していくことが重要.	状態を踏まえながら,住民主体による支援など「多様なサービス」の利用の促進		・体力の改善に向けた支援が必要なケース ・ADL・IADLの改善に向けた支援が必要なケース ＊3〜6ヵ月の短期間で行う	訪問型サービスBに準じる
実施方法	事業者指定	事業者指定／委託	補助（助成）	事業者指定／委託	
基準	予防給付の基準を基本	人員などを緩和した基準	個人情報保護などの最低限の基準	内容に応じた独自の基準	
サービス提供者(例)	訪問介護員	主に雇用労働者	ボランティア主体	保健, 医療の専門職（市町村）	

②通所型サービス

基準	現行の通所介護相当	多様なサービス		
サービス種別	① 通所介護	② 通所型サービスA	③ 通所型サービスB	④ 通所型サービスC
考え方		緩和した基準によるサービス	住民主体による支援	短期集中予防サービス
サービス内容	通所介護と同様のサービス 生活機能向上のための機能訓練	ミニデイサービス 運動・レクリエーションなど	体操・運動などの活動など,自主的な通いの場	生活機能を改善するための運動器の機能向上や栄養改善などのプログラム
対象者とサービス提供の考え方	○既にサービスを利用しており,サービスの利用の継続が必要なケース ○「多様なサービス」の利用が難しいケース ○集中的に生活機能の向上のトレーニングを行う事で改善・維持が見込まれるケース ＊状態などを踏まえながら,多様なサービスの利用を促進していくことが重要.	状態を踏まえながら,住民主体による支援など「多様なサービス」の利用の促進		・ADLやIADLの改善に向けた支援が必要なケースなど

つづく

表8・2 つづき

実施方法	事業者指定	事業者指定／委託	補助（助成）	直接実施／委託
基　準	予防給付の基準を基本	人員等を緩和した基準	個人情報の保護などの最低限の基準	内容に応じた独自の基準
サービス提供者（例）	通所介護事業者の従事者	主に雇用労働者＋ボランティア	ボランティア主体	保健・医療の専門職（市町村）

③その他の生活支援サービス

・栄養改善を目的とした配食
・住民ボランティアが行う見守り
・自立支援に資する生活支援

C●総合事業を構成する各事業の内容および対象者

1 介護予防・生活支援サービス事業

a. 対象者

制度改正前の要支援者に相当する者①要支援認定を受けた者②基本チェックリスト該当者（事業対象者）．

b. 内　容

❶ 訪問型サービス

要支援者などに対し，掃除，洗濯などの日常生活上の支援を提供する．

❷ 通所型サービス

要支援者などに対し，機能訓練や集いの場など日常生活上の支援を提供する．

❸ その他の生活支援サービス

要支援者などに対し，栄養改善を目的とした配食や一人暮らし高齢者等への見守りを提供する．

❹ 介護予防ケアマネジメント

要支援者などに対し，総合事業によるサービスなどが適切に提供できるよう管理する．

2 一般介護予防事業

a. 対象者

第1号被保険者のすべての者およびその支援のための活動にかかわる者．

b. 内　容

❶ 介護予防把握事業

収集した情報などの活用により，閉じこもりなどの何らかの支援を要する者を把握し，介護予防活動へつなげる．

❷ **介護予防普及啓発事業**
　　介護予防活動の普及・啓発を行う．
❸ **地域介護予防活動支援事業**
　　住民主体の介護予防活動の育成・支援を行う．
❹ **一般介護予防事業評価事業**
　　介護保険事業計画に定める目標値の達成状況などを検証し，一般介護予防事業の評価を行う．
❺ **地域リハビリテーション活動支援事業**
　　介護予防の取り組みを機能強化するため，通所，訪問，地域ケア会議，住民主体の通いの場などへのリハビリ専門職などによる助言などを行う．

第9章　ロコモティブシンドローム

　ロコモティブシンドローム〔locomotive syndrome（運動器症候群）〕は日本整形外科学会が平成19（2007）年に新たに提唱した概念である．「ロコモティブシンドローム」の提唱には「人間は運動器に支えられて生きている．運動器の健康には，医学的評価と対策が重要であるということを日々意識してほしい」というメッセージを込めたとしている．

　同年，わが国では65歳以上の高齢者が21％に達し，世界に先駆けて超高齢社会を迎え，支援，介護を必要とする人は440万人を超えた．75歳以上の高齢者での寝たきりや介護が必要になる主な原因は，運動器疾患が21.5％（転倒・骨折9.3％，関節疾患12.2％）を占め高齢化の進展を考えれば，運動器疾患に対して有効な対策を講じることが喫緊の課題である．変形性関節症と骨粗鬆症に限っても，平成21（2009）年の推計患者数は4700万人（男性2100万人，女性2600万人）であることから「ロコモティブシンドローム」は国民病といっても過言ではない．

A ● 原　因

　「運動器の障害」の原因には大きく分けて，「運動器自体の疾患」と「加齢による運動器機能不全」がある．

1 運動器自体の疾患（筋骨格運動器系）

　加齢に伴う運動器疾患には変形性関節症，変形性脊椎症，脊柱管狭窄症，骨粗鬆症に伴う円背，易骨折性（軽微な外傷による骨折）などがある．また関節リウマチなどでは痛み，関節可動域制限，末梢神経障害では筋力低下，運動麻痺，中枢神経障害では痙性麻痺，骨折後の機能障害などにより，バランス能力，体力，移動能力の低下をきたす．

2 加齢による運動器機能不全

　加齢に伴う身体機能の低下には筋力の低下，持久力の低下，運動速度の低下，反応の遅延，巧緻性運動能力の低下，深部感覚の低下，身体バランス維持能力の低下などがある．「閉じこもり」などで日常の運動が不足すると，これら「筋力」や「バランス能力」の低下などにより「運動機能の低下」をきたし転倒の危険性が高まる．

B ● 「寝たきり」や「要介護」の主要な原因

　「ロコモティブシンドローム」は「メタボリックシンドローム」や「認知症」と共に健康寿命の短縮を招き「要介護状態」「寝たきり」になる要因の1つである．高齢者は加齢や運動不足に

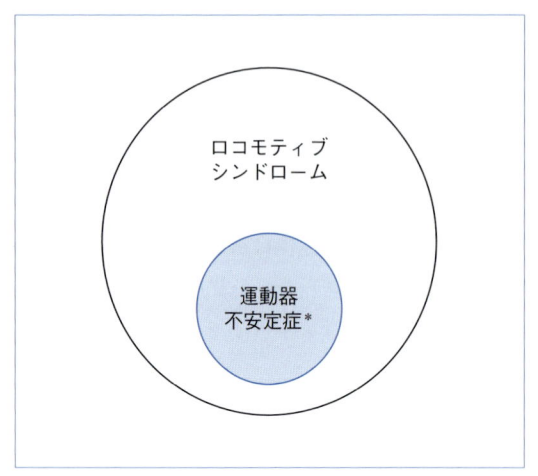

図9・1　ロコモティブシンドロームと運動器不安定症
*転倒リスクが高まった運動器疾患

伴う身体機能の低下，運動器疾患による痛み，易骨折性など多様な要因で「負の連鎖」に陥り，バランス能力，体力，移動能力が低下して，最低限の日常生活活動（ADL）である歩行，衣服の着脱，排便などさえ自立できなくなり「要介護状態」になる．

メタボリックシンドロームが心疾患や脳血管疾患などで「健康寿命の短縮」や「要介護状態」を招くのに対し，ロコモティブシンドロームでは運動器の衰えが原因で「健康寿命の短縮」や「要介護状態」を引き起こす．「ロコモティブシンドローム」と「メタボリックシンドローム」や「認知症」を合併する高齢者も多いという報告もある（吉村典子 2009 年）．

高齢者のトータルヘルスの観点からは広範な対策が必要で，寝たきりや認知症になって要介護状態となるのを避けるには，早期発見・早期治療による「健康寿命の延伸」「生活機能低下の防止」を目指した予防策が重要である．

C ● ロコモティブシンドロームと運動器不安定症との相違（図9・1）

「運動器不安定症」は「転倒リスクが高まった，運動器疾患」といえ，運動機能低下をきたす疾患（またはその既往）が存在すること，日常生活自立度判定基準がランクJまたはAであること，運動機能評価テストの項目を満たす（日本整形外科学会，日本運動器リハビリテーション学会，日本臨床整形外科学会の診断基準）ことが条件となる．

「ロコモティブシンドローム」はより広い疾患概念で「運動器の機能不全」のみならず，「要介護リスク」が高まった状態を指し，階段を昇るのに手すりが必要である，支えなしには椅子から立ち上がれない，15分くらい続けて歩けない，転倒への不安が大きい，この1年間で転倒したことがある，片脚立ちで靴下がはけない，横断歩道を青信号で渡りきれない，家のなかでつまずいたり滑ったりするなどが含まれる（日本整形外科学会）．

表 9・1　ロコチェックの 7 つの項目

1. 片脚立ちで靴下がはけない．
2. 家の中でつまずいたり滑ったりする．
3. 階段を上るのに手すりが必要である．
4. 家の中のやや重い仕事が困難である（掃除機の使用，布団の上げ下ろしなど）．
5. 2 kg 程度の買い物をしてもち帰るのが困難である（1 リットルの牛乳パック 2 個程度）．
6. 15 分くらい続けて歩けない．
7. 横断歩道を青信号で渡りきれない．

(ロコモティブシンドローム予防啓発公式サイト　ロコモチャレンジより引用)

D　ロコチェック（ロコモーションチェック）

ロコチェックでは**表 9・1**にあげた項目のうち 1 つでも該当すれば，運動器の衰えを自覚し，以下に述べるロコトレの実践を勧めている．

E　ロコトレ（ロコモーショントレーニング）

1　目　的

転倒予防，骨折予防などを目的に行う．

2　方　法

a.　ロコトレの種類

自宅でも行える内容で，日々継続して運動療法を実施することが大切である．

① 片脚立ち（図 9・2）
バランス能力をつけるために行う．

② スクワット（図 9・3）
下肢筋力をつけるために行う．

③ その他
カーフレイズ（ふくらはぎの筋力をつける），フロントランジ（下肢の柔軟性，バランス能力，筋力をつける）．

b.　メディカルチェック

日本臨床整形外科学会ではトレーニングを実施する前に「整形外科専門医」による「メディカルチェック」を行い，高齢者の転倒・骨折の「原因をチェック」してから，無理なく楽しい複合的な運動プログラムを行い，施行後も「効果判定」のために定期的チェックを受けることを推奨している．

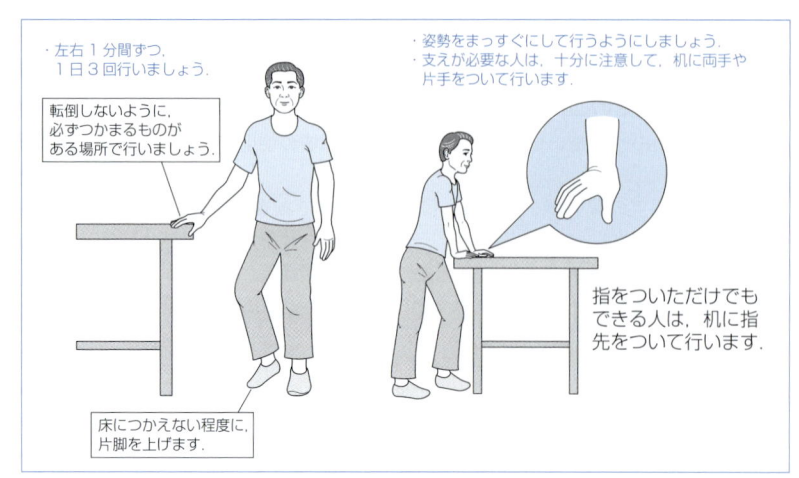

図9・2 片脚立ち
(ロコモティブシンドローム予防啓発公式サイト　ロコモチャレンジより引用)

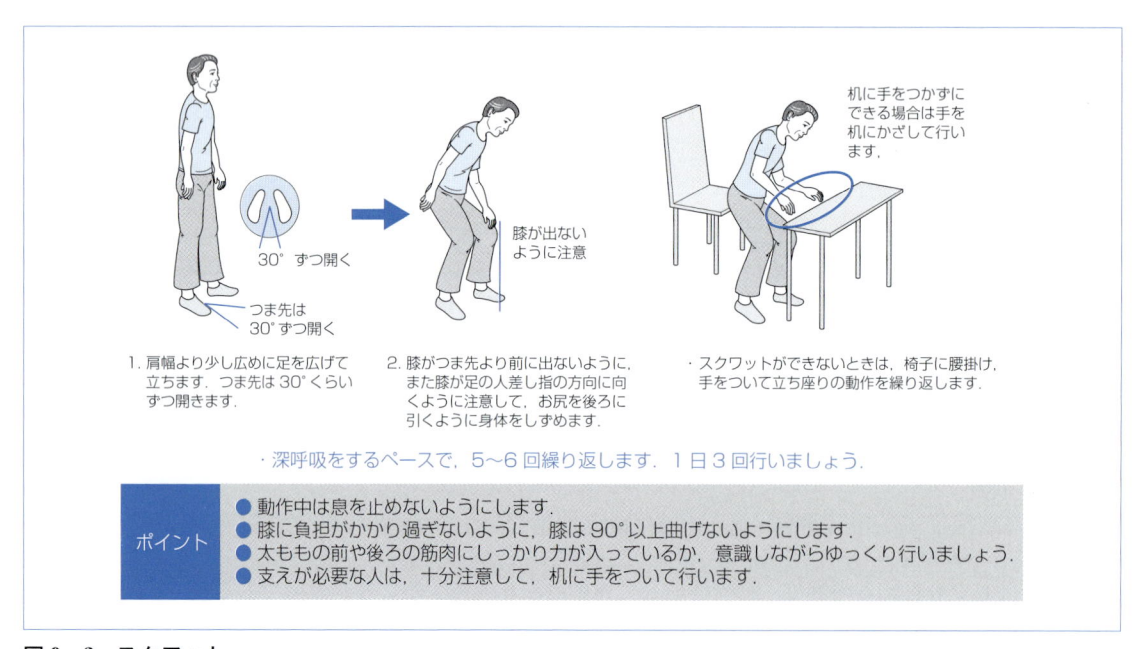

図9・3 スクワット
(ロコモティブシンドローム予防啓発公式サイト　ロコモチャレンジより引用)

c. 実施法

❶ 片脚立ち

　右足立ちで1分間＋左足立ちで1分間を片脚ずつ交互に行い，朝昼晩，1日3回行う．机や平行棒につかまりながら行い，転倒に注意する．

❷ スクワット

　肩幅より少し広めに足を広げ，つま先を30°程度開いて立ち，臀部を後ろに引くように身体を沈める．このとき膝がつま先より前に出ないように足の人差し指の方向に向かせるよう注意する．

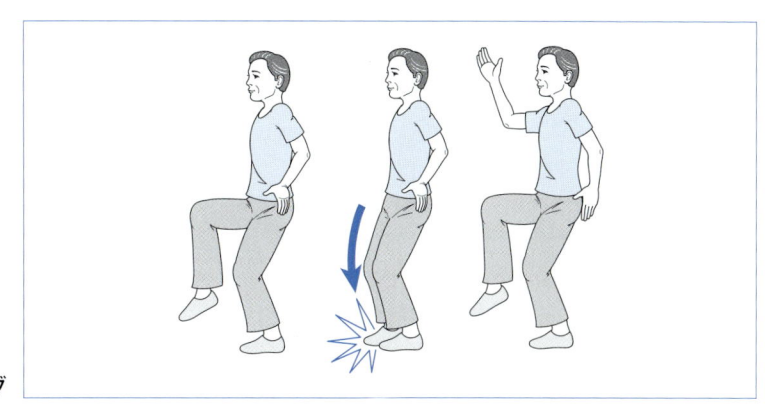

図9・4 骨力トレーニング

両膝を曲げ，片足を持ち上げ，その足裏で床を踏む．ゆっくりと交互に6〜8回，バランスを取りながら無理のない範囲で行う．

d. ロコトレの注意点

始める前に以下の7つの注意点を理解する．

1) 無理は禁物で，途中で無理と思ったら直ぐに中止する．
2) 転ばないように細心の注意をする．
3) 決められた方法，時間，回数を守って毎日続ける．
4) 痛みや腫れが出るようであればすぐに中止する．
5) 「どこまでできるか」と思って実施回数の挑戦はしない．
6) バランスが悪く転びそうな人や腰や膝，その他の関節に痛みが出る人は行わない．
7) 毎日続け，できれば巧く行えているか，効果が上がっているかを定期的にチェックする．

e. その他の方法

❶ 骨力トレーニング(図9・4)

骨粗鬆症予防となる．高齢者で筋力が弱い場合は机や平行棒内でつかまりながら行うとよい．

❷ 椅子に腰掛けて行う体操(図9・5)

大腿四頭筋の訓練で膝の間にやわらかいボールを挟んで行うのもよい．変形性膝関節症，O脚の予防になる．仰臥位で交互にゆっくり足を上げてもよい．

❸ タオルギャザーやバランスボード

❹ 物理療法

F ●転倒予防

転倒予防の目的は，単に転倒の回数や骨折の回数を減らすのではなく，転倒・骨折を原因として起こる「寝たきり」や「要介護状態」を低減することであり，その過程の中で培われた，能力と自信と希望により，行きたいところに自分の力で移動をして，やりたいことと，やるべきことができるようになるのを最終目標とする．転倒予防の取り組みで高齢者一人ひとりの健康，幸

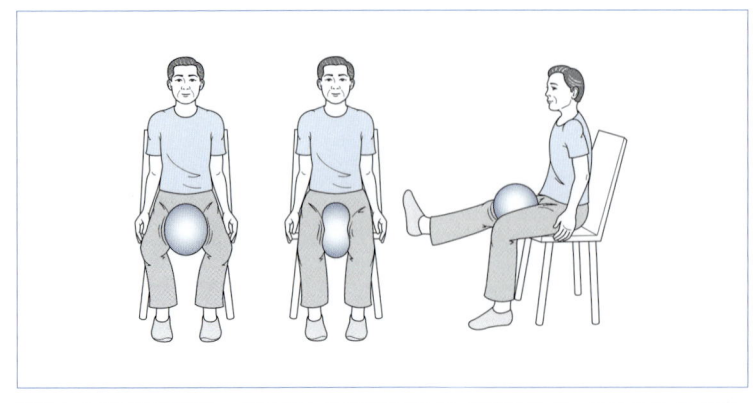

図9・5 椅子に腰掛けて行う体操

安定した椅子に腰掛け，足を浮かせて膝を伸ばして前に出す．そのまま4～8秒間数えてゆっくり下ろす．これを2～4セット，両足ともに行う．

福，自己実現が達成され，健やかで実りある豊かな日々が営まれることが理想である．

1 転 倒

ロコモティブシンドロームの考え方に立って転倒を考えるときは「転倒した結果，予後が悪くなった」とみなすよりは，「転倒するほど，身体の状態が悪くなっていた」「身体の状態が悪くなった結果，転倒する」と捉えるべきとされている．

2 転倒予防の介入とその効果

報告されている転倒予防の介入方法には，運動介入（筋力増強訓練，バランス訓練，歩行訓練，柔軟運動など），運動以外の介入（服薬指導，食事指導，環境整備，行動変容のための教育など），多角的介入（運動・運動以外の介入を含む，身体・知的機能，環境，医学的評価に基づいた対策）などがある．

研究では，バランス訓練および複合的な運動介入でとくに高い転倒予防効果が得られることが報告されている．転倒は複合的な要素の相互的影響の結果，発生すると考えれば身体機能全体を改善・向上する総合的な介入が有効である．

3 転倒・骨折の要因

a. 骨密度の減少（骨折リスク：骨量・骨代謝マーカー）
b. 転倒頻度の上昇（転倒リスク）
　❶ 内的要因（高齢者の身体の状態に直接影響を及ぼす要因）
　　a) 属 性
　　　高齢，女性，無配偶者，転倒の既往，閉じこもり，車椅子の使用など
　　b) 身体機能の低下（加齢・運動不足）
　　　筋力の低下，歩行障害，白内障，老眼，聴力の低下，バランス能力の低下など

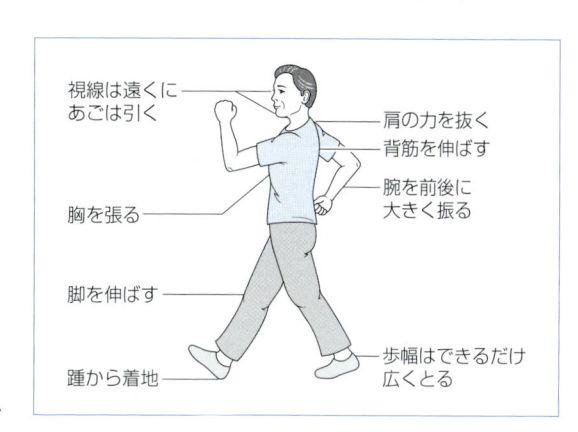

図9・6　理想的な足歩のフォーム

　　c）身体的・精神的疾患の合併
　　　循環器系：脳血管疾患・後遺症，虚血性心疾患，不整脈，高血圧，起立性低血圧など
　　　脳神経系：パーキンソン症候群，認知障害，うつ病，小脳障害，末梢神経障害など
　　　筋骨格・運動器系：関節疾患，強い円背，骨折など
　　d）薬剤（内服薬）の服用
❷　外的要因（環境・物理的な要因）
　　　天候：降雨，積雪，凍結
　　　住まい・建物・道路：段差，障害物（整理整頓されていない部屋），滑る床，絨毯（ほころび），階段や浴室に手すりがない，不十分な照明など
　　　物理的な側面：不適切な履き物・歩行補助具，眼鏡の不適合など
　　　周囲の状況：なれない環境，介護，看護者数の不足など
❸　転倒の質低下
　　転倒したときに手をつけない，転倒しそうになったときにとっさの一歩がでない，体勢を整えられないなど．

4　転倒予防法

a．環境整備

　　自宅での転倒は住環境を整備することで簡単に予防できる．歩行の障害になる物があれば取り除き，足元が暗い場所に照明をつけ，段差に目印のテープを貼る，階段に手すりをつけるなどでバリアフリー化できる．

b．筋力・バランス能力の向上

　　加齢とともに現れる身体機能の低下は，トレーニングや日常活動のなかでの心がけで予防できる．しかし無理なスポーツをするとトレーニング中に転倒する可能性もあり注意する．

c．薬剤管理

　　薬剤によっては眠気，ふらつき，注意力低下，めまいなどが現れることがあり，このような副作用に気づいたら，医師に相談し薬剤の変更などの対策を立てる．

5 日常の歩行(図9・6)

　転倒を予防するには，転倒しにくい，転倒しそうになっても踏みとどまれる足腰の強さを失わないで維持し続けることが重要であり，統計では歩く速度の速い人ほど転倒していないことが分かっている．早期に速歩のトレーニングを習慣にして足腰の筋力を維持する．速歩を含め毎日の家事や買い物など，てきぱきとやれば中強度の身体活動(有酸素運動)となる．

　中強度の身体活動は，ゆっくりした歩きや座ったままの家事よりも健康維持・改善効果が高いことが知られている．健康のためには1日7,000～8,000歩くらい歩くか，中強度の身体活動を15～20分間以上することが勧められている．

第10章　高齢者自立支援の理解

　要介護状態にある高齢者の自立は身体機能や心理的な課題の克服ばかりでなく，高齢者を取り巻く環境を含めた取り組みでなければ実現できない．それゆえ高齢者支援では多職種協働の理念に基づいたサービスが提供され，機能訓練も例外ではない．機能訓練指導員もさまざまな職種が担当する自立支援の内容について理解している必要があり，自身の業務と他職種の業務との関連性を十分に考慮した機能訓練を計画すると共に提供して，チームアプローチの効果を最大限に高める活動に寄与しなければならない．

A● ポジショニングとシーティング

　高齢者介護では自立支援への取り組みとして，寝返り，起き上がり，移乗・移動といった動作と食事，排泄，入浴など動作姿勢に援助の視点が置かれてきた．しかし，自立歩行が不可能になった利用者の動作への援助時間は非常に短時間で，これらの人の生活時間の大部分はベッド上で寝ていたり，車椅子に乗っていたりという静的姿勢の時間で占められている．そしてベッド上での仰臥位や車椅子での座位姿勢の継続は筋の萎縮や関節の拘縮を進行させ，日常生活活動（ADL）能力の低下，生活の質（QOL）の低下につながる．

　静的姿勢への援助を「ポジショニング（positioning）」といい，とくに，車椅子などでの座位姿勢への援助を「シーティング（seating）」という．日本褥瘡学会ではポジショニングを「運動機能障害を有するものに，クッションなどを活用して身体各部の相対的な位置関係を設定し，目的に適した姿勢（体位）を安全で快適に保持することをいう」と定義し，シーティングを「重力の影響を配慮した身体評価により，クッションなどを活用して座位姿勢を安全・快適にする支援技術である．とくに端座位がとれない者が座位をとれるようにすることをいう」と定義している．

1　ポジショニング

　健常者の仰臥位での寝姿はほぼ左右が対称になっているが，高齢者では脊柱の彎曲異常や関節の拘縮といった原因で健常者と同様な寝姿をとることができない．仰臥位のポジショニングはクッションを挿入するなどして，無理なく可能な限り左右対称な寝姿に補正する技術であり，体位変換とは異なる概念である．

a. 目的

　寝姿を整え，安楽な姿勢で楽に呼吸ができるようにし，身体をリラックスさせ筋の緊張を緩和させる．また，ポジショニングを行うことで利用者の褥瘡予防，良肢位の保持，自発的活動の促進，摂食・嚥下機能の維持向上，呼吸・循環機能の維持向上，関節の変形や拘縮を予防することなどを目的とする．

b. ポジショニングで期待される効果

❶ 体位保持効果

　　ベッドと利用者の間の適切な部位に，適切な向きと強さでクッションなどを挿入して体位や姿勢を安定させることで，利用者が脱力してもバランスが崩れずに一定時間，体位や姿勢を保持することが可能になる．

❷ 筋緊張の緩和効果

　　高齢者や障害者では臥位での体の捻れ，曲がりや不自然で不安定な姿勢を無意識に安定させようとするために，筋の緊張が起こると考えられる．緩やかに時間をかけながら重力との関係を考慮し安定した姿勢を作って行くと，利用者がリラックスし筋の緊張が緩和する．利用者の状態を考慮せず無理に画一的な体位をとらせたのでは逆効果となり，結果的に筋の緊張が亢進する．

❸ 体圧分散効果

　　適切な部位にクッションなどを挿入することで，骨突出部など身体突出部への圧力集中を避けることができ，褥瘡発生のリスクを低減できる．

　　体圧は体重と受圧面積(体圧＝体重÷受圧面積)で決まるので，理論的には体全体の受圧面積を大きくすることで体圧分散を実現できる．しかし，凹凸がある人体では局所的に突出部の圧力が高くなることは避けられない．凹凸に合わせたクッションなどの挿入で隙間を埋める工夫をして，部位別にかかる圧力を平均化する．

❹ 動きだしの起点となる効果

　　理想的なポジショニングは利用者が動きだそうとしたとき，意思通りにスムーズに動きが開始でき，意図した動きが制限されない状態にあることである．

　　利用者が動きだしで手をつく場合，ついた場所が柔らか過ぎて加わった力を吸収してしまうと動き出すことができない．この意味では動きだしの起点となるには硬い材質の方が有利だが，身体全体を支えるものが硬すぎれば体圧を分散できない．ポジショニングは体圧分散と，動きだしの起点となることの両方を考慮して行わなければならない．体圧を軽減することばかりに囚われた，いわば蟻地獄のようなポジショニングは適切でない．

c. ポジショニングの方法

　　ポジショニングの基本は身体を7つのブロック(頭部，胸郭部，骨盤部，左右上肢，左右下肢)に分けて考え，これらのバランスを取る利用者の能力を援助することである．

❶ 自然な体軸の流れを整える

　　利用者の身体状況を評価し状態に合わせて左右肩部，骨盤部，左右膝部のそれぞれの向きが平行で捻れがないように調節して，体軸(正中線に相当する)の捻れが起こらないようにポジショニングする．

❷ 身体の重さをどこかの支持面にあずける環境を作る

　　前述した7つの身体ブロックの重さをクッションなどで作った支持面にあずけることができれば，利用者は身体のバランスが崩れないようにする努力から解放され，安心して自発的に身体を動かすことが可能になり自動運動が促進される．

d. ポジショニング実施の要点

❶ 左右肩部，骨盤部，左右膝部のそれぞれの向きを確認する

　これらの向きが平行になっているか確認する．向きに捻れが残っていると安定感がなく不快感を増強させる．不快感は筋の緊張につながり拘縮が強くなる．また，体軸の捻れを引き起こし，捻れた方向に身体が傾く原因となる．

❷ 上半身から始める

　体幹の上部から作業を始めるとポジショニングしやすい．左右肩甲部，頸部，頭部に広く手をあてクッションをどの位置に入れると体位や姿勢が安定し，利用者の力が抜けるかを確認して適切に挿入する．続いて左右の肩から上腕部の下にクッションを挿入してバランスを取ると，胸部の筋の緊張が緩む．

❸ 臀部から下肢のポジショニング

　とくに膝関節に拘縮がある場合には，下肢の重さを広い範囲で受けるようにクッションを挿入する．大腿部の重さが臀部から大腿近位部に，下腿部の重さが下腿遠位部にかかるように工夫し，仙骨部や尾骨部，踵部に圧力が集中しないようにする．また，下肢の重さが膝関節を自然に伸展される力になるように配慮する．

❹ 利用者の身体をクッションに押し込む

　身体の下に適切にクッションを配置した後，身体を柔らかくクッションに押し込むようにすると，クッションの反動で体幹や四肢が押し上げられ，重さを支えるために緊張していた筋が緩み，全身がリラックスした状態をつくることができる．

❺ 身体とクッションの間を整える

　「圧抜きグローブ」で身体とクッションの間をなでると，ポジショニングでできたシワなどによる微少な摩擦を解消できる．小さなシワでも圧やずれが生じ，体圧が集中する原因となるので，この作業によって最終的な体圧分散を図る．

e. ポジショニングの効果(図10・1)

　ポジショニングによる援助を実施したことで食事姿勢が改善し，むせる回数が減少したことによって「ミキサー食」から「ごく刻み食」に食形態が変化した．肩関節の可動域が改善し入浴介助でリフトの握りを握れるようになったなどの報告がある．

2 シーティング

　シーティングは障害などを原因とする身体の変形や筋力の低下で「うまく座る」ことができない人に，適切な道具や装置を提供して「座った姿勢」が保持できるようにする工夫である．これに用いる椅子や車椅子は座位保持の代表的な用具の1つである．介護施設で歩行能力の補助を目的にしたり，医療施設で早期離床や二次的障害を回避したりすることを目的に車椅子を用いた座位保持が実践されている．歩行能力が著しく低下している高齢者や障害を持つ人は，昼間の大半の時間を車椅子上で過ごすことになるが，車椅子での長時間の座位保持は決して楽なものではない．健常者でも30分を超える車椅子の使用は疲労感を伴い，背中が押され，臀部には強い圧迫感を覚え，自由に身体を動かしたくなる．障害を持つ人や高齢者では自由な体動が不可能な場合

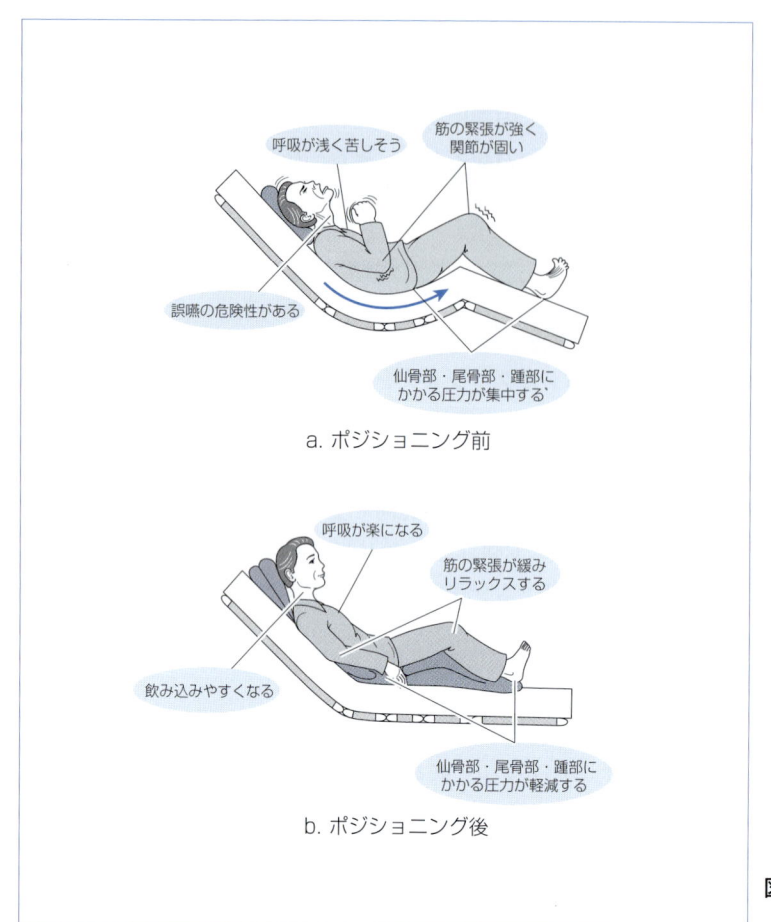

図10・1 ポジショニングで期待される効果

が多く，苦痛に耐えなくてはならない．車椅子上での座位保持が楽にできれば，利用者の生活の質が向上する．

姿勢保持の道具や装置は福祉用具に分類されていて，利用者の残存機能と使用目的によって「補装具」「訓練用機器」「日常生活用具」などに分けられる．例えば，座位保持装置は補装具であり，バスチェアは日常生活用具，立位保持具は訓練用機器に分類される．本項では高齢者介護で主に用いられる車椅子のシーティング（**図10・2**）について解説する．

a. 期待される効果

姿勢保持の道具や装置の使用によって**表10・1**に示した効果が期待される．利用者が高齢者である場合には主に2～8の項目での予防や改善が期待されている．

b. 車椅子シーティングの目的

❶ 機能性の改善

手で支えて座位を保持する利用者に体幹を安定させるシーティングで介入すると，上肢が解放されて自由に動かせるようになり，本来の機能を発揮させることができる．このため自力での車椅子移動や食事動作が可能になるなど，ADLの場が拡大してQOLも改善される．

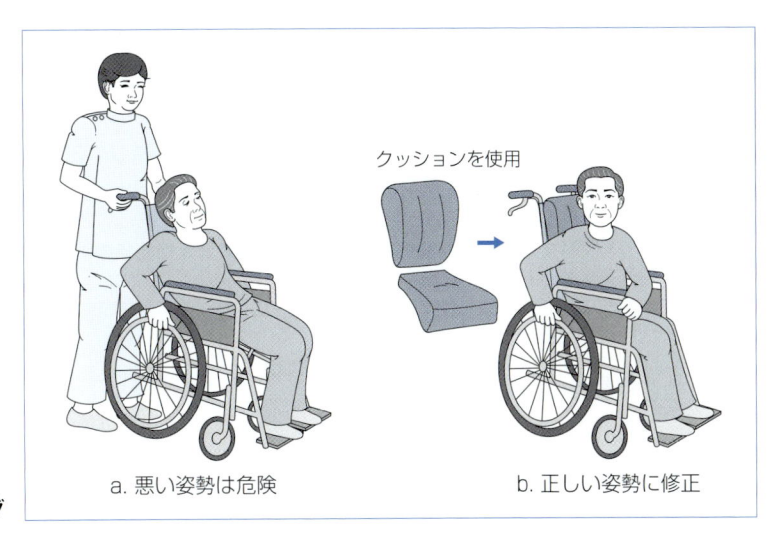

図 10・2　車椅子シーティング

a. 悪い姿勢は危険　　　b. 正しい姿勢に修正

表 10・1　シーティングで期待される効果

1. 発達の促進（障害児などのバランス反応，認知機能，運動機能の発達）
2. 生理的機能の改善（呼吸・摂食・消化・排尿・排便機能などの改善）
3. 関節拘縮や変形の予防
4. 筋萎縮・骨の粗鬆化・自律神経機能低下・循環器機能低下などの予防
5. 意識レベルの向上
6. コミュニケーション能力の向上
7. 日常生活活動の維持・向上
8. 介護負担の軽減

❷　廃用症候群の防止・改善

　関節拘縮，褥瘡，骨萎縮，起立性低血圧，昼夜逆転・幻覚，括約筋障害（便秘・尿便失禁）など生理的機能の低下に伴う廃用症候群は，身体，主に体幹部を抗重力状態におき少しでも可能な範囲で日常生活活動を行うことで予防できる．しかし，不適切なシーティングによる不良姿勢での座位保持強制は前述の障害を助長する結果にもなり得る．目的の達成には，利用者の状態を正確に評価したうえでの適切なシーティングによる介入が不可欠である．

c.　よい「座位姿勢」の条件

❶　安　定

　利用者のとっている座位姿勢そのものが安定していなければならない．

❷　安楽（リラックス）

　姿勢保持のための必要以上な筋緊張や局所の過剰な変形矯正は，全身的な筋の緊張を亢進させリラックスした状態を維持できない．

❸　楽な呼吸

　深くゆったりとした呼吸状態を維持する．

表 10・2 ホッファーの座位能力分類評価基準（JSSC 版）

1. 座位能力 1：手の支持なしで座位可能
   端座位にて手の支持なしで 30 秒間座位保持可能な状態
2. 座位能力 2：手の支持で座位可能
   身体を支えるために，両手または片手で座面を支持して 30 秒間座位保持可能な状態
3. 座位能力 3：座位不能
   両手または片手で座面を支持しても座位姿勢を保持できず，倒れていく状態

❹ 楽な体動

　利用者の意志に従った体動を可能にする．障害に伴う動きの制限はあるが，動ける範囲で自由な動きができるように配慮する．

❺ 障害の少ない咀嚼・嚥下

　座位姿勢を保持させることが咀嚼・嚥下の障害になっては逆効果で，楽に咀嚼・嚥下できるような姿勢に設定する．利用者に重度の障害がある場合には不顕性誤嚥に注意する．

d. ホッファー（Hoffer）の座位能力分類

　利用者の座位能力を評価し分類する指標としてホッファー座位能力分類やホッファー座位能力分類（改訂版）など数種類が提唱されているが，日本シーティング・コンサルタント協会（JSSC）では平成 26（2014）年にホッファー座位能力分類の評価基準を策定し JSSC 版として提唱している（表 10・2）．

e. 仙骨座り（図 10・3）

　側面から観察した椅子の腰掛け姿勢が，骨盤が後傾して腰椎部が後彎している状態のもので，膝関節の屈曲，脊柱全体の後彎，頭部の前屈を含める場合もある．高齢者の仙骨座りは体幹や四肢の筋力低下，平衡機能の低下を基本的な原因とするが，健常者でも椅子にこの姿勢で腰掛けている人もいる．

❶ 仙骨座りの原因

（1）車椅子座面の奥行きが長すぎる

　座面に深く腰掛けると座面前端部に腓腹筋が当たるので，回避するために臀部を前方にずらした位置でバックサポートに背中を当て上半身が後傾する．

（2）フットサポートの高さが高すぎるまたは低すぎる

　足を置く位置が高すぎると膝が突き上げられ，股関節に屈曲制限があると体幹から骨盤が後方に押し倒される．また，低すぎる場合も無理に足を突こうとして臀部を前方に移動させ上半身が後傾する．

（3）カンバスシートなど吊りシートのまま使用している

　吊りシートは体重を分散させる機能が劣っていて，坐骨結節部で集中して体重を受けることになり疼痛が発生しやすいので，臀部を前方に移動させ疼痛を回避する．また，吊りシートが緩んでいる場合にはさらに疼痛が起こりやすい．

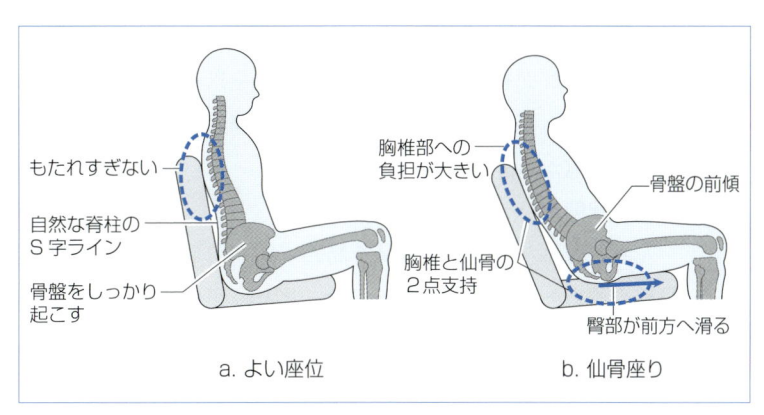

図10・3 よい座位と仙骨座り
（國津秀治：図解入門よくわかる股関節・骨盤の動きと仕組み，秀和システム，2013より改変）

(4) 円背と車椅子の形状が合わない

通常の角度（95〜100°）に設定されたシートとバックサポートに円背の人が座ると骨盤の後ろに間隙ができ，間隙の方向に向かって骨盤が後傾する．結果として円背が増強して腹腔や胸腔を圧迫する．

(5) 膝関節の屈曲拘縮

屈曲拘縮がある膝関節を伸展させるとハムストリングスが緊張し，ハムストリングスの牽引により骨盤が後傾する．とくに，座面の長い車椅子に深く座ると座面前端部で膝関節の伸展が強制されるので，臀部を前方に移動させハムストリングスの緊張を緩めようとする．

(6) 股関節の屈曲制限

股関節が90°以上に屈曲できないと深く座ることができない．臀部を前方に移動させて股関節屈曲制限をカバーする．

(7) バックサポートの高さが座位保持能力に適合していない

車輪を駆動する際の肩甲骨の動きを考慮して，自走式車椅子のバックサポートの高さは肩甲骨下角より低く設定されている．しかし，車輪の駆動能力が低い，またはない利用者では，体幹を支える筋力も低いため支えをバックサポートに委ねることになる．このときバックサポートが低いと，臀部を前方に移動させて上半身を低くしたり肘掛けにしがみついたりして上半身を支える．

❷ 仙骨座りの悪い対応

(1) 座面に滑り止めマットを使用する
(2) 必要以上にティルティング角度を大きくする
(3) 必要以上のアンカークッションを挿入する

以上は仙骨座りの原因を放置したままで，物理的に臀部の滑りを抑制するもので身体拘束の一形と考えられる．また，体圧を分散する対策をとっていないので褥瘡の発生を助長することにもなる．

f. 車椅子シーティングの評価

　　シーティングを行う前に利用者の状態を以下に示す観点から評価して，適切に実施するための情報とする．また，実施した後や数時間経過した後にはシーティングが適切に機能しているかを同様な観点から評価する．

❶ 体幹の状態

　　左右肩峰と左右上前腸骨棘を結んで正四角形を形成しているかを確認する．四角形のゆがみは捻転や側方への倒れを示している．また，座位姿勢を側方から観察して脊柱が生理的な彎曲を呈しているかを確認する．

❷ 頭部の位置

　　頭部が正中面内にあり捻れがない（意識的に左右を向く場合を除く）ことを確認する．また，側面からの観察で頸部が異常に屈曲または伸展していないことを確認する．異常に屈曲している場合は嚥下動作の障害になる．

❸ 呼吸状態，筋緊張

　　1分間の呼吸の回数，腹式，胸式呼吸の様子を確認して楽に呼吸をしているかを観察する．また，上肢や体幹の筋緊張の有無，運動障害の有無について確認する．

❹ 身体と車椅子との間隙

　　大腿後面と座面の間，骨盤の後ろとバックサポートの間，背部とバックサポートの間の間隙が適切に保たれているか，間隙に左右差がないかなどを確認する．

B ● 口腔ケア

　　口腔ケアとは美味しく，楽しく，安全な食生活が営めるよう，あらゆる口腔の働きを健全に維持すること，または介護することをいう．口腔ケアは口腔リハビリにより摂食・嚥下など口腔機能の維持・改善を図る口腔機能のケア（機能的ケア）と口腔内を清掃して衛生状態を維持・改善する口腔清掃（器質的ケア）とに分類できる．

　　介護保険制度上に位置付けられた「口腔機能の向上支援」は機能的ケアだけにとどまらず「広義の口腔ケア」を指し，前記の両者を含んだものである．介護予防における口腔ケアの目的は，口腔機能を向上させることを通じて高齢者の生きる意欲にまでもアプローチし，日常生活が健康で快適に継続できることを実現（自己実現）させるよう支援することである．

1　口腔のもつ機能

a. 口腔の機能

❶ 食べること

　　高齢者を対象にしたあらゆる調査の結果で，日常生活での楽しみの第1位は「食事」となっている．食べるという行為は人間の五感に働きかけ，栄養の摂取による健康の保持ばかりではなく，味わえる喜びを通して生きる意欲の高揚につながり，要介護高齢者などの生活の質を向上させることが知られている．高齢者の「口から食べられなくなったら生きていても仕方ない」とい

表10・3 口腔機能の向上支援で期待される効果

1. 食の楽しみを得て生活意欲の向上を図る
2. 会話量を維持し笑顔を取り戻し，社会参加を継続する
3. 日常生活活動を維持・向上して自立した生活を継続する
4. 低栄養や脱水を予防する
5. 誤嚥や誤飲に伴う窒息，肺炎の発生を予防する
6. 虫歯，歯周病，義歯不適合を原因とする口腔内崩壊を予防する
7. 口腔からの食物摂取の質と量を向上させる

う言葉はこのことをよく表していて，食事が「美味しく食べたい」「美味しい物を食べたい」など「生きる意欲の高揚」や「生き甲斐の形成」に深くかかわっていることが示唆されている．

❷ 話すこと

歯が抜けると空気が漏れて言葉が発音しにくくなるように，歯または義歯は明瞭な発音をするために重要な役割を果たしている．

❸ 唾液の働き

唾液は消化作用，嚥下の補助，口腔粘膜の保護，殺菌作用とさまざまな働きを持っていて，食物をよく咀嚼すると分泌が促進される．

❹ 脳への刺激

咀嚼運動は脳を刺激し，主に大脳皮質の運動野，感覚野への血流量を増加させるという研究報告がある．また，高齢者では前述の領域以外に連合野で咀嚼運動による活性化がみられ，とくに前頭連合野（前頭前野）の活性化が顕著にみられるとの報告もある．運動野，感覚野に占める口腔を支配する領域の割合は3～4割に達していて，咀嚼運動が脳の発達や老化に大きく影響していることが考えられる．

❺ 力を出す，平衡感覚を保つ

人はぼんやりと口を開けたままでは力が発揮できないことを日常の経験から知っていて，大きな力を出す必要があるときには口をしっかり閉じ歯を食いしばる．歯と口は人の力の発揮に深く関与すると共に，体の平衡の維持にも重要な働きをしていると考えられ，義歯を外した総入れ歯の人は歩幅が狭くなり歩行のスピードが落ちるだけでなく，直線的に歩けなくなるという報告もある．

b. 口腔機能の向上支援

最近，固いものが食べにくくなった人，お茶や汁物などでむせやすくなった人，口の渇きが気になる人などを対象に早期に口腔機能向上の支援を行い表10・3に示した効果を期待する．

2 摂食・嚥下機能障害がもたらすもの

a. 低栄養・脱水

加齢に伴って摂食・嚥下機能*が低下する．高齢者では嚥下反射の低下*，咳反射の低下*などの障害に加え，脳梗塞などの既往は正常な摂食動作を困難にし，むせるのを恐れて飲食を減らし，脱水，低栄養に陥ることがある．低栄養は活動意欲の低下，ADLの低下，免疫能の低下を

伴い疾病に罹患しやすくして，要介護状態や寝たきりに向かわせる要因の1つになる．また，脱水は循環血液量を減少させ脳梗塞のリスクを高くする．

> **MEMO**
> 摂食・嚥下機能
> 　①食物を口腔内に取り込み，咀嚼して安全に飲み込み，正しく食道へ送り込む能力
> 嚥下反射の低下
> 　②スムーズな飲み込みができない
> 咳反射の低下
> 　③誤って気管に入った物を咳で吐き出す力が衰える

b. 誤嚥・窒息

　高齢者では身体機能の低下と同時に摂食・嚥下機能の低下が生じている．嚥下反射や咳反射機能の低下を原因とする誤嚥に関連した障害は，気道閉塞による窒息と口腔内の食物や細菌が気道に迷入して起こる誤嚥性肺炎とである．窒息は直接「死」につながり，高齢者の肺炎やインフルエンザの罹患はADLの低下だけでなく認知機能の低下にもつながる．平成23(2011)年の人口動態調査によれば65歳以上の誤嚥による気道閉塞での死亡者は4,211名であり，また，肺炎は平成23年以降，死因の第3位であり加齢に伴って増加する傾向を示している．

c. 運動機能の低下から閉じこもりへ

　高齢者の摂食・嚥下機能が低下して食物の摂取量が不足すると，低栄養状態になり活動性が低下してくる．日常生活ではベッド上で過ごす時間が長くなり，四肢や体幹の筋力低下による座位保持力の低下を招く．椅子に座って食事を取れなくなれば，ベッド上での食事を余儀なくされる．このことは活動性やADLのさらなる低下を招き，食事の介助が必要になり舌の力や咀嚼する力，口腔周りの筋力低下，会話量の減少，認知機能の低下といった「負の連鎖」に陥る．外出機会はますます減少し，閉じこもり傾向になっていくことは自明である．

3 軽度介護者への口腔ケアの重要性

　これまでの要介護者に対する口腔ケアは寝たきりの重度要介護者などが，本人にも家族にも口腔清掃ができず放置され，悲惨な状態に陥って初めて歯科衛生士など専門職のケアを受けるというものであった．そのため，まだ障害が軽度な高齢者で自分でブラッシングができる人へのサービスとしては，その必要性を疑問視する意見も散見された．しかし，近年の研究やモデル事業の結果の分析から，早期にサービスを導入する効果と必要性とが学問的に証明されるようになった．

　口腔清掃や口腔機能を維持することの重要性を理解し，軽度な障害のうちから効果的なリハビリを行うことにより，可能な限り要介護状態への移行を防ぎ要介護状態の悪化を防ぐことが重要である．

a. 味覚の改善

　歯科衛生士の専門的口腔清掃により，味覚が改善されたことが報告されている．

b. 嚥下反射の改善

　　歯科衛生士の指導によるブラッシングの実施により，嚥下反射が改善される．

c. 栄養改善

　　栄養不良者に対して口腔清掃を併せた栄養付加で，栄養状態の顕著な改善がみられたことが報告されている．

d. 発熱，肺炎の予防

　　1日3回の本人と介護職員，週1回の歯科衛生士による口腔清掃で発熱の発生，肺炎発症および肺炎による死亡者数が減少したと報告されている．

e. 舌の機能の改善

　　舌の圧が低下すると嚥下機能の低下，食べこぼし，むせの原因となる．舌は加齢と共に圧や機能が低下するが，訓練で改善し低栄養を予防する効果が期待できる．

f. 誤嚥，窒息の予防

　　軽度な障害のうちから簡単なトレーニングを行うと口腔機能の維持・向上が図れ，気道への食物や口腔内細菌の迷入を防ぐことができる．

g. 運動機能や認知機能に対する効果

　　積極的に口腔清掃を行うことにより誤嚥性肺炎を予防すると共に，運動機能や認知機能の低下を予防できる可能性があることも報告されている．

4　口腔体操（口の動き）

a. 方法・内容

① 顔の体操（口のまわりの筋肉，舌・顎の筋）
　1）思いきり唇を動かし「ア」「イ」「ウ」と大きく発声する．
　2）唇を前へ突出しタコの口のようにする．
　3）頬を，おたふくのようにふくらませる．
　4）上顎にぴったりあてた舌を勢いよく離し，「ポン」と音を出す．
　5）前後左右に顎をゆっくり動かす．
　6）1日に1〜2回，口を閉じて30回歯を噛み締める．

② 頬の運動（頬筋）
　1）頬を一側ずつ，左右交互にふくらませる．
　2）両方の頬を同時にふくらませる．
　3）2〜3回，両手で押さえて抵抗を加えながら，頬をふくらませる．

③ 口の運動（口のまわりの筋）
　1）「ウー」と，思い切り口を尖らせて声をだす．
　2）「イー」と，口を強く横に引いて声をだす．
　3）上を向いて，「イー」と口を強く横に引いて声をだす．

④ 舌の運動（舌の筋）
　1）「ベー」と，思い切り舌を前に突き出す．

2) 「ベー」と，右側に舌を突き出す．
3) 「ベー」と，左側に舌を突き出す．
4) 2～3回，唇を舌でぐるりとなめる．

❺ 唾液腺，顔面のマッサージ
1) 顎に手のひらをあて，人さし指と中指で耳を挟むように動かす．
2) 手のひらで頬が暖かくなるまで上下にこする．
3) 手のひらは顎関節にあてたまま，親指で下顎の内側を押す．
4) 中央・右・左に頸を曲げ，溜まった唾液を3回に分けてゴクンと飲み込む．
5) こすり合わせて暖かくなった手のひらをそっと目にあてる．

❻ 耳下腺マッサージ
1) 2～3回，ゆっくり円を描くように，頬に両手をあてマッサージする．
2) 同様に逆向きのマッサージをする．

b. 発声練習
1) 口や舌をよく動かして，大きな声でゆっくりと発音する．
2) はっきり区切って「パ」「パ」「パ」，「タ」「タ」「タ」，「カ」「カ」「カ」，「パンダのたからもの」という．
3) 「パ」「タ」「カ」「ラ」の音で童謡などよく知っている歌を歌う．
4) 「パ」だけの音でなど「パ」「タ」「カ」「ラ」のいずれかの音で歌う．
5) 「パ」「タ」「カ」「ラ」の音を組み合わせて歌う．

C ● 栄養改善

　栄養改善は人の「食べる」という営みを通じて高齢者の低栄養状態を改善し，健康で快適な生活を継続させるという目標の実現を目指すものである．前項で述べたように食事が高齢者の「楽しみ」や「生きがい」を形成するうえで重要な位置を占めるとの認識に立ち，「食べること」への支援が食欲や規則的な便通など生体リズムの保持・回復，これによる日常生活機能の向上，さらにはコミュニケーション能力の回復，社会参加といった生活の質の向上へとつながるよう，「栄養改善」への支援を実施して行かなければならない．

　十分な量の食物摂取は，活動の基本となるタンパク質とエネルギーを体内に取り入れられることでもあり，高齢者が十分に栄養を摂取できれば筋タンパク質を確保して筋量の維持につながり，身体機能や生活機能を維持する源泉となる．一方，内臓タンパク質の維持は腸粘膜構造を維持させると共に免疫能を活性化させ，バクテリアル・トランスロケーション*による感染症の予防に資する結果，要介護状態への移行や重度化を予防することが期待できる．

> **MEMO**
> バクテリアル・トランスロケーション
> 腸管内の細菌や細菌が産生するさまざまな生体障害物質が腸管粘膜細胞あるいは細胞間隙から生体内に侵入すること．

1 「栄養改善」支援のねらい

　高齢者の「栄養改善」に関する支援は，現に低栄養状態にある者や低栄養状態に陥るおそれがある者，さらには健康な高齢者に対して自らが低栄養状態の予防・改善および重度化の防止を「食べること」を通じて実現するために実施する．この支援により自身で自立した生活を確保することが最終目標であり，高齢者の「栄養改善」はそのための一手段と考えるのが適切で，それ自体が目的となった実施は適切な支援とはいえない．

　高齢者の身体機能・生活機能・免疫能などの心身機能は，食物摂取量の不足による低栄養状態では維持・向上できない．「栄養改善」の支援を「介護予防」の視点からみれば，「食べることを楽しむ」という基本的欲求を充足させ，「食べる」という日常生活活動を充実させることで低栄養状態の予防・改善を実現し，日常生活活動に関連する心身機能の向上を図り生活の質の維持・向上に資するものであり，「食べること」の支援により高齢者自身が自己実現できる喜びを味わえるようにすることを目指している．

　支援に先立ち高齢者や家族が現在に至る生活で築いてきた価値観や食文化，習慣や環境を個別に十分把握したうえで，個々の心身機能，栄養状態を科学的な手法を用いて評価する．続いて，事前アセスメントにより抽出された高齢者自身の生活上のニーズに対するどのような解決法が，単なる「食事」を「食べる楽しみ」へと質的に変貌させ，高齢者の望む自己実現に栄養改善の支援を結びつけられるのかを，本人や家族と共に考えて行くプロセスがこの支援にあたってもっとも重要なポイントとなる．そのため「指導」としての支援では効果が期待できず，「相談」として実施して双方向的コミュニケーションを図ることが適切である．また，高齢者の栄養改善に対するニーズは複合的で1つの視点からのアプローチでは解決にいたらない可能性が高く，「栄養ケアマネジメント」に基づき多職種協働や身近な地域資源と連携したサービスとして提供されるべきである．

2 高齢者にとっての「食べること」の意義

a. 楽しみ，生きがいと社会参加の支援

　「食べること」は高齢者が楽しみや生きがいを見いだすうえの重要な生活活動である．一方，「介護予防」の目指すところは単なる生活機能の自立に留まらず，最終的には意欲ある高齢者を介護に関するインフォーマルな資源として育成し，積極的に社会活動に参画する人を増やすことである．栄養改善の支援では食事に関連した生活機能の維持・改善だけでなく，自らが買物，料理，食膳の準備などの活動に参画する経験を通じて自信を取り戻し，高齢者の社会参加への道が開かれるように支援しなければならない．

b. 生活の質の改善と「食べること」

　栄養改善の支援を通じ高齢者が自らの生活を主体的に営む能力を保持・獲得できれば，健康は維持・増進され積極的な社会参加に結びつく．日常生活を構成する要素の1つである「食べること」への支援では，食事に伴う買物，料理，食膳の準備，後片付けなど一連の生活行為を通じて日常の身体活動量が増大することから，高齢者の食欲の維持・増進に寄与する．さらに，「食べ

ること」には高齢者と家族や近隣の人々との「双方向的コミュニケーション」を成立させるという生活行為も伴う．

一方，人には生体リズムが備わっていて昼夜の存在で形成された規則的な睡眠−覚醒のリズムは，「食べること」のリズムを形成する基になっている．また，食事摂取のリズムは規則的な生体リズムの形成に重要な働きをしていて，神経調節，消化酵素やホルモンの分泌，臓器組織の活性といった身体機能のバランスを保ち，定期的に起こる空腹感や規則的な便通を保持している．その意味から高齢者に対する栄養改善の支援は，生活の質の維持・向上を目指した，その人らしい生活全般にわたる改善や回復に対する意欲的な取り組みにつながり，1日の生活活動の中で「食べること」が規則正しく習慣化されることに重点を置いた支援でなければならない．

c. 低栄養状態の予防と生活機能の維持

人は加齢に伴い老化やさまざまなライフイベントの影響で食事摂取量が低下し低栄養状態に陥りやすくなる．高齢者でも栄養状態が良好に保たれていれば，内臓タンパクおよび筋タンパク量の低下は防止でき，身体機能および生活機能が保持されることで免疫機構が適切に機能して感染症への抵抗力が維持され，要介護状態への移行や疾病の重度化が予防でき生活の質を保つことが可能である．そのため介護予防の観点からは生活習慣病に対する食事療法に優先して，高齢者の低栄養状態の改善に取り組むべきとされている．

一方，小腸で各種の栄養素を消化・吸収する機能は高齢者でも比較的良好に保たれていて，食べ物を消化・吸収する能力は維持されている．したがって，食事での栄養摂取量が確保されていれば，腸粘膜の構造や腸管の免疫能は維持され，消化管におけるバクテリアル・トランスロケーションによる感染症への予防効果が大きいとされている．

3 サービス提供の実際

「栄養改善サービス」では管理栄養士などが看護職員，介護職員などと協働して栄養状態を改善するための計画を作成し，当該計画に基づき個別的な栄養相談や集団的な栄養教育等を実施し，低栄養を改善するための支援を行っている．

a. 栄養相談

サービス計画に基づき実施するが，期間は概ね3～6ヵ月程度とされており，栄養相談を最初の1ヵ月間は2週間に1回，その後は1ヵ月に1回程度実施する．

b. 栄養教育

集団的な栄養教育は地域および施設などの実情に応じ，管理栄養士などによる低栄養状態等の説明や情報提供，一般介護予防事業における事業の活用，利用者相互の関係づくりを行うなど利用者の参加や継続の意欲を高めることが求められる．

D ● 閉じこもり予防

日常生活が家の中のみに限られるなど活動空間の狭小化は，活動性の低下を招き廃用症候群を発生させる．廃用症候群の発生がさらに活動性を低下させるという悪循環を起こす．この悪循環

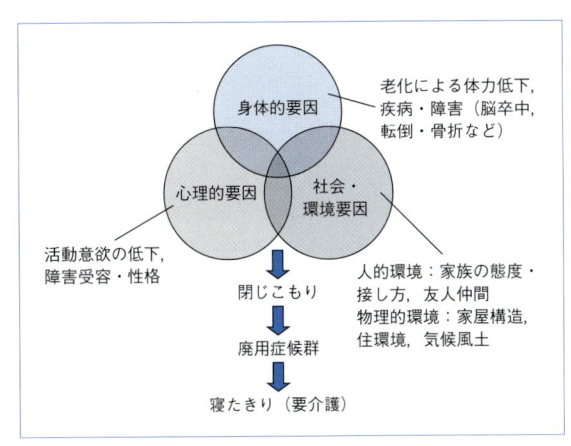

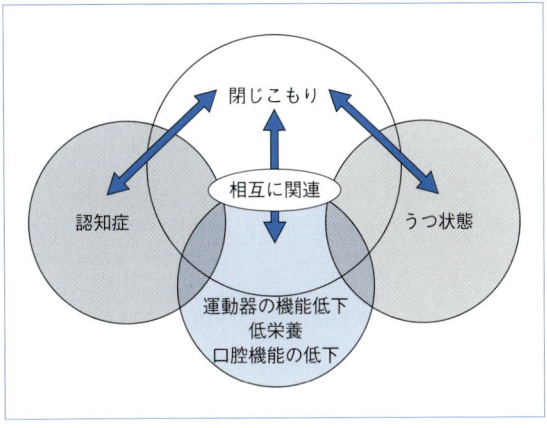

図10・4　閉じこもりの要因と位置づけ

図10・5　閉じこもりと他の関連モデル

に陥り心身両面の活動力を奪われ，家庭内での活動量も低下し，寝たきりに進行するものが閉じこもり症候群(最近では医学的診断名との類似を避ける意味でほとんど「閉じこもり」と表記される)である．

　老化による体力の低下や，家庭・地域社会での役割喪失が高齢者の外出頻度を低くする原因になる．「閉じこもり予防」の支援は外出頻度自体を増加させることが主目的ではなく，家庭内や地域社会における役割を分担する結果として外出頻度が増え，生活全般に潤いを持たせ，活性化させることが本来の目標である．

　閉じこもり症候群の3要因(**図10・4**)として，身体的，心理的，社会・環境的な要因があげられ，これらの相互作用で「閉じこもり」が発生すると考えられている．また，閉じこもり状態にある多くの高齢者にさまざまな要支援・要介護のハイリスク状態の併存がみられ，認知症の発症リスクを高める要因に社会活動の不活発があることを考え合わせれば，「閉じこもり」を認知症の発症リスクとしてあげることに大きな矛盾はない．さらに，長期間にわたる「閉じこもり」状態は他者との交流を減らし，会話の機会を奪い，気分を暗くして，うつ傾向の増長につながると考えられる．あるいは，低栄養による体力低下が外出意欲を低下させ，「閉じこもり」につながっている場合もある．「閉じこもり」は他のさまざまな要介護リスクときわめて密接に関連しているが，「閉じこもり」と「他の要支援・要介護ハイリスク状態」とは原因と結果というより相互に影響し合う関係(**図10・5**)にあると考える方が適切である．

　「閉じこもり」と「他の要支援・要介護ハイリスク状態」との関係を考慮すれば，単独の支援として「閉じこもり」の解消のみを目的としたサービスの提供では効果が期待できず，他の介護サービスや地域支援事業などと協力・連携したサービスとして提供されることが重要である．

1　サービス提供の実際

　仕事，近隣の人との付き合い，ボランティア活動，環境美化活動など地域の事業や行事への参加，趣味や娯楽の活動，老人クラブへの参加，地域の世話役としての活動など社会との交流が濃

密であるほど，健康感や生活への満足度が高くなり，精神面のうつ的な傾向は少なくなるとの報告がある．したがって，利用者が老年期を迎えるまでに拡大してきた社会との交流を可能な限り維持する支援を，閉じこもり予防の支援につなげることが重要である．

この支援で最大の効果が得られるのは「閉じこもり」を作らないことで，一般介護予防事業におけるコミュニティサロン，住民主体の予防運動，交流の場などの利用を促進することがもっとも効果を上げる．

a. サービス体制

一般介護予防事業の介護予防把握事業では病院から退院して間もない者，孤独感や生活の意欲が低下している者，うつや認知機能などが低下している者，日中，家庭内での役割や趣味の活動など何もすることがない者，社会的活動に参加したいが体力に自信がなく，閉じこもっている者，家族が閉じこもりがちな状態を心配している者など「閉じこもり」の支援が必要な者を把握し，リハビリテーション専門職などの訪問により「閉じこもり」の理由をアセスメントして状態を把握する．本人の大切にしていた生活行為，趣味，本人の意向を聞き出し，家庭内での役割を回復する支援をし，必要があれば受診を勧め，体力の向上の必要性を理解してもらうなどを行うと同時に通所サービスへの参加を促す．通所サービスでは送迎による外出支援や，人的交流，運動プログラムなどを提供する．

目標が達成された後には身近な通いの場や人的交流の場，さまざまな仲間との余暇活動への参加の機会を提供し継続的な参加を促す．

b. サービス内容

サービスではリハビリテーション専門職などが訪問して「閉じこもり」の理由のアセスメント，家庭内での役割を回復するための支援，余暇活動の機会の提供など利用者が望む生活行為の支援，体力向上の必要性を説明して理解を得る，通所サービスへの参加を促す，などを行う．通所サービスでは送迎による外出支援，人的な交流の場の提供，運動プログラムの提供など本人の望む活動の拡大を支援する．また，身近な通いの場や人的交流の場，さまざまな仲間との余暇活動への参加の機会の情報を提供して継続的な「閉じこもり」予防につなげる．非閉じこもり，閉じこもり予備群，閉じこもりから回復した者への支援では高齢者の社会活動・役割の実態調査，重要性に関する広報および健康学習，高齢者のボランティア養成研修会の開催，高齢者ボランティア活動の支援を通して閉じこもり予防を展開することが理想である．すなわち，高齢者自らが閉じこもり予防の支援活動に参画することで，自らの閉じこもりを予防するシステムの構築が効果的な支援になる．

2 同居家族への理解，協力のよびかけ

高齢者の「閉じこもり状態」は同居する家族の理解や協力がなければ解消できない．専門職が該当者宅へ訪問してさまざまなサービスの情報を提供しても，やんわりと断られるケースは少なくない．背景には家族に閉じこもり状態であるという認識がないこと，閉じこもりに伴うリスクが正しく理解されていないこと，「家庭内の事情で外部の人から干渉されたくない」という心理が働くことが考えられる．また逆に，必要以上に手間をかけるあまり高齢者の役割を奪い，外出

を制限してしまう場合もある．いずれにしても，情報の提供は家族への注意を喚起する意味でも非常に重要である．高齢者に接する家族の対応法を問題にしたのでは，閉じこもり状態の解消に家族の力を活用することはできない．第一にするべきことは家族の自尊心が保たれる形で接し方が変容するのを待つことである．家族が高齢者に向かって「閉じこもっていてはダメ」といっても効果は低いことを説明して，家族には高齢者が家庭内でいくつかの役割を得て遂行する体験を通して，自身の身近な行動に少しずつ自信がもてるような配慮をし，その成功体験の積み重ねが最終的な外出行動へとつながるような援助をしてもらえるように協力を促す．また，その過程を通じて家族間の会話の機会を増やし心の通った関係を再構築し，役割の遂行を通じて高齢者に自己効力感や有用感の発現を促し，ライフスタイルになっている「閉じこもり状態」を変容させることが支援の目標になる．

E ●認知症のある利用者の支援

　通所介護，ショートステイ，介護老人福祉施設，地域支援事業では認知症の人も利用者になることがある．接骨院へ来院する患者が認知症である頻度は低く，柔道整復師には対応の経験が少ない．そのため認知症高齢者の機能訓練には経験不足による困難を伴うが，機能訓練指導員として対応方法の知識を身につけておく必要がある．「認知症患者本人には自覚がない」とする考えは誤りで，通常「できないこと」「思い出せないこと」への大きな不安を抱えている．この不安に対する反応はさまざまで抑うつ的になる人，懐疑的になる人，妄想的になる人，攻撃的になる人などがみられる．対応にあたっては，何より「認知症になったのではないか」と思う不安は健常者の想像を絶するもので，誰よりも一番心配なのは本人であり，苦しく，悲しいものであることに共感する必要がある．認知症の利用者には「認知症患者の特性を把握し対応する」「行動・心理症状の原因を掘り下げて考える」という2つの原則を理解したうえで，ケースバイケースで対応することが重要である．

1 物忘れ

　認知症患者では「まだご飯を戴いていません」など，すでに済んだことを繰り返し要求して対応に苦慮することが多いが，この場合には話題を変えることで「忘れる」という特性を利用する．何が事実かを争うことは得策ではなく，本人に納得してもらうことが有効である．「もう食べたでしょ」など事実を突きつければ，「私は食べさせてもらっていません」と反感を持ったり「あなた達だけで食べて私には食べさせない」と被害妄想的になったりする．「今，作っているから待っていてね」といって待たせて，待っている間に忘れてしまうことに期待するか「一緒に作るのを手伝ってください」といって食事へ集中した本人の意識を他にそらすことも有効である．また「まだご飯を戴いていません」といい出す背景を考えて「口淋しい」「自分の好物をもらえない」などの不満が背景であると思われるときには，日頃から本人の好物や軽い菓子類などを備えて置き，「今作っているから，できるまでこれで我慢してね」というなど，本人の不満を解消して機嫌をよくさせることも効果的である．

2 被害妄想

　しばしば認知症患者は「あんた財布を取ったでしょ」など被害妄想に囚われることがある．多くの場合，患者は大切な物を『なくしてしまったらいけない』という心理から，どこかにしまい込み，しまった場所を忘れていることが考えられ，使おうと思ったがみあたらないので「これは怪しい．何時も一緒にいるあんたが取ったに違いない」と疑っていると思われる．この場合には患者の心理に共感して味方である立場を明確にすることが重要で，「私，盗らないわよ」などと否定すれば，ますます疑いを深め「盗人が自分で取ったというはずがない」などと考えることになる．ここでは，「それは大変ですね，お困りでしょう一緒に探してみましょうか」などと一緒に探し，見つけても「こんな所にあるでしょう」などと自分の手柄にしないで，「こっちも探してみましょうか？」など患者が発見するように上手く誘導し，見つかったときには「あったぁ，良かった」などと患者と喜びを分かち合うことが有効である．介護者が見つけたうえで患者の不注意を非難するなどすれば「やっぱりあんたが犯人だったのでしょう」などと患者との信頼関係がますます崩れることになる．

3 見当識障害

　認知症患者には「今日は何日だったかね」などと繰り返して聞く見当識障害もみられる．質問の繰り返しは患者の不安な心理の表出で「日にち」を知りたいのではなく，今が何時で，自分が何処に居るのかが不安なのである．この場合は患者と同じ立場になり不安を取り除くことが有効である．介護者に精神的な余裕がないときなどでは決まった所に大きな日めくりカレンダーを掛け，その前へ行き患者と一緒に「今日は○日なのですね」と確認して納得してもらうことが効果的である．簡単に「今日は○日なのよ」などと正しい日にちを教えても患者の不安の解消にはつながらないので，「今日は何日だったかね」と何度でも繰り返し聞くことになる．つっけんどんな受け答えで，患者に悲しい思いをさせることは最悪な対応である．

4 人物誤認

　認知症患者が配偶者や子供に「どなたですか？」と聞く場面はしばしばみられる．新しい記憶が失われた結果で，別人（両親・兄弟・友人など）と錯誤しているのである．思い違いしている対象者が分かっていれば否定せず受け入れ，あえて訂正しないでその人物に成り切ってしまったほうがよい結果を生むこともある．また，誤認している相手が泥棒や恨みを持っている人で患者が興奮しているときには，言い争うと余計にややこしくなる．一度，患者の前から姿を消し，改めて訪れて機先を制し「ただいま．今，帰ってきました．○○です」などといって正しく認識してもらう工夫をすることが有効である．

5 異　食

　認知症患者では生ゴミや輪ゴムなど食品でない物を口に入れることがある．抑制や抑止，孤独感などが原因になっていると考えられるが，患者の健康を守る観点から異食行為がみられる場合

の対策は，まず，食べられない物や危険な物を目の届かない所や手の届かない所に収納する．また，食べ物を探すような行動がみられたら禁止するのではなく，あらかじめ用意しておいた菓子や果物などを与えて気をそらせたり，一緒に話をしながらお茶を飲んだりすることも有効である．

6 徘徊

認知症患者では入所している施設から自宅に帰ろうとして勝手に外出したり，出掛けたが家に帰る道がわからなくなったりして，むやみに徘徊することがある．

徘徊の主な理由には自分が現役と錯覚して通勤してしまう，用事を思いつき出掛けてしまう，自宅であることが認識できずに「家へ帰る」という，外の空気が吸いたい，目的もなく歩いてみたいなどが考えられる．対策としては，介護者が一緒に出掛けて季節の話題などで話をしたり，公園で休んだりして気が晴れたら帰るなどすることが有効である．しかし，徘徊は危険を伴うことがあり未然の防止や早期発見のための対策も必要である．玄関の戸にベルを仕掛ける，名札・名刺・ペンダントなどを持たせ，住所・名前・電話番号を記載しておく，地域の人に協力を要請するなどが必要である．患者がよく利用する商店街やスーパーの人などに「一人歩き」しているのを見掛けたら連絡してもらえるようあらかじめ依頼しておくことも必要になる．

認知症高齢者の問題に地域全体で取り組み，患者の生命や安全を守る主旨で「高齢者の安全を守るネットワーク」づくりをする必要もある．そして自治体，保健所，保健センター，福祉事務所，警察などの公的機関のほか，バス・タクシー会社，病院，「家族の会」などが連携して早期発見に努め，保護，アフターケアを行うことが大切である．

7 幻覚

認知症患者では「誰かが，私を襲おうと狙っている」「部屋の中に妖怪がいる」「泥棒が家に入ろうとしている」など根拠のない不安を訴えることがある．このように訴える場合には，患者は本気で怖がって騒いでいるので，「そんなことはない」と説得しても納得しない．説得するよりも安心感を抱かせるように配慮することが効果的で「大丈夫ですよ，私が一緒にいるから」「退治してしまいしょう」といった対応のほうが有効な場合が多く，「どこにも居ないじゃない」などというのは患者の不安を掻き立てる結果にしかならない．しかし，あまり繰り返すようであれば専門医に相談して精神安定剤を投与する，生活指導を受けるなどの対応が必要になる．

8 人格変化

認知症患者は意味もなく急に腹を立てて攻撃的になることがある．感情のコントロール能力が低下しているところに，さまざまな思いを上手に表現できないもどかしさが表出されたものと考えられる．この場合，冷静な対応で上手に話題を変えながら注意を別の方向に向けさせる，取り敢えずその場を離れ一定時間おいて本人が忘れるのを待つなどの対応を取ることが効果的である．介護者が平静さを失うと怒りをより増幅させることになる．もう一度，日常生活や患者を取り巻く環境を見直して原因が発見できれば，それを改めるなど適切な対応が求められる．

9 不潔行為

　認知症患者の「失禁」に伴う「不潔行為」には，排泄動作で「失敗した事実を隠したい」という心理の現れと考えられ，一般に厳しい叱責は逆効果になる．

　患者の生活リズムを把握して排便が近いと思われる時間を予測し，一緒にトイレに誘導するなど計画的に排尿・排便をコントロールする．失禁してしまったときには「チョット濡れてしまったので着替えましょうか」「新しいのに変えると気持ちがいいですよ」などといいながら介護者が平静に始末をする．介護者は「用便は健康状態」のバロメータだという理解に立って注意深く観察して，ひどい下痢，便秘，尿の出が悪いときなどには医師に相談することが大切である．

10 夜間せん妄

　認知症患者が夜起きだしてウロウロと歩いたり，幻覚を本当のように思い込んで怯えたり，興奮して錯乱状態になったりすることがある．この場合には，気が紛れるように他の部屋に誘ったり，お茶を飲ませたりすることが効果的で，一般に何時間かで落ち着く．叱るなど無理矢理静かにさせると逆効果になる．

　体調が悪いことや水分摂取不良などが原因である場合もあるので，「せん妄」がみられるときは健康状態に関してもチェックする必要がある．

11 性的行動

　認知症患者では異性介護者に触ったり，抱きついたりする行為がみられる．「厳しく叱責」したり「厳しく拒絶」したりすると患者の気持ちが高ぶってしまうので，軽く手を握って納得してもらう．大きなぬいぐるみを2人で一緒に持つなど上手く気をそらすことが有効である．

第11章　機能訓練指導員と機能訓練

A●機能訓練指導員

　指定介護老人福祉施設の人員，設備及び運営に関する基準〔平成11(1999)年3月31日厚生省令第39号〕などによれば，「機能訓練指導員は日常生活を営むのに必要な機能を改善し，又はその減退を防止するための訓練を行う能力を有すると認められる者でなければならない」とされていて，通所介護・短期入所生活介護・介護老人福祉施設では1人以上の配置が義務づけられている．また，指定居宅サービス等及び指定介護予防サービス等に関する基準について〔平成11(1999)年9月17日老企第25号厚生省老人保健福祉局企画課長通知〕によれば「訓練を行う能力を有する者とは，理学療法士，作業療法士，言語聴覚士，看護職員，柔道整復師又はあん摩マッサージ指圧師の資格を有する者とする」とされていて，これらの職種は介護保険上の機能訓練指導員として位置づけられている．

B●介護予防・機能訓練指導員認定柔道整復師

　公益社団法人日本柔道整復師会(日整)では平成18(2006)年から，2日間10時間におよぶ介護予防・機能訓練指導員認定柔道整復師講習会を開催している．ここでは全国統一の手法を用いて機能訓練評価票を基にした機能訓練実施計画書の作成および機能訓練が実施できるよう受講者に対して認定を行い，その名簿を厚生労働省に提出している．これにより，とくに地域支援事業における介護予防・日常生活支援総合事業で，根拠に基づいた質の高い機能訓練が提供できる環境が整えられている．

C●リハビリテーションと機能訓練との相違

1　リハビリテーションと機能訓練

　医学的リハビリテーションおよび高齢者の医療の確保に関する法律(旧老人保健法)での機能訓練を各法制度のうえから比較してみると考え方にやや相違がみられる．リハビリテーションにおける機能訓練ではまず疾病があり，その結果起こった障害(器官，器官系レベルでの機能障害を中心に考える)を早期に回復させる．または，残存している機能を強化して現在ある機能障害の補完をすることにより早期の社会復帰を目指すことを主要な目的としている．これに対して老人保健での機能訓練は必ずしも器官，器官系としての機能障害の存在を条件としていない．廃用症

表11・1 各法律によるリハビリテーションと機能訓練

	リハビリテーション	高齢者の医療の確保に関する法律での機能訓練	介護保険法での機能訓練
対象者	急性期から回復期への患者	概ね65歳以上で廃用症候群	要介護者で通所または施設介護中の希望者
目的	麻痺した機能の回復 ADLの自立	①本人への動議づけ ②物理的・人的な環境への働きかけ	日常生活を営むのに必要な機能の減退を防止するための訓練
中心となる課題	脳卒中による狭義の機能障害	活動制限の悪化防止・回復（ADLを含む行動全般）	寝たきり・閉じこもりの予防
担当職種	看護師 理学療法士 作業療法士 言語聴覚士	医師・保健師・理学療法士・作業療法士・言語聴覚士・ホームヘルパー・ボランティア	機能訓練指導員 （理学療法士・作業療法士・言語聴覚士・看護職員・柔道整復師・あん摩マッサージ指圧師）
期間	6ヵ月以内	取り決めはない	要介護認定期間
訓練内容	医師の指示による 理学療法プログラム 作業療法プログラム 言語療法プログラム	①集団訓練（中心） ②個別訓練 ③理学療法的訓練 ④作業療法的訓練 ⑤言語療法的訓練 ⑥レクリエーション ⑦友の会	①寝返り訓練 ②起きあがり訓練 ③座位訓練 ④立ち上がり訓練 ⑤歩行訓練 ⑥その他の日常生活活動

候群のような特定の器官に限定されない機能減退により生じている障害からの回復や，現在は特定の障害を持たないが，近い将来発生する可能性がある障害の予防も含めている．

　介護保険の機能訓練は老人保健の機能訓練の考え方に近く，単に四肢機能の「機能障害」に対するアプローチとしてではなく「障害」の構造から心身機能を全体的に理解し実施する必要がある．言い換えれば，高齢者の生活機能の減退を予防する，生活機能を向上させることによって廃用症候群や閉じこもりを防止するなど，障害のある個々の器官の機能回復を目指すよりも，生活機能全体を俯瞰して減退の防止に重点を置いた機能訓練を行うことである．このためには，地域にある機能向上訓練に有効なサービス資源を効率的，一体的に利用者に提供できる体制を確立し利用者の全般的な生活活動の活動性を向上させることで，社会活動への「参加」に必要な能力を維持・向上させ，実際に「参加」に導くことが主要な目的になる．

　多くの高齢者は，地域で自分らしく主体的に生活することを望んでおり，単に介護サービスを提供され生活の不自由が補われることを望んでいるわけではない．高齢者が自立した生活を営むための基盤である生活活動能力を向上させることにより，エンパワメント*を高め，社会を構成する一員として，社会生活に復帰し，介護される立場から介護する立場に変わることである．そしてこれこそがもっとも有効な介護予防である．

　リハビリテーションと機能訓練とは混同して理解されている場合が多く，その定義について再確認しておく必要がある．脳卒中患者を例にしてそれぞれを整理すれば表11・1のようになる．

> **MEMO**
> **エンパワメント**
> 個人が問題や課題を解決する社会的技術や能力を自分自身の力で獲得すること．社会福祉や介護での援助活動で対象者の主体性や人権などが脅かされている状況にあるとき，対象者が自立性を取り戻し影響力や支配力を回復したり発揮したりできるように援助することで，人と人とがお互いの内在する力に働きかけ合える生き生きとした関係を構築できる出会いを持つことである．単に「力を付ける」ことではなく，一人ひとりの誰にでも潜在するパワーや個性を再び生き生きと発揮させることである．

2 柔道整復師が行う機能訓練指導の特性

　柔道整復師が施術を行う接骨院などは，都市部に限らずあらゆる地域に比較的密度濃く分布しているという特長がある．さらに，業務の特性から地域と密接な関係にあり，地域住民とも良好な関係を構築している．柔道整復師は地域に密着した活動を通して地域の実状に精通しており，対象者の家庭の実状もより良く理解している場合が多い．支援を受ける者の立場に立てば，自分の実状をもっとも理解してくれている者からの支援を望むのは当然である．また，高齢者の生活機能低下の主な要因として膝痛や腰痛などの運動器に関する疼痛があげられるが，前述のように柔道整復師の本来業務は骨折などによる運動器の傷害や障害に対する施術で，これらの主要な症状は損傷部の疼痛であるため従来から疼痛に関する知識は深い．この観点から柔道整復師には機能訓練と共に訓練の障害となり得る疼痛に関しても専門的な見知に立った指導が期待されており，多職種が協働して提供するサービスで，疼痛に関して中心になって活動ができる職種であるといえる．

　介護保険の機能訓練を担当する職種の中で理学療法士および作業療法士は，前述の医学的リハビリテーションを行う職種として高い実績を誇っている．とくに，理学療法士は下肢の障害に対して，作業療法士は上肢の障害に対しての技術が優れている．しかし，多くの場合その活躍の場は各種のリハビリテーション器機を備えている医療機関内であり，そうした器機を備えていない一般公共施設や居宅での活動は少なかったと思われる．一方，前述のように高齢者の多くが地域で自分らしく主体的に生活することを望んでいるので，介護保険の機能訓練は地域の中で行われる必要がある．また，高齢者が求めている地域での生活を回復するには，身体機能の回復のみでは不十分で，地域の特性や家庭環境にまで踏み込んだ支援が必要になることは自明である．

D ●「機能訓練」の対象となる「障害」の捉え方

　機能訓練は「障害」を対象として行われるが，「障害」には心身機能上の障害，日常生活における障害，社会活動における障害などさまざまなレベルがある．「機能訓練」がどのレベルの「障害」を対象にしているかによって，訓練内容やアプローチの方法が異なってくるので，高齢者の介護予防がどのレベルの「障害」を改善の目標としているのかを正しく理解し整理しておかなければ適切に機能訓練を実施できない．

1 WHO の障害に関する分類

WHO が昭和 55(1980)年に採択した「ICIDH」の障害構造モデルでは疾患と障害を区別したうえで，障害の階層構造を明らかにした．すなわち，

1) 脳卒中による片麻痺などの(機能の)障害
2) 食事・排泄などの ADL の障害
   家事や職業上の作業能力の障害
3) 復職・家庭復帰・地域生活などに対する障害

であり，疾患そのものによる障害から社会生活における障害までを分類している．1), 2), 3) は共に「障害」という言葉を使っているが，その内容(レベル)は異なっていて 1) は生物(生命)レベルの障害である「機能・形態障害(impairment)」，2) は個人(生活)レベルの障害である「能力障害(disability)」，3) は社会(人生)レベルの障害である「社会的不利(handicap)」にあたり，その全体が「障害」である．このレベル分類を，脳卒中患者をモデルにしてあてはめてみると，

1) 脳卒中の片麻痺
   障害者の身体に生じた多くは部分的な機能障害→機能障害
2) 食事などの ADL 障害，家事や職業的動作(活動)の障害
   障害者が個人として発揮する全体的能力の低下→能力障害
3) 復職，家庭復帰，地域生活の障害
   障害者が元の職場，家庭，地域で占めていた「位置」を失うこと→社会的不利

となる．しかし，2001 年に採択された ICF では，これら「障害」という負の側面からの表現を「生活機能(functioning)」という立場からみた中立的な表現である「心身機能・構造(body functions, body structures)」「活動(activity)」「参加(participation)」という言葉に置き換え，人が生きることの全体像として捉えている．そして，それぞれに対する障害を「機能・構造障害(impairment)」「活動制限(activity limitations)」「参加制約(participation restrictions)」とし，「障害(disability)」は「生活機能」が低下した状態の包括概念としている．介護保険制度で要介護者などの高齢者に行われる機能訓練が，どのタイプの「障害」を対象としているかの考察をすれば，以下の 3 類型に分類できる．

1) 移乗動作の障害←寝返り訓練＋起きあがり訓練＋座位保持訓練
2) 移動動作の障害←立ち上がり訓練＋歩行訓練
3) ADL ＋ IADL 動作の障害←その他の日常生活活動訓練

これらは日常生活活動で必要になる動作，すなわち「活動」で，訓練は日常生活での「活動能力」を維持または再獲得する目的で行われる．言い換えれば介護保険制度の機能訓練は「活動制限(能力障害)に対して行われ参加制約を軽減させる」ものであるといえる．

2 「機能訓練」の「機能」の捉え方

疾病により引き起こされる機能障害の主要な要因に以下の 4 点があげられる．

1) 原疾患による機能障害(片麻痺・運動失調など)

表 11・2 脳血管障害患者にみられる歩行障害の分類

脳血管障害の患者の歩行では
1. 脳血管障害後遺症が重度であるために歩けない → 原疾患による機能障害
2. 足関節拘縮のために歩けない → 二次的障害
3. 健側も含めた筋力低下のために歩けない → 二次的障害
4. 重度な心疾患を持つために歩くことができない → 合併症
5. 老化による体力低下により歩くことができない → 生理的条件

  2) 二次的障害（廃用症候群など）
  3) 合併症
  4) 生理的条件（加齢に伴う老化など）
 利用者にみられる「生活機能の低下」は1つの要因から起こるものではなく，前述の障害の要因が複雑に絡み合って形成されている．機能訓練の実施にあたっては現にみられる生活機能上の障害をICFモデルに従って分析し，障害を克服するために訓練が必要になる中心的ニーズ（課題）を明確にして，ニーズに適切に対応した機能訓練を行わなければならない．歩行能力の低下を例にしてみると，その主な原因が重度な心疾患である利用者に対して歩行訓練を繰りかえしてもさらに症状が悪化するだけである．また，原因が健側の筋力低下である場合に，患側の膝関節拘縮を改善する機能訓練を行っても，健側の筋力は向上せず期待する歩行能力の回復もしない．
 脳血管障害患者にみられる歩行障害の内容を，前述した4つの観点から分類したものを**表11・2**に示す．

3 「活動制限（能力障害）」の構造

 介護保険制度での機能訓練が「活動制限」を対象としていることは前述した．機能訓練を実施するうえで必要になる「活動」の構造分析は「実行している行為」について行うもので，「潜在能力」を含めないという原則に従わなければならない．これは，生活活動上みられる制限が機能・構造障害（機能障害）に加え，その人の環境や心理的要素に深く関連していて「実行している行為」に「潜在能力」のすべてが反映されていないためである．例えば，機能・構造障害が同じ程度の人でも本人のモチベーションの有無，室内環境の整備状況，家族関係，その人の精神状態などにより「実行している行為」は大きく変化する．これは「活動制限」の状態を維持・改善する目的の機能訓練では，「機能・構造障害」そのものへのアプローチと「環境面」「心理面」からのアプローチを同時に実施する必要があることを意味している．

4 「参加制約（社会的不利）」の構造

 障害者は障害があることでさまざまな社会的不利益を被ることになる．人々は個人として地域社会・家族・職場・友人や仲間・学校・その他の社会集団に属し生活しているが，個人の心理状態や行動様式はこれらの社会関係から大きな影響を受けている．ここでいう「参加制約」はそれらの社会集団内における個人と他者あるいは個人と集団との関係によって問題が生ずる障害のことである．家族が障害を理由にして家族内での障害者の立場を低下させれば元々の家族関係が崩

れ，障害者は家族社会の中での参加が制限される．また，その様な環境（接し方）の中では本人の行動意欲（心理）も奪われる結果になり，相互依存性の関係から生活機能の低下の状態を「参加制約」から「活動制限」に発展させてしまう可能性を秘めている．

以上を考えれば活動制限の状態を維持・回復させるためのアプローチには，機能・構造障害（廃用症候群）や参加制約（人的・物理的環境整備）へのアプローチを含める必要があり，これらを個別的に行うのではなく同時並行的に行わなければならない．

E ●機能訓練指導員の業務

介護保険を利用して機能訓練指導員から機能訓練サービスを受給するには，対象者が要介護認定を申請して要介護状態に認定される必要がある．また，地域支援事業において機能訓練を受けるには要支援状態と認定されるか，基本チェックリストで介護予防・生活支援サービス事業対象者に選定される必要がある．この点が，患者自身が接骨院を選択して受診し，柔道整復師が施術の要否を判断し施術を提供する医療保険制度と大きく異なる．介護保険の給付で機能訓練のサービスが提供されるのは，要介護者である利用者が通所介護などのサービス受給を希望し，利用者の状態には機能訓練のニーズがあり，そのうえで本人が訓練を希望し居宅ケアプランに機能訓練が位置づけられた場合，または施設に入所している利用者で機能訓練のニーズがあり，本人が訓練を希望し施設ケアプランに機能訓練が位置づけられた場合に限定される．

1 通所介護でのサービス実施までの手順

通所介護で機能訓練を実施するまでの手順と担当職種の一覧は**表11・3**の①〜⑦までに示す通りである．これらの項目で機能訓練指導員が直接かかわるのは，ケアプランの原案に機能訓練が位置付けられた場合のケアカンファレンス以外にはない．前述のように通所介護などで利用者に機能訓練が提供されるのは，ケアマネジャーが作るケアプランに機能訓練が，サービスとして位置づけられた場合に限られる．このことは，普段からケアマネジャーに機能訓練指導業務への理解を深めてもらう活動を通して，機能訓練の必要性を理解してもらい適切なサービスとして位置づけてもらえるような努力が必要であることを示唆している．

2 通所介護事業所内でのサービス実施手順

前述の機能訓練が通所介護事業所内で提供するサービスに位置づけられたあとのサービス実施手順と担当職種の一覧は**表11・3**の⑧〜⑫までに示してある．

サービスを提供する過程で機能訓練の実施以外の機能訓練指導員の役割には，ケアプランから情報を読み取る作業，機能訓練アセスメント，ケアカンファレンスでの発言がある．

実際の情報読み取り作業では居宅サービス計画(1)（以下1表という）に記載されている「利用者及び家族の生活に対する意向」および「総合的な援助方針」の内容について確認し理解したうえで，居宅サービス計画(2)（以下2表という）でどのニーズに対して，どのような目的で，どのような機能訓練の依頼があったのかを確認する．この作業を通じて現場でしなければならないこ

表11・3　通所介護での機能訓練実施手順と担当職種の一覧

	項　目	担当職種	ポイント
①	利用者のアセスメント	ケアマネジャー	
②	アセスメントからの課題分析によりニーズの発見が行われる	ケアマネジャー	機能訓練のニーズがある
③	ケアプラン作成（原案）	ケアマネジャー	サービスに機能訓練が位置づけられる
④	ケアカンファレンス（サービス担当者会議）	ケアマネジャー・利用者・家族・担当者	専門的見地から発言する
⑤	ケアプランの決定	ケアマネジャー	サービスに機能訓練が位置づけられる
⑥	利用者の承諾	ケアマネジャー	利用者が機能訓練を希望する
⑦	サービス開始	サービス事業者	
⑧	機能訓練アセスメント	機能訓練指導員	アセスメント表の理解
⑨	機能訓練開始	機能訓練指導員	どのニーズに対しての機能訓練なのか（1表・2表）
⑩	機能訓練評価	機能訓練指導員	評価表の理解
⑪	ケアカンファレンス（サービス担当者会議）	機能訓練指導員および関連職種	中心課題は利用者の状態
⑫	再アセスメント	機能訓練指導員	
⑬	⑨〜⑫の行程を繰り返す		

とが明確になる．

　2表には利用者の状態と将来像からみた「長期目標」と「短期目標」とが掲げてある．機能訓練は示された目標達成に向けて実施するが，訓練内容は2表の「サービス内容」に沿ったものでなければならない．このため機能訓練指導員は常に必要な情報を1表・2表から入手する習慣をつけなければならない．柔道整復師の機能訓練として独自性を発揮するのは悪いことではないが，居宅サービス計画の方針（1表）や目標と援助内容（2表）を無視してはならない．独自性は機能訓練の実施方法や機能訓練プログラムの中で発揮されるべきものである．

F　機能訓練指導とケアカンファレンス（サービス担当者会議）

　ケアカンファレンスには，施設入所者に対するものと在宅での利用者に対するものとの2通りあるが，ここでは在宅の利用者について述べる．

　在宅の利用者に対するケアカンファレンスはケアマネジャーまたはサービス担当者からの依頼によって招集され，利用者の状態を中心議題として話し合いが行われる．出席を要請されたときには機能訓練指導員もケアチームの一員として出席しなければならないが，会議の場は医療に関する知識の吸収や他職種の専門的知識に基づいた考え方を理解するチャンスにもなるので積極的に議論に参加する．

> カンファレンスの主な開催時期
> 1. 緊急に利用者がサービス利用を希望し開催を要請した場合
> 2. 新規利用者（継続的な在宅生活を続けられていたが状態が悪化した場合）
> 3. 新規利用者（病院・施設などからの退院・退所時）
> 4. 継続利用者でサービス導入による効果が上がっていない場合
> 5. 継続利用者でサービス導入の方向性を見直す場合
> 6. 再アセスメントにより新たな問題点が発生した場合

1 ケアカンファレンスの目的

開催目的は開催時期や対象となる利用者の属性によって大きく異なるが，主要な目的は以下に示すものである．

1) ケアプラン作成の基礎となる考え方のコンセンサスを得ることが主目的となる．すなわち利用者の問題点(解決すべき課題：ニーズ)を解決に向かわせるための，具体的なチームアプローチの方法を検討する．
2) 担当職種間でサービス提供中の連携方法を確認する．

2 ケアカンファレンスの中心的な議題

ケアカンファレンスではケアの目標や疾患についての話題は取り上げず，あくまでも利用者の状態についての話題が中心になる．

ケアカンファレンスでは，以下に示すような具体的内容が議題になる．

1) 接近困難事例の対応法の統一
   サービスを提供する担当者間でばらつきのない対応法や役割の分担
2) 看護師とヘルパーの連携
   同時間帯にヘルパーと看護師によるサービスを導入する際の意思統一
   仕事の分担，効率化
3) 退院後初めてサービスを導入するときの意思統一
   退院後にスムーズなサービスを導入するための手順
   退院後の変化に遅滞なく対応するための手法や注意
4) 状態変化が起こりやすい事例で，細かいプラン変更の可能性がある場合の意思統一
5) 福祉用具導入時・住宅改修後の対応

導入した福祉用具や住宅改修の効果を検討して(福祉用具相談員・福祉用具プランナー・福祉住環境コーディネータなどの参加を促す)，今後の対応を協議する．

> ケアカンファレンスの事前収集情報の例
> 1. 利用者の状態
> 2. 利用者及び家族の生活に対する意向→1表
> 3. 医療上の問題点
> 4. ケアマネジャーが知っている悪化予測（社会的・医学的・経済的）
> 5. 利用者対応上の注意事項（ターミナルケアなどで告知されていない場合など）

3 ケアカンファレンスの開催手順

1) 会議出席の依頼状の作成（担当ケアマネジャーが作成）
2) 出席の依頼（担当ケアマネジャーが行う）
3) 検討内容の提示（原則として担当ケアマネジャーが提示するが，関連職種が検討内容を提示し開催を依頼することもできる）

出席予定者は，事前に提示された検討内容以外の利用者に関する情報も収集したうえで参加すると，会議の進行がスムーズになる．

4 ケアカンファレンスの協議事項の例

表11・4に脳梗塞のある利用者を例として協議すべき内容を示したが，ケアカンファレンスは利用者のQOL向上のために必要と思われる事柄を，各専門職がそれぞれの視点から話し合う場になる．機能訓練指導員として参加する場合で重要なポイントは，柔道整復師として専門的見知からの発言をすることであり，また，どのニーズを解決するための機能訓練かを他職種の意見などから正確に聞き取り，機能訓練実施計画書の策定や実施内容に反映させることである．

表11・4 脳梗塞のある利用者の例

目標として考えられる事項	日常生活上で解決すべき問題点として考えられる事項
再梗塞の予防に関する事項	再梗塞予防
ADL向上に関する事項	運動障害に関連したADL自立の困難
	感覚障害，運動障害，認識力の低下による転倒，骨折，皮膚損傷
	失行，失認，精神知能障害に関連した日常生活能力の低下
	言語障害に関連したコミュニケーション障害
	排尿障害，運動障害に関連した失禁，便秘
	嚥下困難に関連した食事摂取量の不足による栄養状態の低下
障害受容に関する事項	障害受容に関連した闘病意欲の低下
	患者の退院に関連した家族の受け入れ，介助能力の不足

G ● 機能訓練の評価

　機能訓練を実施するにあたっては利用者の状態像を適切に評価しなければならない．ICF の概念に基づいた評価の項目は，心身機能・構造，活動，参加，心理，環境，第三者の不利などがあげられる．また，器官の障害について評価する場合は疼痛がある部位，疼痛の程度なども含めて評価する．機能訓練での評価項目については厚生労働省からある程度の基準が示されているが，統一した評価表のフォーマットは提示されていない．

> ICF の基本概念
> ・人の健康・生活を包括的に捉えるために，視点を障害から生活機能に移した．
> ・生活機能は心身機能・構造，活動，参加という三次元であらわされ，それらが相互に影響する．
> ・生活機能のネガティブな面が ICIDH の機能障害，能力障害，社会的不利に相当する．
> ・三次元と環境因子や個人因子との相互作用として人の健康状態を捉える．

1 評価表で考慮すべき事項

a. 分類

　利用者の状態像を評価する項目は原則として ICF の概念に基づいた分類方法を採用し，心身機能・構造，活動，参加，個人因子，環境因子に沿った分類とする．この中で個人因子には，性別，人種，年齢，その他の健康状態，体力，ライフスタイル，習慣，生育歴，困難への対処方法，社会的背景，教育歴，職業，過去および現在の経験(過去や現在の人生の出来事)，全体的な行動様式，性格，個人の心理的資質，その他の特質などが含まれていて，その内容が宗教からイデオロギーまでを含み，現時点では扱いが難しいため，ICF の分類には含まれていない．しかし，利用者の状態像を示すうえで大変重要な因子であるため，心理状態のみを取り上げ「心理」とする方法も一法である．また，環境因子は 5 つの第 1 レベル分類，74 の第 2 レベル分類，その他第 3 レベル分類を合わせて，251 項目まで分類されているが利用者への支持と関係などを考慮して「住環境」や「家族への影響」などを評価することもよい方法である．

b.「活動」の評価

　介護保険における機能訓練の大きな目的が「生活活動」の維持・向上であることを考えれば，「活動」の項目に焦点を絞った評価を行うべきである．活動には ADL ばかりでなく IADL・職業上の行為・余暇活動に必要な行為・趣味・社会生活上に必要な行為などあらゆる生活行為が含まれていて，コミュニケーションにおける理解と表出までをも含む．実行状況とは毎日の実生活のなかで実行している状況(している活動)で，自宅生活だけでなく入院・入所中であれば病棟・居室棟で行われている生活の状況をあらわすものである．また，うながし，見守り，介助などの支援を受けながら実行している場合も含まれる．これらの実行している状態を評価点として示す構

表 11・5 ICF の評価の基準

評価基準	内 容	標準値に対する割合
XXX．0	問題なし（なし，存在しない，無視できる・・・）	0～4%
XXX．1	軽度の問題（わずかな，低い・・・）	5～24%
XXX．2	中程度の問題（中程度の，かなりの・・・）	25～49%
XXX．3	重度の問題（高度の，極度の・・・）	50～95%
XXX．4	完全な問題（全くの・・・）	96～100%
XXX．8	詳細不明	

＊ここでは「問題」を採用している．XXX は ICF コードを示す．

表 11・6 ICF の評価基準に対する介助内容

コード	評価表現	介助内容	具体的介助・介護内容
0	問題なし	自 立	介助，見守りなどをしないでできる場合をいう．
1	軽度問題	見守り，動作開始時に補助具が必要	介助なしでできるが，見守りが行われている．動作開始時には補助具などを使用している．
2	中程度問題	口頭指示，常時補助具が必要	見守りに加え，口頭での指示が必要であり，動作時には常に補助具が必要な場合をいう．
3	重度問題	一部介助	自分一人ではできないため，部分的に介助が行われている．
4	完全な問題	全介助	すべてを介護者が行っている．
8	詳細不明		

成概念であり，生活状況・人生への個人のかかわりの側面を表している．

　評価作業では ICF の基本概念であるポジティブな側面から，「活動」を「する活動」「している活動」「できる活動」に分けて評価し，とくに機能訓練の最終到達目標（将来の実行状況）は「する活動」に設定し，利用者が現在日常生活で実行している活動を「している活動」，訓練終了時に実行可能な活動を「できる活動」として環境因子の「促進因子」と「阻害因子」とを含めて評価することが重要である．「する活動」は将来のある時点での利用者が「している活動」に一致するものであり，機能訓練はこれを目標として実施するのである．具体的な目標となる「する活動」は利用者と機能訓練指導員との「目標」に対する意思統一に基づいて設定したうえで，作成する実施計画書に記載されていなければならない．

　評価の表現方法についてはさまざまな表記方法があるが，ICF では**表 11・5，6** のように表記され，「問題」という表現や「困難」という表現もある．また，研究結果の統計解析処理や多職種間の共通理解などのために点数化も有効な方法である．

c. 評価の基準および介助の内容

　ICF に基づく評価の基準を**表 11・5** に，介助の内容を**表 11・6** に示す．

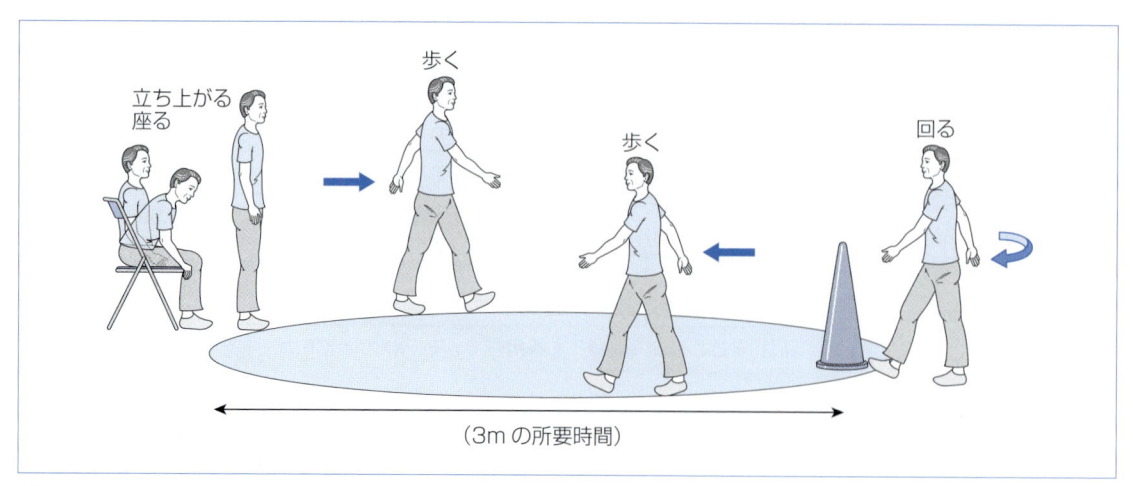

図11・1　timed up & go の計測方法

2　疼痛・姿勢バランスの評価

a. 疼　痛

❶ 疼痛の情報収集

　　利用者の訴えを信じて疼痛を過小評価したり無視したり、「全然痛そうでない」などと勝手に判断したりしない．また、不安からくる痛みもあるので十分に訴えを聞くことが重要である．「痛みについての質問用紙」などを作成して用い、痛みの部位、強さ、性質、痛みの変化、パターン、緩和要因、痛みによる日常生活の制約、痛みに関する利用者の理解について把握して、total pain であるという視点に立って情報を収集する．

❷ 痛みの強さの評価

　　痛みの強さを評価するにあたっては、利用者の条件(年齢、意識レベル、理解度)に合わせて適切な評価方法を選択することが重要である．

❸ 視覚的評価スケール visual analog scale (VAS)

　　長さ 10 cm の直線の左端の「0 cm」を痛みなし、右端の「10 cm」を今までに感じたもっとも強い痛みとして、現在の痛みが直線上のどこにあたるのかを判断し×印などでチェックしてもらい、左端からの長さを計測して記録する．

b. 姿勢バランス

　　臨床的な姿勢バランスを評価する尺度としての timed up & go test (TUG)、functional reach test (FRT)、開眼片足立ちについて述べる．どれも特別な測定機器を使用しなくても測定が可能で測定方法、信頼性、再現性など検査としての妥当性も確認されていて、機能訓練評価法として十分耐え得る検査といわれている．

❶ timed up & go test (タイムアップアンドゴー テスト)

　　椅子に座らせた被検者に、「立ち上がり、歩行して 3 m 先の目標物(パイロンなど)で方向転換し、再び 3 m 歩行して椅子に座る(図11・1)」ように指示して所要時間を測定する．通常の生活

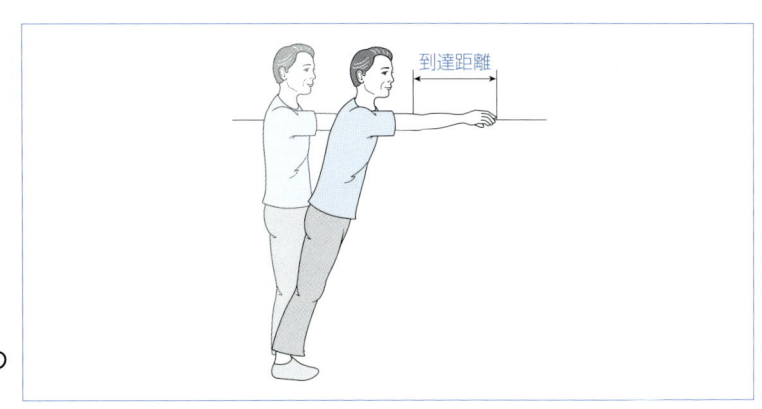

図 11・2　functional reach test の測定法

で杖や装具を使用している被検者は使用して測定する．測定は 2 回行いその最小値を代表値とする．

臀部を完全に椅子につけ，両手を膝の上に置いた姿勢からスタートする．計測者の「はい！」という掛け声を合図にスタートし，被検者にとって快適かつ安全な速度で一連の動作を行う．計測時の言葉かけは「いつもの歩いている速さで回ってください」に統一する．計測者は「はい！」といった時点から，臀部が椅子に触れるまでの時間（少数点第 1 位まで）をストップウォッチで測定する．目標物を回る方向は被検者の自由で，計測前に計測者がやり方をみせてから測定する．

a) 安全の確保

計測者は被検者の不意の転倒に備えてサポートできるように動き，着席の際には椅子の安定性を確保するために後ろで支える．

b) 測定値の目安

健常者は 10 秒以内で 20 秒が境界値と考えられ，20 秒以上かかる場合は ADL に介助を要するとされている．

❷ functional reach test（ファンクショナルリーチテスト）

被検者に肩幅程度の開脚立位で片腕を水平に前方に伸ばした開始位置をとらせ，計測者の「足を動かさないようにバランスを保ち，できるだけ前方へ手を伸ばして下さい（図 11・2）」という指示で測定を開始する．メジャーは挙上した上肢に平行に位置し，計測時には極端な股関節屈曲，体幹前屈をしないように注意して，開始位置から前方への到達距離を計測する（この際に踵が浮いてもよい）．不適切な開始姿勢の設定が計測値のばらつく原因で，初めに体幹の屈曲や捻転があると変動が大きくなる．これを防ぐには直立姿勢で両腕を水平に前方に出したとき，両手が同じ位置にあることを確認してから測定を開始する．とくに高齢で高度な円背がみられる被験者には，この傾向が強くあらわれるので注意が必要である．測定は 2 回行いその最大値を代表値とする．

a) 安全の確保

計測者は被検者の不意の転倒に備えてサポートできるような位置に立って，被検者が前方に倒

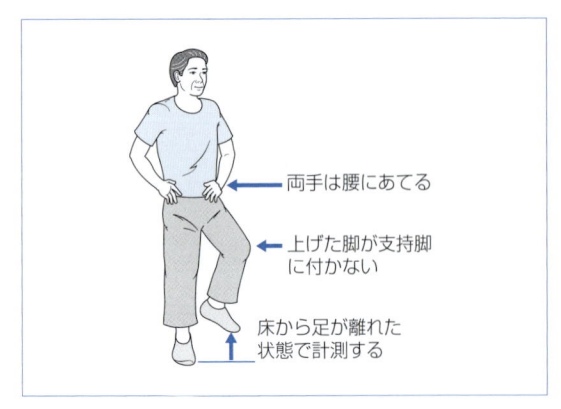

図11・3　開眼片足立ちテストの計測方法

れそうになった際にはすぐに支える.
b) 測定値の目安
　　高齢者における境界値は15 cmである．15 cm未満の場合は転倒の危険性が高い．
❸ 開眼片足立ちテスト
　　被検者は両手を腰にあて片足を持ち上げ床から離す．足は前方・後方どちらに上げてもよいが，上げた足を支持脚に付けないように注意する（**図11・3**）．説明は「目を開けたまま，この状態をできるだけ長く保ってください」に統一する．測定記録には支持脚が右か左かを記載しておき，計測者は以下に示す時点までの時間を計る．
　　1) 支持脚の位置がずれたとき．
　　2) 腰にあてた手が離れたとき．
　　3) 支持脚以外の体の一部が床に触れたとき．
　　4) 最初の姿勢が崩れた（多少のふらつきは可）とき．
a) 安全の確保
　　計測者は床やその周辺に危険がないかどうかを確認し，被検者の傍らに立って安全を確保する．バランスを崩しやすい人には，すぐに手を伸ばせるような態勢を整えておけば安全を確保できる．
b) 測定値の目安
　　要介護者では片足立ち姿勢を保持できないことが多い．その場合の測定値はゼロであるが，訓練によって測定値が数秒から5秒以上になることがある．年齢および男女別の評価の基準値を**表11・7**に示す．

H ● 個別機能訓練実施計画書

　　機能訓練を実施するに先立ち，機能訓練指導員はケアカンファレンスの合意を経てケアマネジャーが作成した1表に記載されている「利用者及び家族の生活に対する意向」「総合的な援助の方針」を理解し，2表のニーズに沿った個別機能訓練実施計画書を作成する．計画書の内容は

表11・7　評価基準値　開眼片足立ちテスト開眼起立秒数平均値

女　性	低　い	やや低い	平　均	やや高い	高　い
60～64歳	～9秒	10～28	29～84	85～120	121～
65～69歳	～5秒	6～17	18～58	59～120	121～
70～74歳	～3秒	4～10	11～29	30～90	91～
75～79歳	～2秒	3～4	5～15	16～45	46～
80～84歳	～1秒	2～3	4～13	14～35	36～
85歳以上	～1秒	2	3～11	12～30	31～

男　性	低　い	やや低い	平　均	やや高い	高　い
60～64歳	～7秒	8～27	28～110	111～180	181～
65～69歳	～7秒	8～20	21～100	101～180	181～
70～74歳	～5秒	6～12	13～45	46～120	121～
75～79歳	～3秒	4～9	10～26	27～99	100～
80～84歳	～2秒	3～5	6～18	19～43	44～
85歳以上	～2秒	3	4～13	14～33	34～

（介護予防活動研究会：介護予防実践ハンドブック，社会保険研究所，2002より）

2表の「長期目標」と「短期目標」とを実現するものでなければならず，これに沿った機能訓練を行うことになる．

　個別機能訓練実施計画は施設が統一した訓練を行うための実施計画ではなく利用者個々に対する実施計画である．そのため，画一的な計画にならないよう注意して利用者の心身機能・構造，活動，参加，個人因子，環境因子の事前評価から得られたニーズに適応する計画になっていなければならない．

　厚生労働省から機能訓練実施計画書の統一したフォーマットは提示されていないが，以下に公益社団法人日本柔道整復師会が提案している個別機能訓練実施計画書を参考にして作成した計画書の記入例（**表11・8**）を基に記入時の注意事項を述べる．

1　基本方針

　基本方針は「訓練のための訓練」や「訓練さえしていればよい」といった，機能訓練指導員が自己満足するためだけのものにならないように注意して，利用者の身体状況や環境などから判断して明確で到達可能なものを定める．また，計画の策定にあたっては「参加」レベルの目標を実現する「活動」レベルのニーズに対する目標が訓練目標の中心に設定されるよう配慮し，以下の点に注意しながら立案する．

1) 利用者が「どのような人生・生活を生きるのがよいか」の具体像を提示する．
2) 能力障害・社会的不利などマイナス面に囚われた思考にならないように，活動・参加というポジティブな視点からみた方針にする．

表11・8 個別機能訓練実施計画書記入例

個別機能訓練 実施計画書(通所介護・介護予防用)　　記入者氏名　B　　計画日 平成○年○月○日(第○回)

利用者氏名	Y	男 / ⓦ	M・T・Ⓢ 4年4月4日(○○歳)	機能訓練指導員	B
利用者住所	○○市			電話・FAX	○○○-○○○-○○○○
主治医	C	所属	Cクリニック	連絡先	○○○-○○○-○○○○

原因疾患(発症・受傷日)	合併症のコントロール状態	廃用症候群	□軽度　□中程度　□重度
右大腿骨頸部骨折(H○年○月○日)	□高血圧　□心疾患　□糖尿病 □起立性低血圧　□静脈血栓 □その他:	リハビリテーション歴	右股関節および右膝関節の可動域訓練(H○年○月○日~)

担当介護支援専門員		日常生活自立度	認知症高齢者の日常生活自立度	利き手
氏名	D	J1・J2・A1・A2・B1・B2・C1・C2	Ⅰ・Ⅱa・Ⅱb・Ⅲa・Ⅲb・Ⅳ・V	右・左

基本方針: 下肢筋力とバランス能力低下があり歩行能力が低下している. 機能訓練を実施することにより改善の可能性があり, 本人の希望する生活に近づけることができる	本人の希望: 友人と行く年3回程度の1泊旅行を楽しみにしている. 現在, 自分で下肢の衰えを感じるようになり, 歩行距離が長い旅行の参加が疎遠になりがちである. できれば以前のように場所を選ばず旅行に行けるようになりたいと希望している
リスク: 転倒の危険性がある	家族の希望: 「ひ孫」の顔を見るまでは元気ですごして欲しい」と話している
自宅訓練の計画: ①バランス向上のため椅子に座って行える「健康やわら体操」の指導 ②腰痛緩和のため自宅で行う腰痛体操の指導 ③三輪自転車による散歩を計画する. 自転車の乗り方の指導	機能訓練修了の目安・時期: 近距離の連続歩行(1km程度)で腰痛が起こらない(3ヵ月後)

	目標	到達期間	具体的アプローチ
参加[主目標]	家庭生活(家庭内の役割):腰痛が出ないで,お宮の掃除ができる	3ヵ月	ケアマネジャーが地域包括支援センターなどと相談し,センターや市町村が開催する事業に参加する機会を増やす 腰痛が出そうなときは休むなどの指導する
	対人関係:		
	主要な生活領域:		
	コミュニティーライフ:現在,通うのが楽しみな料理教室を続け,また,古い友人達との日帰り旅行ができる	3ヵ月	
活動(すべて実行状況)	① 姿勢の変換:朝起きたときの腰部鈍痛が減少	2ヵ月	腰部への低周波通電と温罨法
	② 姿勢の保持:長時間の前屈姿勢後に腰痛が出ない	3ヵ月	下肢バランス訓練,腰痛の緩和
	③ 歩行:階段昇降時に疲労感が少なくなる	3ヵ月	大腿四頭筋のストレッチ,下肢筋力トレーニング
	④ セルフケア:歯周病が悪化しない	3ヵ月	歯科医院でもらった歯間ブラシの使い方の確認
	⑤ 更衣・着脱等:		
	⑥ その他:		
心身機能・構造	基本的動作(訓練室歩行等) 長時間の歩行や長時間立っていることにより腰痛がでる	3ヵ月	機能訓練時に併せて理学療法を行う
	要素的機能(筋力低下,可動域制限,拘縮・麻痺等) 下肢筋力低下と軽度円背による体幹の運動制限	3ヵ月	機能訓練時に下肢筋力向上訓練を併せて行う
	疼痛等 腰背部に鈍痛	3ヵ月	自宅で腰痛体操を行う
その他	心理・環境・家族などへの影響		

週間計画	月	火	水	木	金	土	日
訓練日に○		○			○		

説明者: ○○○○	本人署名		家族署名	○○○○
本人・家族への説明　H○○年○○月○○日				

3) 目の前にある問題点への直接的な解決や対応に留めず，個々の利用者の生活活動状態が基盤になり，生活の改善につながるきわめて具体的なものにする．
4) 利用者の希望する生活活動から導き出されたニーズに添って，到達地点が明確で可能な目標に向かっての方針となるようにする．

■ 基本方針の例
1) 屋外での活動を増やし多くの人との交流の場に参加できるように歩行能力を向上させる．
2) 自宅内での杖歩行移動は可能なので，徒歩5分程度の距離は車椅子介助から見守りによる杖または歩行補助車を使用しての歩行が可能になるようにする．この目標を実現するために，下肢筋力の強化，杖を使用したときの姿勢バランスの取り方を中心にして機能訓練を行う．

2 本人の希望・家族の希望

しばしば利用者本人と家族の希望が異なる場合がみられるので，個別に各々の考えや意思を確認する．ただし，表面的な要望だけに目を奪われ，表現された希望（デマンド＝要求・希望）の裏側に隠された真のニーズ（必要＝利用者が本当に必要としている客観的な課題）を掴み取れなければ，適切な個別機能訓練計画を策定できない．

a. 本人の希望の例
1) 毎朝出掛けて近所の喫茶店のモーニングサービスを利用し，顔馴染みの人達との交流や楽しい会話を通して，地域社会の一員であることを実感したい．
2) 自分の事は自分で行い，妻に大きな負担を掛けていないことをみてもらい，遠方で生活している子供たちに心配をかけたくない．

b. 家族の希望の例
1) ひ孫の顔をみるまでは元気に生活を続けてほしい．
2) 以前のように家族の夕食の用意ができるようになってほしい．

3 リスク

利用者の既往症などから判断して発症の危険性のある疾患にみられる身体症状について記入する．

■ リスクの例
1) 既往歴に心筋梗塞があり，左背部〜左上肢に疼痛を訴える場合は心筋梗塞の放散痛の疑いがあるので早急に医師の診察を受ける．
2) 起立性低血圧がみられるので，立ち上がり時の転倒に注意する．

4 自宅訓練の計画

サービス事業所や地域支援事業で提供される機能訓練を受け，目標としていた生活機能を一時的に獲得できたとしても，運動を継続していないと再び低下し目標とする生活活動の遂行が不可能になる．これを防止するには訓練期間中に自宅で本人や介護者の監視下でできる運動法を提示

し並行して実施させて，運動習慣を身につけさせることが必須である．このとき提示した運動法が安全で効果的に実施できるよう十分な指導を行わなければならず，過度な訓練や誤った方法での実施は，かえって障害を発生させる危険を伴うことも明確に伝えておかなければならない．自宅訓練はメニューの提供だけでは不十分で，同時に正しく実施されているかどうかのモニタリングも行う．

■ 自宅訓練の例

それぞれ200gの鉛バンドを左右の足関節に装着して椅子に腰掛け，左右膝関節を交互に屈曲伸展する運動を1日10回ゆっくりとしたスピードで行う．

5 機能訓練終了の目安・時期

機能訓練を終了とする判断の目安となる生活機能の状態と具体的な日程を記入する．

6 参加＝主目標

利用者が期待する生活改善への意向に沿っていて，運動器の機能向上で変化する具体的な生活内容を到達時期と共に明記する．ここで掲げた改善への意向は「どのような人生を過ごしたいのか」をもっとも重視した参加レベルの目標になり，現在の生活機能や疾患の予後から判断して実現可能なものでなければならない．参加レベルの目標に対する具体的アプローチでは，機能訓練指導員が単独で対応できる場合とケアマネジャーなどの支援が不可欠な場合とがあり，とくに後者では密接な連携が必要になる．

a. 家庭生活（家庭内の役割）

買物，家事，調理などの日常生活への参加目標．他者への肉体的・精神的援助を含む．

■ 家庭生活の目標例

1) 生活必需品を近所のスーパーで購入するために1日置きに杖歩行で出掛ける．
2) 家族の帰宅を玄関まで出向き笑顔で迎えられるようにする．

b. 対人関係（一般的な対人関係・特別な対人関係）

状況に合った社会的に適切な方法を用いて，いろいろな人と基本的で複雑な相互関係を持つために必要とされる行為や課題の遂行．

■ 対人関係の目標例

1) 近所の喫茶店に毎朝出掛け，モーニングサービスを利用して近隣の人との交流を深め，親しい友人を作りたい．
2) 生き生きとした生活を続け，相談相手になるなど家族の精神的な支柱になりたい．

c. 主要な生活領域

教育，仕事と雇用に関して，経済的取引を行うために必要とされる課題や行為に従事または遂行する．一般的にはどのような形での復職・仕事内容にするのかの具体的目標

■ 主要な生活領域の目標例

混雑を避けた時間帯を選んで職場に通勤して，椅子に腰掛けてできるコンピューターを使った経理業務などで復職したい．

d. コミュニティライフ・社会生活・市民生活

家族外での組織化された分野に参加するのに必要な行為や課題

■ 社会生活の目標例
1) 週1回の編物教室に参加して家族のセータを編んであげたい．
2) 月1回，映画館に出掛け最近封切られた映画を鑑賞したい．
3) 町内会の役員を引き受け，役員同士の交流や町内の人の役に立ちたい．

7 活動＝すべて実行状況

個別機能訓練評価で抽出されたニーズについて目標達成時に「している活動」で記載する．活動の目標に設定する内容は，セルフケア，姿勢の保持・変換，歩行，移動，生活用具の操作，更衣・着脱など，コミュニケーションなど「参加」レベルの目標を達成するために必要なニーズに関するものである．

具体的アプローチの項には目標に設定されたニーズを解決するために行う具体的な訓練内容，対象となる器官や器官系，適用する施術の内容を記載する．

■ 活動の目標例
1) 歩行：杖を使って自分一人で庭に出ることができる．
2) 姿勢の保持：歩行補助具を使用して両足で立位を保つことができる．
3) セルフケア：歯ブラシを使って自分で歯を磨き口腔内の清潔が保持できる．

8 心身機能・構造

心身機能とは心理的機能を含んだ身体系の生理的機能のことで，精神機能，感覚機能と痛み，音声と発話など人間としての活動を支える機能をいい，視覚・聴覚のような基本的感覚を含める．身体構造とは器官，肢体とその構成部分をいい，身体系の生理的機能を実現するための構造で，神経系，目や耳などの関連部位，音声とかかわる構造などがある．両者を心身機能・構造と略して標記する．

この項では個別機能訓練評価で抽出された心身機能・構造に関するニーズ（機能障害によって起こる生活上のニーズ）が，訓練終了時にどのような状態になること（生活上のニーズの改善に寄与する機能障害の改善）を目指しているかを目標として掲げる．目標および具体的アプローチは基本的動作，要素的動作，疼痛などに分けて記載する．

1) 基本的動作：立位保持，訓練室歩行など利用者が訓練によって獲得する具体的な目標を記入する．
2) 要素的機能：筋力低下，関節可動域制限，拘縮，麻痺など利用者が獲得を目指している基本的動作を実現するためにアプローチが必要な要素（課題となる点）を記入する．
3) 疼痛など：訓練実施の障害となる症状や訓練によって出現する症状などを記入する．

9 その他

利用者の心理状態，利用者を取り巻く生活環境や社会環境，利用者の障害が家族の生活へ与え

る負担感，家族の利用者に対する憎悪や排除の心理等が，利用者が受ける機能訓練の効果を左右すると考えられる場合に，その影響を促進因子と阻害因子の両面から分析し，分析結果から導かれる具体的なアプローチ法などを記載する．

a. 心　理

利用者が機能障害ばかりに囚われ，その改善に固執するあまり思考停止状態に陥ると，生活者として必要な活動に目が向かなくなる．こうした思考法から脱却して障害を自分の個性の1つと思うなど，障害を容認しながらでも可能になる具体的な日常生活活動の目標を立てられる目標志向的な思考法に導く支援をする．そして，生活機能の訓練をすることで必要な日常生活活動能力が獲得できれば，個々の機能障害は克服できるという心理状態に導くことが重要である．

■ 心理面での目標の例

基本方針と同様に利用者が「機能訓練さえしていれば何とかなる」などとの心理的切迫，強迫観念や思考停止などの心理状態に陥らない様に配慮し，解決への具体的方向性を提示することで心理的な安寧を図る．

b. 環　境

環境とは個人の生活機能に影響を及ぼす外的・外在的なあらゆる側面を意味している．一般的な環境と考えられている物的環境(支援機器，住宅など)，人的環境(家族・介護者など)だけでなく，制度的環境(法制度，行政や医療，介護，福祉などの各種サービス)までをも含む非常に広い概念であり，それらの環境が利用者の「活動」「参加」レベルに阻害する因子として働くのか，促進する因子として働くのかを検討する．

機能訓練に直接関連する環境課題では，改善への具体的アプローチはケアマネジャーの活動に負うところが大きく，機能訓練指導員は的確な情報提供などケアチームの一員としての活動が中心になる．

c. 家族等への影響

家族内では利用者の障害が周囲の人々に悪影響を与え，更に人々に与えた悪影響が本人にフィードバックされるという悪循環が形成されやすい．とりわけ，家族間での悪循環は利用者との距離が近い分，日常生活活動を大きく阻害する要素になりやすいので，悪循環に陥らないよう十分に腐心する必要がある．この項では機能訓練への家族の協力や自宅運動での安全確保の協力などに関するニーズに対する目標，利用者の障害が家族の心理や生活に悪影響を与えないようにする目標などを設定する．

I ●機能訓練指導員の保持すべき知識・能力

厚生労働省は通所介護事業所内，介護老人保健施設内で行われる機能訓練に関して，実施する職種，時間，単位，機能訓練の種類を除いて詳細な規定をしていない．以下，規定にはないがこれらの施設で機能訓練指導員が機能訓練を実施する場合に，保持していなければならないと思われる知識や能力につて述べる．

1 利用者像の理解

　機能訓練指導員はケアマネジャーから提供される「利用者基本情報」や1表および2表から利用者の環境，身体状況，ニーズなど利用者の状態像を正確に把握し，状態像から判断してもっとも効果が高いと考えられる機能訓練実施計画を立案する．以下に，提供された諸表から読み取り，理解しておくべき具体的な項目を示す．

1) 「利用者基本情報」から利用者の置かれている環境や身体状況を理解する．
2) 1表から「利用者及び家族の生活に対する意向」を読み取る．
3) 1表からケアプランの「総合的な援助の方針（ケアチームの）」を理解する．
4) 2表から機能訓練が「どのニーズのために位置付けられたサービスなのか」「実施が求められている訓練内容は何か」について理解する．
5) 2表から抽出したニーズを解決するための「長期目標」「短期目標」を理解する．

2 機能訓練指導員に必要な能力

　機能訓練指導員は機能訓練に関して利用者が抱えている真の「ニーズ」を抽出し，「ニーズ」の解決に向けた適切な機能訓練実施計画を立案する能力を保持していなければならない．また，利用者が日常生活で利用している他のサービスと機能訓練とを有機的に機能させるために，サービスを導入する目的，導入したときの改善効果，導入に伴い訓練方法を変更する必要性の有無などを検討し，より導入効果を高める計画の立案が求められる．この目的の遂行には少なくとも以下の能力が必要になる．

1) 「ニーズ」の意味を理解し真のニーズを抽出する．
2) 機能訓練とリハビリテーションとの相違を理解したうえで機能訓練を実施する．
3) ケアカンファレンスで他職種からの意見を聞き機能訓練に反映させる．
4) 機能訓練が「寝たきり」にさせないことを目的にしていることを理解している．
　（寝たきりなのか寝かせきりなのかを見分けられる能力）．
5) 福祉用具について理解し使用している福祉用具が適切かどうかを判断できる．
6) 住宅改修について理解し居住空間の問題を判断できる．

3 「寝たきり」か「寝かせきり」か

　高齢者の「寝たきり」は本人のQOLを損なうばかりか，家族や国民全体にとっても大きな損失になる．従来，わが国では脳卒中の発作が起きた場合に安静第一が治療の基本と考えられてきたが，リハビリテーション医学の進歩に伴い早期のリハビリテーション開始が有効なことが明らかになってきた．柔道整復師も下肢の骨折や脊椎の骨折などに「安静」と称して，患者を必要な期間「寝かせる」ことを治療の1つとしてきた．この影響は若年者では比較的小さく，旺盛な回復力によって従前の生活に戻ることに多くの困難を伴わない．しかし，高齢者では何らかの原因で1週間寝込んだだけで極端に筋力が低下し，体力が衰えるため起き上がろうとする意欲が失われることは珍しくない．甚だしい場合には点滴注射を受けるための臥床が続くだけで筋力が衰え

る場合もある．

　介護者の立場からみると，じっと寝かせておく方が手間もかからず楽であり，本人も寝ている方が楽であると思いがちで「寝かせきり」の状態が容認されることになる．こうした錯覚は「寝かせきり」状態が孕んでいる危険性への配慮が欠けている結果から起こる．「寝かせきり」は肺炎，褥瘡，認知症の発症や進行などさまざまな疾病を合併させる原因となり，「寝かせる」原因となった疾患が回復すれば「起きられるようになるだろう」との期待を裏切り，簡単に「寝たきり」状態に移行する．このように「寝たきり」の多くが「寝かせきり」を原因としていることを理解しておく必要がある．

　「寝たきり」とさせないためには ADL を常に維持することが重要で，風邪や怪我でも素早く治療して安静期間を短縮することを心がけなければならない．また，高齢者の骨折などの治療で安静が必要な場合には，可能な限り局所の安静にとどめ，全身的な安静は求めず可能な ADL は継続させる工夫が必要である．「寝たきり」にさせないためには早期に機能訓練を開始する必要があり，ベッド上にいる期間でも回復後を想定して筋力を維持するなどの機能訓練を実施する．

4 可逆的要素のチェック

　医学などの自然科学や経済学などの社会科学に横断的なリスク概念はない．介護分野の機能訓練では一定の損害（怪我や疾病の悪化など）を想定して，その発生する可能性や発生の確率をリスクと捉えている．これによれば，機能訓練の現場ではリスクをゼロにすることは困難であるといえるが，リスク要因を知り適切な対策を実施すれば限りなくゼロに近づけることは可能である．高齢者のリスク要因の多くが適切な対策を講じ得る可逆的な要素であり，事前のアセスメントで把握すると共に危機管理上，機能訓練に伴う悪化を予測しておけばリスクを低下させられる．

　可逆的な要素は①医学/身体的な問題，②心理社会的問題，③環境的問題の3つに分類（**表11・9**）してチェックして，関連職種内で情報を共有し連携に役立てる．「②心理社会的問題」「③環境的問題」は柔道整復師に馴染みの薄い項目だが，途中で妨げられずに継続して機能訓練を行い，効果を得るためには重要な項目である．チェックされた項目がある場合は，悪化を予測してリスクを回避する必要がある．

5 危機管理

　リスクマネジメント（risk management）とは組織的にリスクを管理して，損失などの回避または低減を図るプロセスをいう．ここでは機能訓練指導員としてのリスクマネジメントについて解説する．

a．リスクマネジメントとは

　リスクマネジメントはリスクファイナンスとリスクコントロールで構成される．
　1) リスクファイナンス：保険で起こったリスクを保証すること
　2) リスクコントロール：リスクを予防する活動など
　リスクファイナンスは施設が加入している介護サービスに関する損害保険（賠償責任保険など）で対応するもので，機能訓練指導員の立場では訓練活動を行う前に各施設で加入しているかどう

表 11・9　可逆的要素のチェック項目

	1. 医療／身体的な問題				
①	慢性疾患の急性進行	□（疾患名：　　　）	⑩	感染症	□（病名：　　　）
②	関節炎の存在	□（部位：　　　）	⑪	栄養障害	□（病名：　　　）
③	うっ血性心不全（CHP）	□（いつから：　　　）	⑫	痛み	□（部位：　　　）
④	冠状動脈疾患	□（いつから：　　　）	⑬	パーキンソン病である	□（特記事項：　　　）
⑤	脱水	□（いつから：　　　）	⑭	服薬が管理されていない	△
⑥	せん妄	□（いつから：　　　）	⑮	甲状腺疾患	□（特記事項：　　　）
⑦	認知症がある	○（特記事項：　　　）	⑯	不安定な状態又は急性期	□（特記事項：　　　）
⑧	肺気腫・慢性閉塞性肺疾患	□（いつから：　　　）	⑰	視覚障害	□（病名：　　　）
⑨	骨折	□（部位：　　　）			
	2. 心理社会的問題				
①	問題行動がある	○（特記事項：　　　）	⑤	精神科疾患の存在	□△（病名：　　　）
②	うつ状態である	□△（特記事項：　　　）	⑥	独居である又は家族関係が悪い	□（特記事項：　　　）
③	治療計画が守られていない	□△（特記事項：　　　）	⑦	薬物の副作用の危険性がある	△（薬剤名：　　　）
④	身体抑制を受けている	□（特記事項：　　　）	⑧	1ヵ月以内に入院歴がある	□（病院名：　　　）
	3. 環境的問題				
①	玄関の段差が 180 mm 以上ある	▽（特記事項：　　　）	⑧	トイレが和式である	▽（特記事項：　　　）
②	玄関に手すりを設置していない	▽（特記事項：　　　）	⑨	トイレ内に手すりを設置していない	▽（特記事項：　　　）
③	玄関の材質が滑りやすい	▽（特記事項：　　　）	⑩	階段があり，それを利用している	▽（特記事項：　　　）
④	浴槽が和式又は洋式である	▽（特記事項：　　　）	⑪	蒲団で寝ている	▽（特記事項：　　　）
⑤	浴室内に段差がある	▽（特記事項：　　　）	⑫	動線上に物が置いてある	▽（特記事項：　　　）
⑥	浴室内に手すりを設置していない	▽（特記事項：　　　）	⑬	カーペットが敷いてある	▽（特記事項：　　　）
⑦	浴槽と床の段差 400 mm 以上である	▽（特記事項：　　　）			

□（疾患名をチェックし，医師・ケアマネジャーへの相談）　○（集団訓練のみ又は行えない）
△（薬剤に関して注意）　▽（住環境）

かを確認する必要がある．

　リスクコントロールは発生する可能性のあるリスク（悪化予測・アクシデントなど）を，あらかじめ想定して予防することで，悪化予測については前述の「4 可逆的要素のチェック」を参考にして危険性を考察する．利用者の疾患を認識していれば悪化はある程度予測できるが，健常者と異なり高齢者や障害者には予期せぬ事態が発生することがあるので細心の注意が必要になる．

　リスクマネジメントは前述の両者を合わせて実施して初めて可能になる．

b. リスクマネジメントの手順

❶ リスクコントロール

a）リスクの認識（リスクアセスメント）

　1）現在どの様な疾患があり，疾患に伴うどの様なリスクが存在するのか？
　2）今後どの様なリスクの発生が考えられるか？
　3）どの程度リスクが発生する危険性があるのか？

を明確にする．

　リスクを認識していることが大変重要であり，認識がなければ対策を講じることもできない．また，不十分な認識は不十分な対応につながり，訓練中の事故発生率を飛躍的に高くする．自分の得意分野，不得意分野にかかわらず満遍なくリスクに関する認識を高めておく必要がある．

b) リスクの予防
　　1) リスク発生の経緯はどのようなものか？
　　2) リスクを防止するにはどうしたらよいのか？ etc.
　リスクマネジメントを考えるとき，リスク発生後の対応に注目が集中する傾向にあるが，もっとも重要な点はリスクの発生を未然に防ぐことであり，このためには以下の4項目が必要である．
　　ⅰ) 利用者の状態や疾病によって起こり得るリスクに対しての知識を蓄える．
　　ⅱ)「リスクは常に起こり得るもの」としたリスクに対する意識を高める．
　　ⅲ) 未然に防ぐためのマニュアルを作る．
　　ⅳ) 訓練を行う側がマニュアルに従ったシミュレーションなどで予防技術を体得する．

❷ 発生したリスクへの対応
a) リスク発生時の対応
　　1) リスク発生時に最優先で行うことは何か？
　　2) 対応する順序，方法はどうするのか？ etc.
　リスク発生時の対応マニュアルは「ヒヤリハット事例」の報告や検討を通して，施設内での起こりやすいリスクを分析すると共に前述の要素を踏まえて作成し，リスク発生時にはマニュアルに従った対応を徹底させることが重要である．発生時は冷静さが失われ複雑な思考を伴う判断や臨機応変な判断が不可能になるので，リスクから何を最優先で守るのか必要最小限度の内容をマニュアルで決める．また，マニュアルに従った訓練を日頃から行うと共に継続してマニュアルの見直し作業を行うことも重要である．

b) リスク発生後の対応
　　1) リスクが発生すると何が起こるのか？
　　2) リスクの影響はどのように波及するのか？
　　3) リスクから何をどのような順序で守るのか？
　　4) リスクの波及をどのように食い止めるのか？ etc.
　リスクは時間が経過するのに従って拡大するので，日頃から発生後の対応マニュアルに沿って徹底した訓練を実施し，迅速な対応ができるように準備する．また，瞬時にリスクの程度が把握できない場合は最大限のレベルとして対応し，損害の程度が判明するのに従って適切な規模の対応へと移行していく．

　ほとんどのケースで利用者の既往情報からだけで急激な変化を正確に予想することは困難である．しかし，リスク発生の危険がある利用者の機能訓練を実施する場合には，ケアカンファレンスに参加して得たリスク情報を正しく認識して，ニーズの解決だけに囚われずにリスク予防の観点も反映させた機能訓練実施計画を立案すると共に適切に実施することが重要である．機能訓練

表 11・10 脳卒中で心疾患を持つ患者を対象にした運動療法実施のための基準

1	安静時脈拍が 100 回 / 分以上では訓練をしない.
2	訓練中, 息切れ, めまい, 宙に浮いた感じ, 胸部痛, チアノーゼが出現した場合は訓練を中止する.
3	訓練中, 脈拍数が 135〜140 回 / 分を超えるか, または不整脈が出現した場合は訓練を中止する.
4	訓練後, 2 分間の休息で脈拍が訓練前の値＋10 回 / 分以下に戻らない場合は訓練を中止する.
5	徒手抵抗訓練は, 四肢を対象とする場合は各肢に分けて行うこと, 訓練中および訓練 2 分後の脈拍をとり上記の基準に応ずる.
6	患者歩行時は, 歩行開始直後と訓練後 2 分の脈拍をとる.
7	両側性の四肢訓練あるいは体幹の訓練の際には, 10 分おきに休息を与える. そして脈拍をとり, さらに 2 分後に脈拍をチェックする.
8	もし不整脈がある場合は, 脈拍を 15 秒でなく 30 秒とり, 心尖拍動部においても測定する.

表 11・11 機能訓練非対象者の基準

1	安静期脈拍 120 回 / 分以上
2	拡張期血圧 120 mmHg 以上
3	収縮期血圧 200 mmHg 以上
4	現在, 労作狭心症を有するもの
5	新鮮心筋梗塞 1 ヵ月以内のもの
6	うっ血性心不全の所見の明らかなもの
7	心房細動以外の著しい不整脈
8	訓練前にすでに動悸, 息切れのあるもの

表 11・12 機能訓練を中止する基準

1	訓練中, 中等度の呼吸困難, めまい, 嘔気, 狭心痛などが出現した場合
2	訓練中, 脈拍数 140 回 / 分を超えた場合
3	訓練中, 1 分間に 10 回以上の期外収縮が出現するか, または頻脈性不整脈（心房細動, 上室性または心室性頻脈など）あるいは, 徐脈が出現した場合
4	訓練中, 収縮期血圧が 40 mmHg 以上または拡張期血圧が 20 mmHg 以上上昇した場合

　指導員は機能訓練の専門職として十分な知識に基づいた適切な判断が求められ，訓練中に発生した事故では責任を回避することはできない.

❸ リスク対策からみた運動療法実施のための基準

　表 11・10 に脳卒中で心疾患を持つ患者を例にして，リスク対策の観点からみた運動療法実施のための基準（土肥豊による Anderson 基準の改訂）を示す.

a) 行わないほうがよい場合

　高血圧症や心疾患を有する利用者が表 11・11 の項目のいずれかに該当する場合は機能訓練を実施しない方がよい.

b) 途中で中止する場合

　機能訓練中の利用者に表 11・12 の項目のいずれかに該当する症状が現れた場合には，訓練を中止し利用者に安静を指示すると共に看護師または医師に連絡するなど危機管理マニュアルに

表 11・13　機能訓練を一時中止する基準

1	脈拍数が運動前の 130％を超えた場合．ただし，2分間の安静で 110％以下に戻らない場合は，以後の訓練は中止するか，または，きわめて軽労作のものに切り替える．
2	脈拍数が 120 回／分を超えた場合
3	軽い動悸，息切れを訴えた場合

表 11・14　心疾患か否かの簡単な鑑別点

	正常者	心疾患がある対象者
運動後の脈拍	脈拍数が 10～20 回/分程度の増加	脈拍数が 30 回/分以上の増加
最大血圧の上昇	収縮期血圧が 20～40 mmHg 以下の増加	収縮期血圧が変化しない
最小血圧の上昇	拡張期血圧が 10 mmHg 以下の増加	拡張期血圧が上昇する
回復時間	運動後 3 分には運動前に戻る	運動前の値に戻るのに 5 分以上が必要

立位で踵が臀部につくまで膝の屈伸運動を 2 秒に 1 回の割合で 20 回行わせる．

従って適切に行動する．

c）一時中止し回復後に再開する場合

　　機能訓練中の利用者に**表 11・13**の項目のいずれかに該当する症状が現れた場合には，訓練を一時中止すると共に利用者に安静を指示して回復状況を確認する．運動可能な状態に回復した場合は訓練を再開するが，回復が順調でない場合は看護師または医師に連絡するなど危機管理マニュアルに従って適切に行動する．

c. 疾患・症候とリスク

❶ 心疾患か否かの簡単な鑑別

　　表 11・14に心疾患か否かの簡単な鑑別基準を示す．

❷ 糖尿病を持つ患者を対象にした運動療法実施のための基準

　　食事後の血糖値上昇は 1～1.5 時間でピークに達し，この間の運動は血糖値の上昇を抑える効果があるので，糖尿病患者の運動療法は食後 0.5～2 時間に行うのがよいとされている．しかし，利用者が経口血糖降下薬やインスリンを投与されている場合には，運動により低血糖を起こす危険があるので，機能訓練を目的とした運動指導でも低血糖徴候の出現を見逃さないように注意深い観察が必要である．また，低血糖発作に備えて角砂糖やブドウ糖液などを用意して直ちに対応ができるようにしておく．**表 11・15**にインスリン注射後にみられる急性低血糖症状を示す．

❸ 痙攣発作

　　利用者の中に脳血管疾患に伴う痙攣発作(てんかん)で，抗痙攣薬を投与されている者が含まれている場合があるので情報を職員間で共有する．痙攣発作は疲労の蓄積との関連性が認められ，発作の始まりは四肢(とくに麻痺側)の一部からが多い．訓練を行うかどうかや訓練の内容は，当日，聞き取りや注意深い観察を通して利用者の状態をよく把握してから決める．発作がみられた

表11・15 インスリン静注後の低血糖による症状の進展

血糖値（mg/dL）	症状および所見
90〜	副交感神経刺激症状 （空腹感，悪心，あくび，徐脈，軽い血圧低下）
70〜	大脳機能低下 （傾眠，あくび，倦怠，自発言語の減少，計算不能，記憶減退）
50〜	交感神経刺激症状 （収縮期血圧上昇，頻脈，過呼吸，発汗）
30〜	低血糖性昏睡 （全身痙攣，昏睡）
10〜	生命の危険

（Sussman，1963）

表11・16 転倒のリスク要因

	循環系の異常		神経系の異常		転倒の原因となりやすい薬物
1	低酸素血症	1	パーキンソニズム	1	睡眠薬・精神安定薬・抗不安薬
2	起立性低血圧	2	脊髄後索障害	2	抗うつ薬
3	低血糖	3	末梢性ニューロパチー	3	その他の抗精神病薬
		4	てんかん	4	降圧利尿薬
		5	小脳障害	5	その他の降圧薬および血管拡張薬
		6	ミオパチー	6	非ステロイド鎮痛消炎薬
		7	片麻痺（脳血管障害）	7	強心薬など心疾患治療薬
				8	抗痙攣薬
				9	抗パーキンソン病薬
				10	鉄剤

ら，まず利用者を安静にし，気道確保をしたうえで救急車の出動要請などの適切な対応を行う．

❹ 脱水状態・熱中症

　脱水による体重減少率とみられる症状とには，減少率4％で運動抑制が，6％で体温上昇・手足の震えが，10％で筋痙攣・失神・腎機能不全がみられるという関係がある．

　脱水状態には意識消失や血栓形成を伴う危険性があり，とくに利尿作用のある降圧薬の投与を受けている利用者は訓練中に脱水を起こす危険性が高いので，利用者情報を職員間で共有すると共に，実施担当者は利用者の状態変化を注意深く観察する．

　脱水状態を起こすことが多い熱中症は年齢，健康状態，運動習慣の有無，疲労，睡眠不足，二日酔いなどが大きな発生因子となる．また，気温30℃以上，湿度80％以上，無風状態，屋内といった環境下では体熱を十分に放散できず，運動中に熱中症が発生する危険性を高くする．この目安は健康成人を想定したもので，幼小児や高齢者は年齢による影響に配慮した良好な環境を整えたうえで訓練を行う必要がある．

❺ 転倒予防

　高齢者は転倒による骨折や転倒経験に起因する不安感から極端に活動性が低下することがあり，転倒が高齢者を寝たきり状態にする大きな要因の1つになっている．**表11・16**に転倒のリスク要因となる疾患や投与薬剤を示すが，運動指導にあたっては転倒リスクの要因となる利用者の情報を職員間で共有すると共に，機能訓練担当者は転倒のメカニズムを理解して予防に努めなければならない．

❻ 疲労度のコントロール（over use）

　過労は体調不良や感染の危険性を高める要因の1つである．利用者に腎不全・コントロールの悪い糖尿病・肝機能障害・低血圧などの疾患がある場合には，疲労度が高くなる傾向がみられるので訓練が過労につながらないよう注意する．訓練直後に疲労感を訴えても正常な反応で問題にならないが，数時間の休息後まで残る疲労や，翌朝まで疲労感が続くような場合は，負荷した運動量が適切でなかったものと判断でき，訓練時間を短縮するか強度を低下させる必要がある．しかし，利用者の中には良くなりたい一心から疲労していることを隠してまで過剰な訓練をする者もいれば，逆に疲労感を誇張して訴えることで意欲がないことを隠す者もいるので，担当者は利用者の普段の状態と比較するなどして疲労の度合いを総合的に判断する必要がある．

❼ 骨折・関節痛の危険

　片麻痺患者の麻痺側は骨の粗鬆化が進行していて，訓練によって骨折を起こすこともある．また，そうした利用者は姿勢や歩行が不安定で，わずかな段差につまずくなど転倒の危険性も高く，転倒による骨折発生の頻度も高い．一方，関節リウマチは関節炎に伴う関節痛が主症状で，パーキンソン病の特有な姿勢は腰部・膝部に疼痛を発生させる原因にもなっていて，これらの疼痛は運動により増悪する傾向があり訓練の障害になる．

　機能訓練では利用者の疾病情報を職員間で共有し，骨折発生の危険性や疼痛の影響を考慮した無理のない実施計画の立案や障害の発生につながりにくい運動種目を選択するなど，安全に継続して訓練が実施できるように配慮する．

❽ 褥瘡の悪化と発生の危険

　利用者の褥瘡の有無は機能訓練を開始する前に必ず確認して，部位，大きさ，深達度，感染の有無，疼痛の有無など褥瘡部の情報を職員間で共有する．

　踵部に褥瘡のある人が短下肢装具を装着して訓練を行うと増悪させる危険性があり，褥瘡のない人でも装具の使用法が不適切であれば褥瘡を発生させる．坐骨部に褥瘡のある人が車椅子上で長時間生活する場合や，座位で長時間の訓練を行う場合には，褥瘡を悪化させないよう注意する必要がある．褥瘡のない人でも虚弱な人の場合には褥瘡の発生を考慮して注意を怠らない．また，感染の危険性が高い褥瘡部の管理には看護師など専門職との連携が必要である．

　褥瘡は局所の圧迫と血流の低下が最大の原因で，利用者が仙骨部や踵骨部など血流の少ない部位に疼痛を訴える場合は褥瘡が発生する可能性が高く，必ず局所を観察して状態を確認しなければならない．褥瘡は発生させないことがもっとも重要である．

❾ 感染症の感染経路（保菌者）としての危険性

　脊髄損傷や脳血管障害は人の活動性を低下させ体力の低下につながる．体力の低下は免疫能の

表11・17 主な感染症

1	感 冒	5	結 核
2	MRSA	6	白 癬
3	梅 毒	7	インフルエンザ
4	B型肝炎 C型肝炎	8	疥 癬

低下を招き感染症に対する抵抗性が低下する．また，加齢も体力や免疫能を低下させる要因で，脊髄損傷や脳血管障害のある高齢者は感染症に，より罹患しやすくなり感染に伴い生命の危険を招くことがある．これらの人の機能訓練を実施する場合，機能訓練指導員は自身の衛生管理を徹底し，保菌者になって利用者への感染経路になり，感染を拡大させるようなことがあってはならない．主な感染症を**表11・17**に示すが，機能訓練の担当者や職員は感染症予防に対する十分な知識を持つと共に，手洗い，うがいの励行など発生の予防や発生した場合には感染拡大を防止しなければならない．

MEMO

疥癬

ヒゼンダニ（ダニの1種）が皮膚に寄生して起こる．痒みや皮疹などの皮膚症状が主で，痒みは夜中に強くなるのが特徴である．赤い小丘疹，外陰部の小結節，手や指の水疱などの皮疹を生じるが，虫本体や糞など排泄物に対するアレルギー反応と思われる．

感染経路
寄生されている人との密接な接触（添い寝，性行為）による．

感染力
比較的弱い．ヒゼンダニは乾燥への抵抗性が弱く，人体を離れると比較的短時間で死滅する．

ヒゼンダニの生態
卵は3～5日で孵化して幼虫は自由に人間の皮膚の上を歩き回る．2週ほどで成虫になるが，その間脱皮を繰り返す．交尾したメスは1ヵ月程度，皮下にトンネルを掘り進みながら1日2～3個の割合で卵を産み続ける．

症 状
約1ヵ月（ノルウェー疥癬は1週前後）の潜伏期間の後発症する．主要症状は夜間の強い痒みや皮疹などの皮膚症状である．

予 防
乾燥に弱く体温以外は適さないので，人体を離れると感染力は数時間のうちに無くなるといわれている．手などの接触では10分程度で感染するので，感染予防には消毒用アルコールなどでの消毒が一番有効と思われる．

6　利用者・家族のモチベーション

機能訓練で高い効果を得るには利用者本人や家族の「やる気」がもっとも重要であるが，併せて担当者が高いモチベーションを持っていることも重要である．担当者自身が「訓練をしても効果がない」などと思っていれば十分な効果は期待できない．

利用者や家族のモチベーションが高くならない理由には，機能訓練の意味を理解していない，

障害を受容できていない，訓練しても無駄だと思っているなどがあげられ，ケースバイケースで対応する必要があり画一的で有効な方法はない．一見似たようなケースでも利用者の性格などによっては，励ました方がよいケースや褒めた方がよいケースがあるなど，常に適切な判断の基に対応を変更しなければならない．

　まずは，モチベーションが低い原因が何か，対処法はどうするのか，適切な担当職種はなにかの3点を明確にする必要があり，明確化によって機能訓練に対する方向性がみえてくる場合も多い．具体的には担当者が利用者あるいは家族の内的現実（無意識の世界，いわば本音の自分）と外的現実（意識されている世界，いわば建て前の自分）の視点から，受容と共感の態度で行動を分析してみることが重要である．すなわち，利用者や家族が「何故，機能訓練に意欲を示さないのか」を前述の両面から考え，問題の本質を探る必要がある．もちろん利用者の状態が「機能訓練を必要としない」ことが本質である場合も考えられる．

7　デマンドとニーズ

　「デマンド」の本来の意味は「需要，要求」である．介護の現場ではウォンツ（欲求）に近い意味で使われていて，自己の欲求を満足させるための要求や請求という意味で捉えている．介護の現場では"それ"が満たされたとしても「必ずしも暮らしの質は向上しない」という意味を含め，ネガティブな意味合いが強い言葉として使われている．

　一方，心理学の用語としての「ニーズ」の意味は，「個人の行動を動機づけたり，ある対象に対する選択的な方向づけの誘引となったりするような内面的メカニズムであり，欲求または要求という」とされている．介護の現場で使われる「ニーズ」の意味は心理学用語に近く，利用者の内面も含めて「その人の日常をより良くするために，真に必要とされるもの」という意味で使われている．この意味からケアプランや機能訓練実施計画書に記される具体的サービスは，単にデマンドに応えるのではなく「的確なニーズに基づき，ニーズに対応させたもの」でなければならないという考え方が正しい．

　機能訓練実施計画の策定では，どのように「デマンド」と「ニーズ」とを摺り合わせるかを，日常生活の目標に基づいて利用者や家族と一緒に考える必要がある．機能訓練では利用者の「デマンド」だけを満足させる訓練を実施するのは簡単であるが，訓練が「ニーズに基づいた機能訓練」になっていないため，最終的に求められていた機能を獲得できていないという結果に終わる．介護現場での「ニーズ」は利用者の「QOLを維持・向上させるために解決すべき課題」のことで，機能訓練はニーズが解決して利用者の状態が改善されるものでなければならない．ここでいう「利用者の状態」とは単に器官や器官系の部分的な機能・構造障害だけを指すものではなく，活動制限や人的・物理的環境を含めた参加制約の状態を含めて示されるものである．

　利用者および家族と機能訓練指導員の意識とを共にデマンド＝ニーズの関係にするためには，「将来どのような生活を行うのか」を両者で十分に話し合い共通認識とする必要がある．詳細な話し合いの中で「具体的な生活目標」を表にして示すなど互いに目で確認し合って，利用者に将来の具体的な「生活イメージ」ができあがって行く必要がある．このイメージ形成は大切なポイントで，表の作成過程でデマンドとニーズとの相違を利用者や家族が明確に認識でき，デマンド

がニーズに変わっていく効果も期待できる．

> **MEMO**
> **デマンド指向型機能訓練**
>   利点：デマンドなので利用者に受け入れられやすい．
>   欠点：その訓練を行うことにより状態が改善しにくい．
> **ニーズ指向型機能訓練**
>   利点：行っている訓練に目的があり，状態が改善しやすい．
>   欠点：利用者に受けいれられない場合がある．

8 拘縮のある利用者の機能訓練

動かない状態が長く続いて関節周辺の皮膚，筋，腱，靱帯など軟部組織が短縮，癒着，瘢痕化して関節の動きが制限された状態を拘縮といい，主に屈曲と伸展の拘縮がある．

a. 固定に伴う関節の変化

a）血流障害と栄養障害

固定が2，3日継続すると関節の不動を原因として，関節構成組織の血流が低下し十分な栄養補給ができず，筋など軟部組織の変性に伴う拘縮が始まる．

b）軟部組織の短縮，癒着，瘢痕化

固定が3～4週継続すると関節周辺の皮膚，筋，靱帯の短縮と柔軟性の喪失を原因とした関節可動性の制限が起こる．

c）関節構成体の変化

固定が8～16週継続すると関節軟骨は薄くなり硬化する．関節軟骨が菲薄化すると骨と骨との間隙は狭くなり関節の可動性が低下する．さらに継続すると関節面が癒着して関節強直の状態になるが，関節面の癒着が骨による場合を骨性強直といい，結合組織による場合を線維性強直という．

> **MEMO**
> **関節拘縮と関節強直**
> 「関節拘縮」は関節を直接構成しない組織（関節包外の組織）に原因がある関節可動域制限であり，「関節強直」は関節の直接構成組織（関節包内の組織）に原因がある関節可動域制限と定義されているが，現在では関節面が互いに骨または結合組織によって癒着し，関節の可動性が失われたものを「関節強直」とする考え方が主流になっている．

> **MEMO**
> **拘縮をきたしやすい人**
> ・日常生活活動能力の低い人
> ・麻痺により筋緊張が高いまたは低い人
> ・筋力低下や痛みにより関節運動ができない人（ギプスなどの外固定も含む）
> ・浮腫がある人
> ・感覚異常がある人
> ・パーキンソン病，関節リウマチなどの身体を動かしにくくなる疾患を有する人

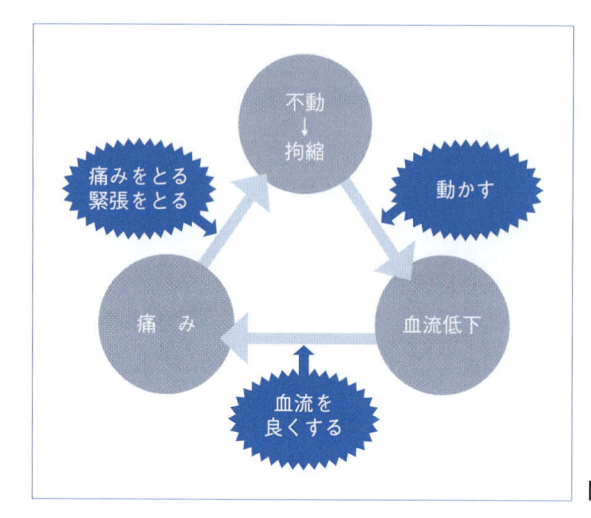

図 11・4　拘縮の悪循環と対策

b. 関節拘縮と疼痛

　　関節の可動性が低下すると，さらに関節および周辺軟部組織の血流が低下，関節内への栄養補給は妨げられて代謝が低下する．代謝の低下は疼痛を起こしやすい環境を作り，疼痛は関節を動かす意欲を低下させる．これにより関節拘縮の増悪と疼痛発生の悪循環（図 11・4）が形成される．拘縮の予防や改善には単に関節を動かすだけでなく，同時に血流の改善，疼痛の緩解，緊張の除去を目指す対策を行う必要がある．

c. 拘縮の予防と改善

　　拘縮の予防と改善には多くの方法があるが，予防を目的にする場合には関節運動を継続させることが有効で，意識の無い者や麻痺で自動運動ができない者には他動的に行った関節運動でも予防効果がある．改善目的では関節可動域いっぱいの運動をすることがもっとも有効な方法で，可動域制限のある関節でも可能な最大限の範囲で運動を繰り返すと徐々に可動域が改善される．ただし，他動的運動は関節拘縮の状態によって構成組織や筋に損傷を発生させる危険があるので注意が必要である．

❶ 訓練開始前の準備

a）温熱療法

　　訓練に伴う疼痛の発生を軽減する目的で，訓練開始前に拘縮した関節部や運動に関連する筋などを暖めて，関節，周辺軟部組織，筋の血流を改善させる．

b）手技療法

　　訓練開始前に運動に関連する筋や関節部周辺に手技療法を行い，刺激を加えて血流の促進と運動への意識を高める．

c）緊張の緩和

　　利用者が緊張した状態で訓練を行うと関節などが滑らかに動かず，疼痛も出現しやすくなるので可能な限りリラックスした雰囲気をつくる．

❷ 訓練実施上の注意

a) 温めてから動かす

　　前項でも述べたが入浴後など拘縮している部位が温まっていると，軟部組織は伸長しやすく関節が動きやすくなり痛みも感じにくくなる．また，温熱療法で局所の加温をすると血流増加による疼痛軽減効果も期待できる．

b) 関節の可動範囲全域で動かす

　　訓練は無理をさせないことが重要で，痛みがなく無理のない範囲の全可動域をゆっくりと動かす．動かす回数は拘縮のある関節を，それぞれ3～5回を1セットとして1日に2～3セット程度を目安にする．可動域を超える運動を強制すると関節に疼痛が起こり，利用者が運動に抵抗し逆効果になるので注意する．痛みのない範囲での運動でも繰り返すと関節部周辺の血流は改善され，徐々に痛みのない範囲が広がって可動域が拡大する．

c) 目標を設定する

　　拘縮関節の可動域改善では目標（ゴール）を定めることが重要である．回復の目標が正常可動域か日常生活活動に必要な可動域なのかなど，設定したゴールによって必要な運動の量と時間が変わる．関節構成組織や筋の状態と拘縮の程度によっては設定した目標を達成できないこともあり，努力を徒労に終わらせないためには利用者と機能訓練指導員とが十分に協議して目標を適切に設定する．

d) 継続の重要性

　　多くの拘縮は長い経過で徐々に進行し形成されたもので，予防を目的とする訓練も改善を目指す訓練も，基本は毎日継続して関節可動域訓練を行うことである．

■ パーキンソン病である利用者の関節可動域訓練

　　特有の筋緊張がみられるパーキンソン病では，時間をかけてゆっくり関節を屈曲，伸展する必要がある．反動をつけた運動で痛みが起これば逆に力が入ってしまい，筋緊張が亢進して関節の運動がしにくくなり筋損傷を起こすこともある．拘縮予防は関節の他動運動，可能な範囲での自動運動，就寝時のポジショニング，車椅子利用時の姿勢など，生活全般を通して考えることが重要である．

9　疾患別の問題点の把握

　　代表的な4つの疾患を例にして訓練に関連する具体的な問題点を**表11・18**にあげるが，利用者の状況によってケースバイケースであり，すべての問題点を列挙したものではない．

10　感染症に対する対応

　　接骨院と異なり介護関連の施設では感染症患者が利用者となる場合がみられる．また，入所系の施設では入所者が感染症に罹患するケースも多い．職員は自分が感染しないことが重要で，もっとも危険なことは自分自身が感染源となることである．普段から感染症に関する十分な知識を身につけて，施設内で職員の自己感染による感染症拡大などあってはならない．

　　感染症に対する対策の柱は感染源の排除，感染経路の遮断，宿主（人）の抵抗力の向上である

表11・18 疾患別の訓練に関連する具体的な問題点の例

	脳梗塞		パーキンソン病
1	再梗塞予防	1	転倒・転落
2	運動障害に関連したADL自立の困難	2	栄養状態の悪化
3	感覚障害・運動障害・認識力の低下による転倒・骨折・皮膚損傷	3	セルフケアの不足
4	失行・失認・精神知能障害に関連した日常生活能力の低下	4	便秘・排尿障害
5	言語障害に関連したコミュニケーション障害	5	コミュニケーションの障害
6	排尿障害・運動障害に関連した失禁・便秘	6	不眠
7	嚥下困難に関連した食事摂取量の不足による栄養状態の悪化	7	家族の不安
8	障害受容に関連した闘病意欲の低下	8	肺炎
9	患者の退院に関連した家族の受け入れ，介助能力の不足	9	ボディーイメージに関連したストレス
		10	褥瘡
		11	尿路感染

	脊髄損傷		頭部外傷（慢性期）
1	血管運動神経伝達路の障害によるショック	1	上気道感染や沈下性肺炎を起こしやすい
2	体位性低血圧	2	尿路感染を起こしやすい
3	損傷部位の整復固定による苦痛	3	排尿の自立困難
4	感覚・運動機能障害による呼吸不全（頸髄損傷の場合）	4	便秘になりやすい
5	感覚・運動機能障害による褥瘡	5	食事摂取の自立が困難
6	排尿中枢障害による排尿障害	6	清潔保持の自立が困難
7	排便機能障害による排便障害	7	四肢の拘縮を起こしやすい
8	感覚・運動機能障害によるセルフケアの不足	8	褥瘡ができやすい
9	廃用症候群	9	意識障害があり社会生活が困難
10	身体機能の喪失に関連したボディーイメージの障害		
11	身体機能の喪失に関連した自己尊重の低下		
12	身体不動性に関連した家族の介護における家族プロセスの変化・性機能障害		

が，実際には手袋などを着用して感染源となる可能性のあるものに素手で触れないこと，手洗い・手指の消毒などを徹底する，うがいを励行する，環境の清掃を徹底することが感染症の拡大予防にもっとも重要である．

J ● 福祉用具の知識

福祉用具の研究開発及び普及の促進に関する法律(平成5年5月6日法律第38号)によれば，福祉用具とは「心身の機能が低下し日常生活を営むのに支障のある老人又は心身障害者の日常生

活上の便宜を図るための用具及びこれらの者の機能訓練のための用具並びに補装具をいう」と定義されていて，高齢者を対象とした機器だけを指すものではないが，本項では主に高齢者介護で使用されるものについて述べる．

　介護が必要な高齢者の在宅生活維持にはさまざまな福祉用具が必要になる．ベッド上に限られた生活から居室内の座位生活に移行するには，ベッドから椅子へ移動する機器が必要になる．同様に居室内に限られた生活から家屋内を移動する生活を可能にするには車椅子を用いる必要があり，車椅子が使用できれば排泄はトイレ，入浴は浴槽，食事は食堂，憩いは居間など，それぞれ適切な空間の利用が可能になる．しかし，これらの人々の家屋内での生活は車椅子への移乗ですべてが解決するのではなく，トイレ，浴槽などの使用には補助する機器を利用しなければならない．さらに，屋内から屋外へと生活の場を拡大するにはスロープを設置するなどのアプローチが必要である．また，同時に電動車椅子を導入すれば生活の場はさらに拡大する．高齢者の生活支援を担当する職種が肝に銘じなければならないのは，寝たきり予防の第一歩は座らせることで「ベッド＋車椅子＋ポータブルトイレ」の導入だけで寝たきりを防げないこと，福祉用具は早めの導入が重要でギリギリの導入では効果が少ないこと，福祉用具の選定は生活者の視点が重要であることである．機能訓練指導員も業務遂行に必要な福祉用具の知識を備えていなければならない．

1　福祉用具の使用

　福祉用具の適応があっても導入しない場合や導入後も使用されない場合があり，放置すれば利用者の要介護度が高くなるばかりでなく介護者の負担が増加する．機能訓練指導員は自分の業務を通して導入しない理由や使用しない理由を注意深く考察し，ケアマネジャーに情報を提供するなど必要な福祉用具が適切に導入されて使用されるよう配慮しなければならない．

a. 福祉用具導入の効果

　福祉用具にはさまざまな導入効果が考えられるが，利用者の身心機能の維持・向上，介護負担の軽減，利用者の不安解消および自信・自尊心の再形成，利用者あるいは介護者の自由度の向上および生活の幅の拡大，機能訓練や生活の質に対する意欲の向上などの効果が期待できる．また，これらの効果は適切な用具を適切に使用することで拡大する．

b. 効果を上げる条件

　福祉用具の導入計画では総合的なアセスメントから抽出された利用者のニーズに適合する用具を位置づけること，導入する用具は利用者・介護者との話し合いに基づき決定すること，事前の説明やフィッティングを丹念に行うこと，アフターフォローを十分に行うことという条件を満足しなければ期待した効果を得られない．効果が得られないのは導入過程や導入後の経過のどこかに問題があることを示しているので，再度アセスメントから振り返って問題点の発見に努める．

c. 福祉用具が活用されない場合

❶ 活用されない理由

　活用されない理由には，利用者あるいは介護者が用具を適切に使えない，使いたがらない，居住環境や他の福祉用具とマッチしない，利用者の身体状況の変化に対応しなくなった，用具の使

用をきっかけにして利用者の状態が悪化したなどが考えられる．

❷ 活用されない原因

a）アセスメントの不足

活用されない原因としてはアセスメントで介護者の意向・介護負担の把握が不十分，利用者の要望・生活習慣・身心機能の把握が不十分，疾病・投薬状況などからの身体状況変化の予測が不十分，利用者のADL向上の可能性のみに着目し介護者や住宅の状況などを含めた環境の評価が不十分であったなどの理由で，導入した福祉用具が利用者のニーズにマッチしたものでなく，日常生活を改善するための適切な機能を持っていなかったことが考えられる．

b）利用者・介護者の意識

福祉用具を利用したときの生活状況の改善イメージが利用者や介護者に形成されていない，期待と現実とのギャップが大きく利用者や介護者が用具導入で期待していた満足感を得ていない，利用者と介護者との間に要望のズレがあるなどを原因として活用されないことがある．また，用具導入後に用具を用いて状況を改善しようとする意欲が利用者や介護者から失われたなども原因として考えられる．

c）使用方法の説明やフィッティングの不足

導入後に行う使用法の説明やトレーニングが不十分な場合，正しい使用法が理解されずに活用されないことになる．また，事前のフィッティングが不十分で導入された福祉用具が利用者の体型に合わない，居室が狭いなど使用条件に適合していない場合，用具の使い勝手が悪くなり利用されない結果になる．

❸ 背 景

福祉用具が十分に活用されない理由の背景には，カンファレンスでの検討不足で不適切な利用者の総合的な状況判断に基づく福祉用具の導入や活用にかかわる明確なキーパーソンの不在，使用方法の指導や継続的なフォローアップ体制の不備，利用者や介護者のニーズの変化に即応する用具の変更体制の不備，入手可能な用具の種類に限りがある，制度上の制約から利用できる用具に限りがある，適切な選択を可能にする用具の情報が不足しているなどがあると考えられる．

2 車椅子（自走用標準型車椅子・普通型電動車椅子・介助用標準型車椅子）

車椅子にはさまざまな用途があり本人や家族が車椅子を使って何をしたいのか，生活をどのように変えたいのかによって選択する種類が変わってくる．車椅子の法的定義はないが道路交通法では車椅子を利用して公道を移動する場合は歩行者として扱われる．また，原動機（電動モーターに限る）を有する車椅子は動力を有するが，内閣府令で定める基準に該当するものであれば歩行者として扱われる．

a. 車椅子の種類

車椅子には利用者を介助者が移動，利用者が手で移動，利用者が足で移動，利用者が片手の操作で移動するものや，移動は少ないが長時間くつろぐ，デスクを利用する，旅行をする，車椅子スポーツに参加するなど使用条件や目的に合わせたさまざまな種類がある．

車椅子は自分で操作できる人の使用に適する「自走式」と，できない人に適する「介助式」に

大別される．自走式は車輪を大きくして利用者が手で操作しやすく，介助式は車輪を小さくして介助者の操作性が良くなるよう工夫している．介助式は利用者が車輪を自分で自由に操作できないが，軽量で介助者にとっては扱いやすいというメリットがある．

b. 車椅子の操作

　　車椅子の使用法には，障害があり歩行が不自由な利用者の「車椅子を介助者が押して移動する」，利用者が「自分の手で車輪を操作して移動する」「足で車椅子を移動する」「片麻痺の利用者が自分の片手で車椅子を操作して移動する」などさまざまなケースがある．また，電動駆動装置付きは上肢の障害で手動式車椅子の操作が困難な場合や，車椅子介助が期待できない場合に使用され，コントロールボックスのレバーが，わずかな手指の筋力で操作ができる設計になっていて，小さな力で簡単に移動でき速度調節が可能な機種もある．しかし，充電式バッテリーの搭載が必要で全体の重量は相当大きくなる．

c. 車椅子の運搬

　　利用者が外出先で利用する場合は小さなハンドリムのない車輪を使用し，軽量・収納性を重視した介助式を利用するとよい．折りたためばコンパクトなサイズになり車のトランクに収納して運搬するのに適している．外出の頻度によっては車椅子に乗ったまま乗車できる車もあるので，必ずしもコンパクトなものを選択しなくても済むが，移乗動作を生活機能の一部と考えれば導入は慎重に行うべきである．

d. 車椅子のシートとアーム

　　健常者でも長時間車椅子に座っていると臀部や背部が痛くなり耐えられなくなる．障害者が普通の椅子で座位姿勢を保持できれば車椅子から椅子に移動することで，この痛みは解決できるが，座位姿勢を保持できない場合には，車椅子の機能には座って休むという椅子としての機能と，移動手段としての機能との両者が求められる．

　　一般に，車椅子に座ってリラックスすると背中がやや丸くなり骨盤が後ろに傾き，シート上で臀部が前にずれた「仙骨座り」の形になりやすく腰背部への負担が大きくなる．これに対して適切なクッションなどを用いて「シーティング」を行うと，臀部のズレ防止や腰背部の負担を軽減できる．車椅子は前方がやや高めなシートで背もたれを後方に少し傾け，シートや背もたれに身体全体を預けるように座る．さらに長時間座らなければならない人にはリクライニング機能やティルト（傾ける）機能などを持たせた機種もある．

　　車椅子を使いテーブルやデスクで長時間の勉強や作業，または食事などをしなければならない人はデスクアームタイプを使用する．アームサポートが一段下がっていてテーブルやデスクに収まりやすいタイプで，作業時は足を引き足底全体を床またはフットレストにつけ，上半身を前に傾け手を前方に伸ばした姿勢がとりやすく動作を容易にする．

e. 車椅子の選択

　　車椅子の選択では必要な理由を明確にし，使用目的，使用条件など利用者のニーズを注意深く確認して適切なものを選ぶ．考慮する項目は自走式か介助式か，椅子の機能性，移動の機能性，移乗の安全性，座位の安定性などで，褥瘡の有無にも配慮する．また，体格など利用者の身体条件，残存能力と操作性から車輪の位置や大きさなどを決定する．さらに，介護保険給付の対象か

どうかも考慮する必要がある．

f. 車椅子への移乗

車椅子は1回の移動につき2回の移乗が必要なので，適切な移乗手段の選択が重要である．移乗には立位，座位，全介助などのバリエーションがあり，立位移乗の利用者には腰掛けて床面に足底がしっかりつく高さに座面の高さが設定されていると立ち上がりやすく有利である．座位移乗の利用者にはスライディングボードなどが必要で，全介助の利用者では移乗用のリフトやホイストが必要になる．ベッドから浴室・トイレへの移動はシャワーキャリー(風呂用車椅子)を利用すると移乗回数が少なくなり便利である．

楽に安全に移乗できることが生活空間の拡大につながることから，車椅子の選択と共に移乗方法についても十分な検討をする．

g. 車椅子の付属品

利用者の身体的条件や使用目的によって付属品を設置する必要があり，以下に選択にあたっての基礎的知識をあげる．

❶ クッションおよび座面の傾斜

一般的なシート座面は折りたたみを可能にするためにリベットやビスで布やビニールシートがフレームに固定されているが，マジックテープで固定され洗濯や交換ができるタイプもある．シートにたるみがあると姿勢が不安定になったり体圧が集中したりするため，通常長時間の使用では座面にクッションを置く．クッションは平らである程度の堅さ(張り)がある方が，姿勢が安定して体圧も分散されやすく疲れにくい．漕ぐ動作で徐々に臀部が前方へずれるのを防ぐ目的で座面を後ろに傾けたタイプもあり，わずかな傾斜でも高い効果が認められるが，傾きすぎは逆効果になるので注意が必要である．腹筋・背筋の筋力が弱い利用者では座っているだけで，臀部がずれることもあり姿勢の崩れや痛みを防ぐために役に立つ．クッションは安定した姿勢が保持できるタイプを選ぶことが大切で，適切でないと褥瘡発生の要因にもなるので厚み，傾斜，素材に注意して選択する．

❷ 電動補助装置

電動式車椅子はシートの下に大容量バッテリーと電気モーターを内蔵し，小径で幅の広い車輪やキャスターが付いている．一般的に左右の駆動輪の回転数を変えて旋回するが，前輪キャスターの進行方向をパワーステアリングで直接操舵するものもある．駆動輪を搭乗者の真下に設置した中輪駆動方式は旋回性能が格段に向上し，方向変換が搭乗者を中心に行われるので自然な変換が可能になり乗り心地が向上している．手動/電動の切り替え機構を備えたものは，バッテリー切れや微妙な幅寄せで介助者が操作しやすいが，本体が重く操作には腕力が必要で登坂などでは負担が大きい．

手動式車椅子に電動モーターユニットを取り付けた簡易型電動車椅子は，標準的な電動車椅子(約80 kg)に比べ軽量(40 kg以下)であると同時に，折りたたみ機構の取り付けも可能で自動車への積載に有利である．

❸ ブレーキ

レバー式（レバーを3~4ヵ所のへこみに固定するタイプ）とタック式があり，タック式は小さい力でブレーキ操作ができる．ブレーキ装置はアームレストの前下方で主輪の近くに取り付け，駐停車・乗降時の不意な動き出しを防止する．両方式とも金属の小片を主輪のトレッド面に押し付け固定する構造だが，空気圧の低下やタイヤの磨耗は制動力を低下させる．また，濡れたタイヤも制動力が低下するので雨天では注意する．フットブレーキはタックブレーキと同様の機構で，ティッピングレバー（前輪昇降バーともいう）付近にペダルを設置して，踏むとロック，跳ね上げると解除される．介助型には自転車用のハンドブレーキを介助者用ブレーキとしてハンドルに取り付け，ブレーキレバーで主輪ハブ部分のドラムブレーキを操作し下り坂の減速に使用できるものがある．

❹ テーブル

車椅子は利用者の移動を補助する用具で，椅子代わりにして食事や作業を行うのは適切な使用法とはいえない．しかし，利用者に椅子での座位保持が困難などの障害がある場合は，取り付け式のテーブルや可動式のテーブルの使用が必要になる．取り付けタイプはアームレストに半円形の深い切り込みがあるテーブルを取り付けるもので，一般的には肘掛け部分が左右対称で利用者が両肘を乗せられる．座位姿勢で身体が傾く利用者には，片側の肘掛け部分の幅を広くし反対側の肘掛けを切り込んで，傾く方向のサポートと車輪の操作性を向上させたタイプが有効である．選定には胸周りの切り込みが利用者の姿勢に適していることを主眼にして，外れにくいなどの安全性や，前腕を置く位置など食事や作業での正しい姿勢の保持しやすさにも配慮する．

可動式のテーブルは適切な広さのものを選び，アームレストの高さや利用者の姿勢から，適切な高さのもので使用時の安定性にも配慮して選択する．

❺ 在宅酸素ボンベ固定台

呼吸障害で酸素吸入が必要な人の外出には酸素ボンベの持参が必須で，車椅子での外出ではボンベを車椅子に固定しなければならない．車椅子後部に金属製のボンベの固定台を設置し，ボンベを取り外せば車椅子と一緒に折りたためるタイプや，酸素カートをそのまま車椅子の後部にセットできるタイプがある．固定台と酸素ボンベの重みで重心が車椅子後部に移り，全体のバランスが悪くなることがあるので注意する．ボンベの形状と大きさに合わせたものを選択する．車椅子の在宅酸素ボンベの固定台は介護保険制度のレンタルの対象外で，購入かレンタルかを検討しなければならない．

h. 車椅子選択の例

Case1：両手で車輪操作ができ施設内だけで使用する
　車輪や座面が体格に合わせた適切なサイズの鉄製のスタンダードタイプ

Case2：介助者を付けて屋外を散歩する
　錆びが少なく小型で邪魔にならないアルミ製の介助タイプ．介助者用ブレーキの設置が望ましい．

Case3：自力で駆動ができるが屋内が狭い
　フットレストの取り外しが可能な介助タイプ．フットレストを外して足で床を蹴って移動すれ

ば，狭い家屋内でも座位保持・移動の両方の目的を達することができる．

Case4：自家用車に積んで運搬したり施設と家庭とを往復したりする

軽量なアルミ製で，小さく収納できるように「背折れ背もたれ」「フットレスト取り外し式」が使いやすい．

3 特殊寝台

介護で使用するベッドには利用者などの状況によりさまざまな機能が求められる．安静臥床に適するのはもちろん，介護しやすいポジショニング機器，起居動作をする「場」であったり，椅子としての機能までもが求められる場合がある．選択の基準は利用者が寝たきりか，座位保持が可能などの心身機能・構造の状態によって異なる．

a. ベッドを導入するのか，布団の使用を続けるのか

要介護者などがベッドを使う生活に変わると，ベッド上での起き上がり動作が容易になることで，車椅子などへの移乗が楽になり介護者の負担を軽減させる．一般に，導入は床からの立ち上がりが困難になり始めた時点から検討され，とくに夜間のトイレ利用が頻回な人では導入効果が高い．一方，要介護者などであっても這って移動する人，座ったままの姿勢で移動する人，転落の危険性が高い人，昼間の生活で居室空間を広く使いたい人，ベッドに対する抵抗感の強い人などは布団の使用を継続した方が有利である．

b. 電動ベッドの種類と特徴

電動ベッドは利用者の生活機能を補助する意味や介護者の負担を軽減する意味で導入効果が期待できる．しかし，必要以上に高機能のベッドは要介護者などがベッドの機能に頼りすぎて，自身に残存している機能を奪ってしまう危険性を孕んでいるので，導入にあたってはこれらを十分考察して導入の是非および機種の選定を行うべきである．

❶ 1モーターベッド

ベッドの昇降，背上げ，膝上げのいずれか1つだけができるタイプが多く，昼間の生活ではベッドを座ることだけに利用する場合に適している．要支援者が使用する自立支援ベッドが代表的である．ベッドの上下だけの機能でも介護者が排泄などの介助を楽な姿勢でできる．

❷ 2モーターベッド

背上げに膝上げが連動する機構になっているものが多い．膝上げのタイミングがやや遅れ，身体が滑り落ちやすい傾向があり，ある程度，自分の姿勢を直せる人の使用に適している．また，複雑なボタン操作が苦手な人でも使いやすい．

❸ 3モーターベッド

背上げ，足上げ，ベッドの昇降機能がそれぞれ別々にボタン操作できる機構になっている．背上げに先行して膝上げをすることができ，身体の滑り落ちを防止しやすい．座位姿勢の保持が困難な人が利用する場合や，下肢に強い浮腫がみられる人が夜間に下肢をやや挙上して寝る場合に適している．

2モーターベッド，3モーターベッドとも臀部が滑り落ちる場合は，三角クッションを膝の下に挿入するなど滑り止めを工夫する必要がある．

❹ 4モーターベッド

3モーターベッドの機能にティルト機能や，頭部の角度調整機能を付加したものが一般的で，重度要介護者や特種な介助を必要とする疾患の利用者が用いる．

c. 寝心地

利用者がベッドを選ぶうえで寝心地は重要な要素になる．寝心地の良否はマットレスの硬さに左右され，種類によって硬さが変わるので注意が必要である．硬すぎれば体が痛くなり，軟らかすぎれば起居動作がしにくい．マットレスの種類については後述する．

d. 起居動作

ベッドは寝るための道具であるが，とくに障害を持った人には起居動作を助ける道具でもある．選択には寝心地だけでなく起居動作への影響も考慮しなければならない．

❶ 寝返り

要介護者などの寝返り動作にはマット幅とベッドのサイドレールや手すりが大きく影響し，安定した楽な寝返り動作を実現するには適切なものを選択する必要がある．マットレスには83～100 cm幅のものがあり，介護動作を中心課題とするのか，本人の動作を中心課題とするのかで適切な幅は異なる．また，ベッドのサイドレールを引っ張らなければ寝返りできない人が使うベッドにはしっかり固定された手すりが必要で，手すりの強度や設置位置を検討しなければならない．なお，サイドレールや手すりとベッドとの隙間は事故につながる危険があり，クッションなどで埋め安全を確保する必要がある．

❷ 起き上がり

一般に要介護者などは起き上がり動作で肘を突くため，肘を突くのに十分なマット幅が必要になる．また，一連の起き上がり動作で足を下ろしやすいように，起き上がり側の足元のサイドレールはつけない場合が多い．また，関節リウマチ患者は臥位から座位への変換で首を持ち上げると，環軸関節の脱臼を起こす危険性があるので，早めにベッドを導入して起き上がり動作を補助する必要がある．

❸ 端座位保持

ベッドでの端座位がもっとも安定するのは，床に足底全体をつけて上半身がやや前傾した姿勢であり，とくに要介護者などでは足をつけ上半身が前傾した姿勢でないと座位を維持できない．一般に寝具として市販されているベッドは高さが低く設定されている場合が多く，上半身を前傾させにくいので，介護用に流用する場合には座位保持の観点から高さを選ぶ必要がある．さらに，端座位になったときベッド用手すりを掴んでいると姿勢が安定するので，手すりの強度や設置位置も検討しなければならない．

❹ 立ち上がり

立ち上がり動作は膝と腰の伸展力が不十分な場合や，身体のバランスを保つ能力が不足している場合に不安定になる．要介護者などの立ち上がりは腰掛けている位置が高いときの動作が楽で，低ければ低いほど困難になる．このような人ではベッドの高さ調節機能を活用するとスムーズに立ち上がれる．また，一連の立ち上がり動作には上半身を前傾させて足を後ろに引く動作が含まれていて，ベッドの下に隙間がないと足が後ろに引けないので立ち上がりが困難になる．

e. マットレスの種類と特徴

マットレスの硬さは利用者の健康状態や介護作業のしやすさへの影響が大きいので，ベッドの導入目的に沿ったマットレスを選定しなければならない．ベッドとセットにした安易な導入は十分な効果を発揮できず，目的が達成できない危険性がある．

❶ スプリングマットレス

筒状のスプリングを使用した睡眠重視の設計で，スプリングの材料，コイルの径や巻き方などの組み合わせによって，背上げや膝上げをしても違和感なく体になじむようになっているものがある．健常者や要介護1程度までの人に適している．

❷ ファイバーマットレス

ポリエステル繊維を固めて作ったもので硬めにできている．要介護者がベッド上で訓練をする際や介護者が力のいる作業をベッド上でする際の動作がしやすくなっている．要介護2，3の人が使用するのに適している．

❸ ヴィスコマットレス

低反発ウレタンのマットレスで粘性の持つ特性と弾性の持つ特性とを合わせ持っている．体圧分散効果が高い（褥瘡予防の効果がある）うえに，マットレスの揺れが少ないので足を踏ん張るなど力をかける作業をすることが可能である．また，もともとの開発目的が褥瘡予防で，横を向いて寝る体位変換が自分でできない人などに適している．要介護3～5の人に適している．

❹ エアーマットレス

褥瘡予防を主眼に開発されたもので，クッション材としてエアーセル（さまざまな素材でできている）を使っている．体圧分散効果が大きく，空気噴出型（空気を噴出して湿気を取り除く），波動型（エアーセルを膨らませたり縮めたりして，圧力のかかる体の部分を変える），体位変換型があり，これらのタイプを組み合わせたものもある．要介護4，5の人に適している．

❺ ウォーターマットレス

水を入れた袋をクッション材として使用するマットレスで，褥瘡予防を目的に開発された．体圧分散効果が大きく，ヒーターが内蔵されているものは体力の衰えている人や冷え性の人に適し，要介護4，5の人に適している．

f. 褥瘡予防

褥瘡の主な発生要因としてマットレスの体圧分散機能の不足（腰部・肩甲骨部・踵部などへの圧力集中），ベッドの背上げ操作や身体移動（マットレスや着衣と身体との摩擦による体表細胞などの破壊），体表面の過熱や汗の湿気（皮膚の脆弱化および摩擦係数の増加），湿気および通気不良（雑菌繁殖などの不衛生状態），個体差（身体状態・体質・栄養状態など）などがあげられる．褥瘡はいくつかの要因が重なることで発生に至る場合が多く，予防には利用者の生活環境や身体状況を評価し，前述した要因の有無を分析し該当するものは可能な限り排除することが大切である．

❶ 褥瘡と圧力

寝具と骨との間で局所的に高い体圧が発生すると，軟部組織が薄い部位では血管が圧迫され血行が阻害され，褥瘡が発生しやすくなる．高齢者などでは皮膚や軟部組織の弾力性が低下してい

て，血管が圧迫されない程度の体圧でも血流の停滞が長時間継続して起これば褥瘡発生の要因となる．

❷ 体圧と持続時間の関係

英国の病院での検証による体圧と持続時間と組織許容の関係を調べた論文では，健常者でも体圧（gr/cm²）×持続時間（hr）が 400 より高い領域では褥瘡が発生するとしている．体力の衰えた人や軟部組織が薄く体内で圧力が分散されにくい人では，この値が 250 でも褥瘡が発生するといわれている．

体圧は皮膚表面の圧力であり体内ではより高くなっていると考えられ，痩せている人ほど体内で高い圧力集中が起こるため，褥瘡発生の危険性が高くなると考えられている．体圧がゼロである必要はないが，エアーマットレスを使っていても高い圧力に設定されていると褥瘡が発生する．

❸ エアーマットレス導入時の注意点

「寝たきりの利用者にはエアーマットレスを導入する」という画一的な考え方は適切でない．終日ベッド上で過ごす利用者でも寝返りができる人の褥瘡予防は，エアーマットレスの導入ではなく寝返り動作である．自力もしくは介助で座位がとれる人には，むしろ導入が起き上がり動作や介助動作を不安定にするので慎重な考察が必要である．適応があるのは全く意識がない植物状態の人や意識はあるが極重度な障害者などに限られると考えるべきである．

導入する場合には褥瘡の予防効果が高い機種の選択が重要で，素材が同じマットレスでは厚い方が体圧を分散しやすく，エアーセルの数が多いほど体型に合わせて細かい凹凸部分にも適応する．基本的にはビニールの上に寝ることになるので，汗かきの人は噴気タイプの適応がある．ただし，噴気タイプには体が蒸れにくいという利点はあるが，局所的に接触圧が高くなるタイプがあるので注意する．

4 歩行補助用具

歩行補助用具には移動に車輪を転がすタイプと持ち上げるタイプとがあり，環境や残存する身体機能で適合する用具が異なる．使用の目的は身体の支持，体重の免荷，バランスの補助が主なもので，他に歩行パターンの矯正，速度と持久力の向上などがある．利用者の身体機能や日常生活活動の状態によって必要な機能が異なることから，求められている機能を的確に把握して最適なタイプを導入することが重要である．

歩行車類は体の重心線が器具の基底面内に入る歩行車（キャスター付き歩行器など）と入らないシルバーカーとに大別されるが，SG 規格（製品安全協会）ではシルバーカーを「ハンドル，フレーム，ストッパー等で構成したもので，通常，利用者を含めた重心が支持基底面外にあるもの」と定義し，歩行できない人が使う歩行補助用具とは区別している．両者とも使用目的は歩行の補助で，体幹を起こした直立姿勢で歩けるのが歩行車で，少し腰を曲げた前傾姿勢で使用するのがシルバーカーである．

杖は持ち上げて使用するタイプの歩行補助具で，握り手の部分が C 型，L 型，T 型になっているステッキ，利用者の体重を支持する機能を強化した松葉杖やロフストランド杖，接地部の安定

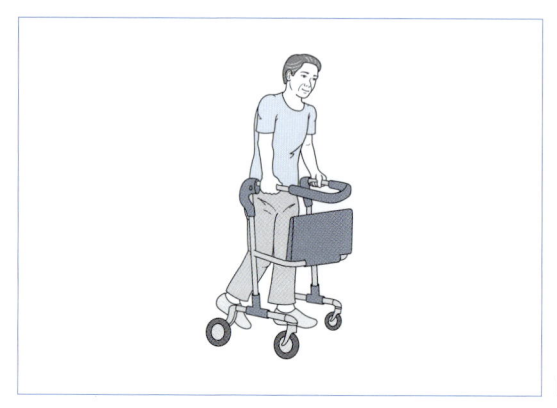

図 11・5　四輪歩行器

に配慮した多点杖などがあり，利用者の身体機能などの評価から使用目的に合ったものを選び利用する．

歩行の理想は体幹を起こした姿勢を維持することであり，歩行補助具を利用した歩行でも可能な限り理想を目指す．

a. 歩行器

　　歩行器は主に室内で使用する歩行補助具で，病院や自宅での歩行訓練に活用されているが，屋外での実用性は低く一般的に屋外ではシルバーカーを使う．平らな床面を少しずつ押して進むキャスター付き歩行器，歩幅の分だけ歩行器全体を持ち上げて前に移動させ，次に歩行器に身体を預けるようにして片足ずつ前に進む固定式歩行器，歩行器の脚の部分を左右交互に持ち上げて前に移動させ，それに合わせて片足ずつ前に進む交互式歩行器の3機種に大別される．

　　キャスター付き歩行器の機種選定は肘関節を伸ばした姿勢での体重支持か，腋窩での体重支持かによって決まり，後者が使う歩行車は高さが高く基底面を広くする必要があり，基底面が広く車輪が小さいことから段差があり狭い一般家庭内での使用は難しい．肘関節伸展位で体重支持が可能な人では歩行器の高さを手すりの高さと同じにし，膝の悪い人は脚の支持機能を補助する四輪歩行器（**図11・5**）が有効である．屋外使用の適応度はタイヤの大きいものほど高いが，腰痛や腰の曲がっている人はシルバーカーの適応度が高い．

b. シルバーカー

　　足元が不安定で一本杖を使用するだけでは歩行に不安を感じる人にはシルバーカーの適応がある．利用の主な目的が物品の運搬と利用者の休息で，カゴやバッグ，休憩用のシートを設置しているのが標準型である．買い物の荷物が重く感じられる，長い距離を歩くと疲れを感じて休みたくなるなどの人に適応があるが，歩行器類とは異なりかなり歩行能力が高い人やある程度自由にシルバーカーの不意な動きをコントロールできる人でなければ，転倒する危険があり安全に使用できない．麻痺や怪我で片手が不自由な人，手や指が不自由でハンドルやブレーキの素早い操作ができない人，後ろに傾きがちな歩き方をする人，脚力の不足や身体バランスが悪くゆっくりとした腰掛動作ができない人には危険を伴い利用は十分注意しなければならない．

　　シルバーカーには標準型の他に，小型・軽量で持ち運びが簡単で自動車のトランクなどに収納

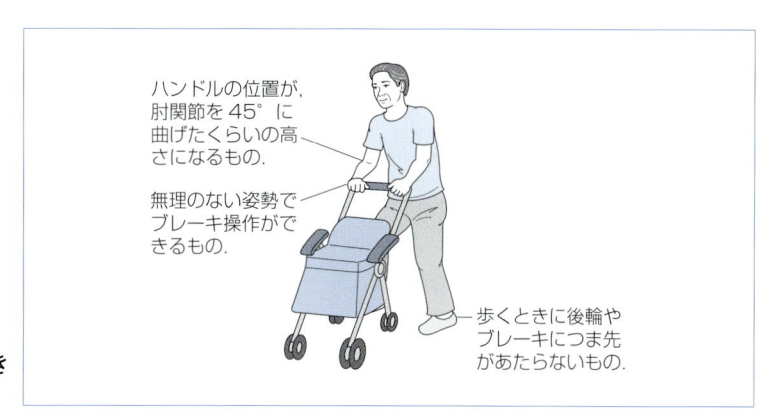

図11・6 シルバーカーを選ぶときのポイント

でき，ちょっとした外出に適しているステッキ型，ステッキ型より重いが安定性に優れているバッグ型，座って休憩できないが大きいカゴが付いていて主に日常的な買い物を運搬する目的のショッピングカート型，ハンドル部分に肘を置いて前かがみで押すタイプで安定性に優れた肘置き型などがある．また，三輪と四輪のものがあり，三輪は路面の凹凸に良く対応して未舗装の道路でも歩行しやすく，四輪は平坦な舗装道路の歩行で安定性が高い．

身体に合った標準型シルバーカーを選ぶときのポイントは**図11・6**に示す通りであるが，利用者の身体能力や生活環境，日常生活上で使う頻度の高いシチュエーションからもっとも適する機能を持った機種を選定する．

c. 歩行補助杖

立位歩行バランスの悪化や下肢筋力の低下は，外出への不安を募らせ閉じこもり傾向を醸成する．閉じこもりはさらなる下肢筋力の低下を招き歩行不能に陥りかねない．歩行補助杖は足腰が弱くなった利用者が最初に出会う介護用品であり，歩行バランスの改善や信号待ちなどで体重支持を補助して転倒の危険性を回避する．身体機能や好みに合わせたさまざまな形状のものが市販されていて，適切に使用して多くの歩行機会を確保すれば歩行能力を維持するのに有効である．

もっとも一般的な歩行補助杖がステッキ（一本杖）で，伸縮タイプや折りたたみタイプなどもある．ステッキに比べ着地面積が広く安定性が高いのが四点杖（多点杖）の特徴だが，凸凹が大きい路面ではかえって不安定になることもあり，使用は屋内に留めた方が安全である．ロフストランド杖は腕輪に前腕部を通して固定し，握りと腕輪に体重を負荷するタイプで，握力や手関節の力が低下している人に適している．松葉杖は両足荷重できない人などに適しているが，体重を支える十分な腕力がないと使用できない．

不適切な長さの歩行補助杖は正しい歩行姿勢の保持をサポートできず，転倒を予防する機能を果たさない．ステッキや四点杖の長さは「立位で上肢を下垂したときの手関節から床面までの長さで，使用時に肘関節が約30°屈曲する（**図11・7**）」のが目安で，屋外用は靴を履き，屋内用は靴を脱ぎ計測する．ロフストランド杖は「第5趾の外側約15 cmのところに杖を突き，腕輪に前腕を入れたとき肘関節が約30°屈曲する長さ」が目安となる．松葉杖は「利用者の身長から40 cmを引いた長さ」が目安となり，腋窩で体重を支えない場合は第5趾の外側約15 cmのとこ

立位で上肢を下垂した手関節の高さで，使用時に肘関節が約30°屈曲するもの．

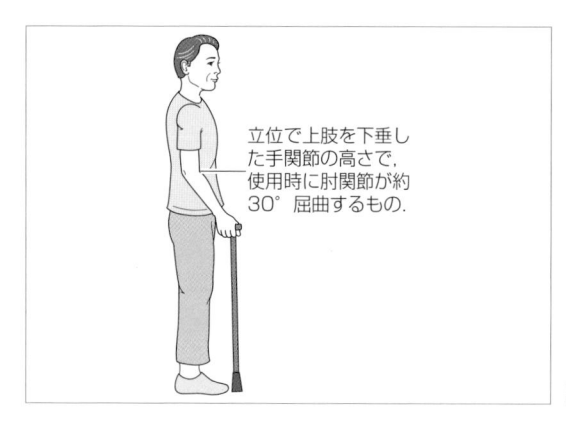

図11・7　一本杖の長さの目安

ろに杖を突き腋窩に少し隙間ができるのが理想である．それぞれ長さを細かく調節できるタイプの杖を選べば，実際に使用しながら微調整して適切な長さに合わせやすい．

5　移動用リフト

　利用者の移乗や移動の介助を目的にした機器にホイストとリフトとがあり，まとめて「リフト」といわれている．ホイストは上から吊り上げるタイプでリフトは下から押し上げるタイプであり，それぞれ床走行型と設置(固定)型とがある．床走行型は軟らかい畳や絨毯上での移動が難しく，ベッド周りで使用する場合はベッドの下に脚部が入るスペースを確保しなければならない．使用目的がベッドから車椅子または車椅子からベッドへの移動だけに絞られる場合は，利用が室内に限られるので設置型が安定して安全に使える．床設置型の欠点は足元にフレームが取り付けられているので，ベッド周りの使い勝手が悪くなることである．

　天井走行型のホイストでは線移動型に比べ面移動型が使いやすく，ベッドから椅子，ベッドから車椅子，車椅子からベッドなど，居室内のいろいろな生活場面で必要に応じた移動に使用できる．また，床面を占拠しないので居室の使い勝手への影響が少ない．

　リフトで利用者を吊り上げるときに使用する釣り具には，ベルト型，脚分離型，シート型があり，ベルト型は肩関節の機能が保たれている人に適し，脚分離型は股関節の開排制限のある場合や収尿器を使用している場合などを除き比較的多くの人で利用できる．シート型は重度の障害者も含めほとんどの人で利用可能である．

6　ポータブルトイレ

　ベッドからは離れられるがトイレまで行けない人，トイレまでの移動が不安定な人などが主として寝室で使用する便器である．ベッドから離れた位置に設置するタイプとベッドサイドに設置するタイプとがあるが，利用者の心身機能と使い勝手を考慮してタイプを決める．ポータブルトイレは立ち座りしやすい，安定性がよい，フタの開け閉めがしやすい，臭いが漏れない，掃除しやすく清潔を保持しやすい，みた目がよいなどの諸条件を満たしている必要がある．

　座面の高さが40 cm程度であり，膝を曲げ腰かけた姿勢で足をある程度後ろに引けると立ち座

り動作がスムーズにできる．やや縦長の便座穴を座面の真ん中から前方に開けたものが理想的であるが，実際には座面が広めで深く腰掛けなければ使用できない場合があるので注意が必要である．離れた位置に設置するタイプは比較的立ち座りの容易な人に適していて，座位でのバランスが悪い人は使用が困難である．ベッドサイドに設置するタイプは歩行が不能だがベッド上での端座位をとれる人は使用できる．

介護ロボット **MEMO**

　2012年には排泄を支援する機器が保険適応されているが，2015年から介護ロボットを介護保険に適応されることになった．装着型のロボットであるHALが最初にその対象となった．今後は介護職の利用が進むものと思われるし，脳卒中後の後遺症のリハビリテーションへの利用にも保険適応されている．この他にも食事，入浴などの介護支援型機器や，動物型ロボットなども検討されている．効果へのデータも蓄積される必要がある．

　現在介護ロボットは大きく3類型に分類される．すなわち移乗，入浴，排泄などを支援する介護支援型ロボット，歩行，リハビリテーション，食事，読書などの介護される側を支援するロボット，癒したり，見守りをするロボットである．2015年には介護・福祉ロボットの市場規模は167億円と予想されているが，2035年には4000億円程度まで増大すると予想されている．介護ロボットは柔道整復師の業界においても，様々な形で導入が期待される．

第12章　機能訓練で提供する運動と要点

　介護老人福祉施設や通所介護施設また地域支援事業の介護予防・日常生活支援総合事業で行う運動器の機能向上に関するプログラムでは，生活機能の低下や生活活動に障害が生じるおそれのある利用者に，理学療法士，作業療法士，柔道整復師などの機能訓練指導員，看護職員，介護職員などが協働して運動器の機能向上にかかわる個別の実施計画（個別プログラム）を作成し，当該計画に基づき有酸素運動，ストレッチング，簡易な器具を用いた運動などを実施し，生活機能を維持・向上させるための支援を行う．これらの機能訓練は1表の「利用者及び家族の生活に対する意向」および「総合的な援助方針」に基づいて，2表で示されている利用者の「ニーズ」の解決に向けた「長期目標」「短期目標」を実現する内容になっていると共に「サービス内容」で依頼された機能訓練の内容に適合するものでなければならない．

A ● 機能訓練の手順

1　事前アセスメント

　訓練を実施する前に事前アセスメントで利用者の健康状態・生活習慣，体力水準などの個々の状態像を把握する．医師による参加許可を得た利用者の事前アセスメント項目は，看護師などの医療従事者がリスク評価として行う既往歴，自覚症状の有無，バイタルサインのチェックであり，機能訓練の関連職種が行う関節可動域，筋力，感覚異常の有無，疼痛，身体アライメント，日常生活活動能力の評価である．また，体力測定では握力，開眼片足立ち時間，timed up & go test，5m歩行時間（通常・最大）などが測定項目となる．ただし，不安を訴える利用者には無理をして測定を行わない．訓練実施前と実施後の測定結果は，機能訓練が介護サービスとして提供される場合は担当ケアマネジャーへ，介護予防・日常生活支援総合事業として提供される場合は，地域包括支援センターへ報告書を作成して提出する．

　測定結果を指標として体力水準の評価を行い，利用者の低下している体力要素のうち，より低下している要素を把握し個別プログラム上に反映させる．**表12・1**に体力測定値の評価基準（参考例）を示す．

2　個別サービス計画の作成

　提供されるサービスを効果が高いものにするためには，目標指向型個別機能訓練（**図12・1**）の考え方に従った訓練が行われる必要があり，設定された目標の達成に向けた訓練を計画し実行することが重要である．単に「サービスが提供されただけ」という結果にしないためには，ケアプランに示されている参加レベルの目標を実現するために，改善を希望する具体的な生活機能の項

表 12・1 体力測定値の評価基準（参考例）

性別		レベル	握力	開眼片足立ち時間	TUG*	5m歩行時間（通常）	5m歩行時間（最大）
男性	地域支援事業相当	1	≦20.9	≦2.6	≧13.0	≧7.2	≧5.4
		2	21.0〜25.3	2.7〜4.7	11.0〜12.9	5.7〜7.1	4.4〜5.3
		3	25.4〜29.2	4.8〜9.5	9.1〜10.9	4.8〜5.6	3.7〜4.3
		4	29.3〜33.0	9.6〜23.7	7.5〜9.0	4.2〜4.7	3.1〜3.6
		5	≧33.1	≧23.8	≦7.4	≦4.1	≦3.0
	要支援者相当	1	≦17.9	≦1.9	≧23.0	≧11.9	≧9.3
		2	18.0〜22.3	2.0〜3.6	16.6〜22.9	8.6〜11.8	6.6〜9.2
		3	22.4〜25.4	3.7〜6.0	13.0〜16.5	7.0〜8.5	5.2〜6.5
		4	25.5〜30.0	6.1〜13.9	10.2〜12.9	5.6〜6.9	4.2〜5.1
		5	≧30.1	≧14.0	≦10.1	≦5.5	≦4.1
女性	地域支援事業相当	1	≦14.9	≦3.0	≧12.8	≧6.9	≧5.5
		2	15.0〜17.6	3.1〜5.5	10.2〜12.7	5.4〜6.8	4.4〜5.4
		3	17.7〜19.9	5.6〜10.0	9.0〜10.1	4.8〜5.3	3.8〜4.3
		4	20.0〜22.4	10.1〜24.9	7.6〜8.9	4.1〜4.7	3.2〜3.7
		5	≧22.5	≧25.0	≦7.5	≦4.0	≦3.1
	要支援者相当	1	≦10.9	≦1.4	≧23.2	≧12.3	≧10.2
		2	11.0〜13.4	1.5〜2.8	17.7〜23.1	9.1〜12.2	7.3〜10.1
		3	13.5〜15.9	2.9〜5.0	13.8〜17.6	7.3〜9.0	5.9〜7.2
		4	16.0〜18.4	5.1〜11.0	10.9〜13.7	6.0〜7.2	4.7〜5.8
		5	≧18.5	≧11.1	≦10.8	≦5.9	≦4.6

*: timed up & go test

*介護予防継続的評価分析等事業の体力測定が実施された対象者からの判断基準
（介護予防マニュアル改訂版平成24年3月による）

目を利用者から聞き取り，個別サービス計画で活動の目標に設定して，個別的な要素機能および基本動作へのアプローチや複合動作へのアプローチを行う．

a. 目標設定について

　　目標の設定は図12・2に示す目標設定法の手順に従い利用者の意向を確認しながら行うが，利用者が希望する具体的な生活機能の改善項目を聞き出すことが困難な場合は，利用者が日常生活を営むうえで必要な生活機能のうち，不自由の程度，改善の可能性の観点から判断した課題となる何項目かの生活機能を列挙する．列挙した生活機能について利用者と共に「一人で楽にできる」のか，「何とかできる」のか，「一人では困難」なのかを検討し，「一人では困難」な項目を「何とか一人でできる」ようにする，「一人で何とかできる」項目を「楽にできる」ようにするというように，現在よりも少しでも前進した状態を利用者との合意のうえで目標として設定する．合意した生活機能の向上目標（長期目標，複合動作の目標が主体）を達成するための下位目標（短期目標，基本動作や要素機能の目標が主体）の設定は1ヵ月毎に行い，機能訓練を漸進的に進める個別サービス計画を策定する．ケアプランに示された目標，機能訓練の長期目標，機能訓練の

A 機能訓練の手順　173

```
┌─────────────────────────────────────────────┐
│  利用者と協議して定めた生活目標を達成するために個人      │
│  の能力に合わせた運動内容を処方する機能訓練をいう      │
│                                              │
│       メリット              デメリット               │
│   ・訓練効果を実感しやすい  ・利用者の希望と一致しにくい   │
│   ・訓練を継続する割合が高い ・生活目標の設定が難しい     │
│   ・生活機能が向上する      ・目標の設定に学習が必要     │
│                                              │
│  設定した生活目標を達成して自立支援に結びつける訓練を行う │
│                     ↓                        │
│  設定目標が「ニーズ」に合ったものかが訓練の成否を分ける  │
└─────────────────────────────────────────────┘
```

図 12・1　目標指向型機能訓練

評価・説明　　　　　　　　　　　　　　　　　確　認

「できる生活活動」などの＜評価＞　⇔　状態の確認　⇔　「している生活活動」などの＜実働＞
例：立ち上がり動作は可能，歩行能力　　　　　　　　　　　例：20m くらいの杖歩行可能，IADL 上
の回復は可能，持久力改善が主課題　　　　　　　　　　　　の問題なし，持久力・バランス能力低下

評価内容
・移動能力・IADL の能力
・過去の生活状況，趣味
・疾患，痛み

　　　　　　　　　　　　課題の抽出　　　　ケアプランの確認

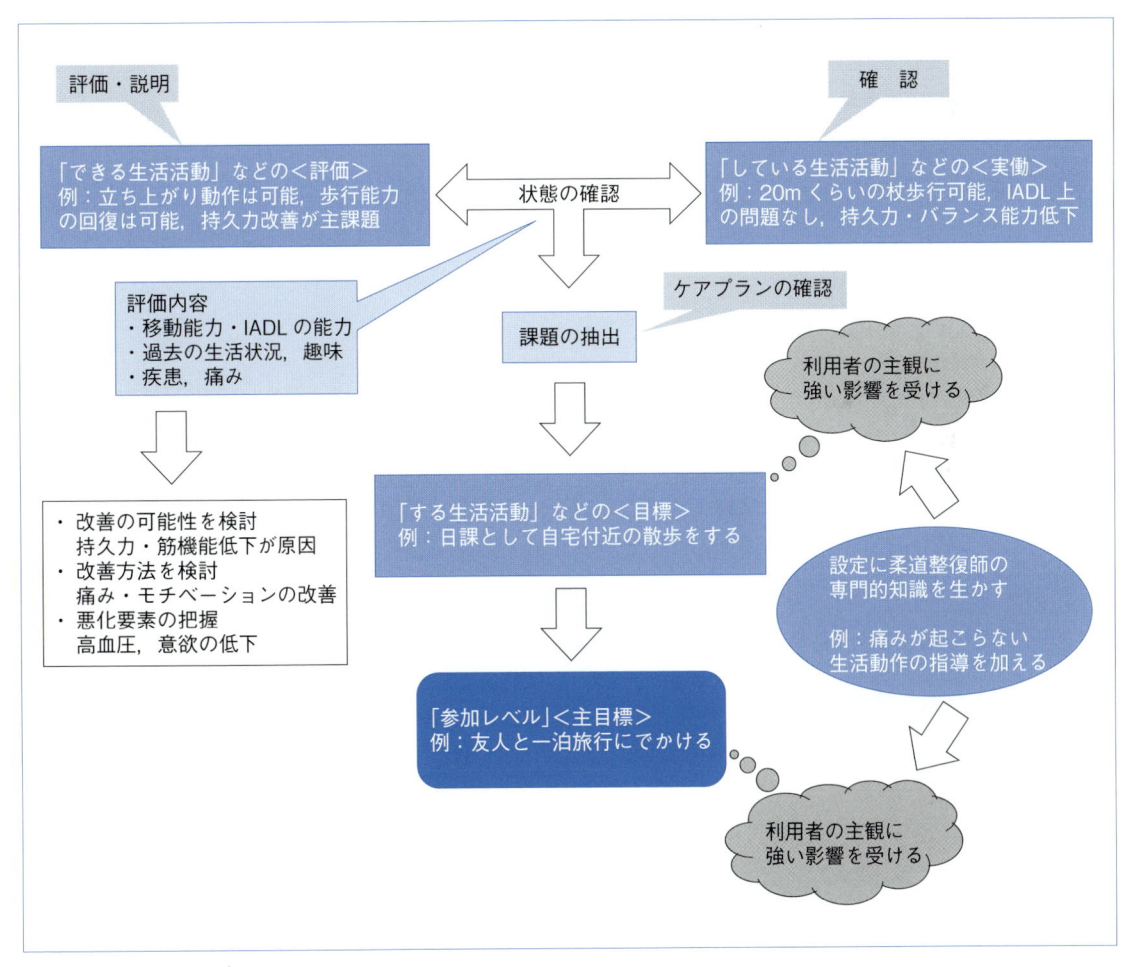

・改善の可能性を検討
　持久力・筋機能低下が原因
・改善方法を検討
　痛み・モチベーションの改善
・悪化要素の把握
　高血圧，意欲の低下

「する生活活動」などの＜目標＞　　　　　利用者の主観に
例：日課として自宅付近の散歩をする　　　強い影響を受ける

　　　　　　　　　　　　　　　　　　　　設定に柔道整復師の
　　　　　　　　　　　　　　　　　　　　専門的知識を生かす
　　　　　　　　　　　　　　　　　　　　例：痛みが起こらない
　　　　　　　　　　　　　　　　　　　　　　生活動作の指導を加える

「参加レベル」＜主目標＞
例：友人と一泊旅行にでかける　　　　　　利用者の主観に
　　　　　　　　　　　　　　　　　　　　強い影響を受ける

図 12・2　目標の設定

表12・2 設定する目標の例

ケアプランの目標 （具体的な生活上の希望を表記する，社会参加の領域）	
例1	近所のスーパーで買い物ができるようになりたい
例2	食事の用意が楽にできるようになりたい
例3	物干し場で洗濯物を楽に干せるようになりたい
機能訓練の目標 （ニーズ実現のためにおおよそ3ヵ月で到達できる目標を設定する）	
例1	スーパーの所在地まで行ける歩行能力を獲得する
例2	身体のバランス能力の向上を図り，炊事動作ができるようにする
例3	立位での動作能力を高め，安定して物干し動作ができるようにする
到達目標 （目標達成に向け1ヵ月程度で到達できる短期的な目標を設定する）	
上記例1に対する短期目標	
1ヵ月目	歩行能力を高めるために必要な運動の基本動作が自立して行える
2ヵ月目	歩行能力をやや離れた隣家に楽に行ける程度にする
3ヵ月目	2階までの昇降が楽にでき，平坦な道で30分程度の散歩ができる

短期目標の例を**表12・2**に示す．

b. 個別機能訓練実施計画の作成

　　　個別機能訓練実施計画書は事前アセスメントの結果を反映させた「原案」を作成し，利用者と協議して同意を得たうえで決定する．計画書は運動器の機能，訓練に伴い予想されるリスク，ニーズを考慮して策定し，目標への到達期間，運動の種類，負荷強度，1回の実施時間，期間中の実施頻度，実施形態など訓練の詳細な内容を記載する．集団で訓練を行う場合のプログラムはメンバー中のもっとも体力水準が低い人でも実施可能なメニューを選び，訓練が画一的にならないよう利用者ごとに個別の目標を設定して，体力水準の高い人には回数，負荷量，継続時間などを増やして，それぞれ体力に応じた運動が適切なレベルで行えるように配慮する．

3　プログラムの実施

a. プログラム実施前の留意点

　　　高齢者は急激な体調変化をきたしやすいので，医師から機能訓練参加の許可を得ている場合でも，直前のチェックで利用者の状態が以下に該当するときには運動を実施しない．

■ 運動を実施しない場合
1) 安静時の血圧で収縮期血圧180 mmHg以上，または拡張期血圧110 mmHg以上
2) 安静時の脈拍数が110回/分以上，または50回/分以下
3) 通常と異なる脈の不整*がある
4) 関節痛など慢性症状の悪化
5) その他，自覚的な体調不良などを訴える

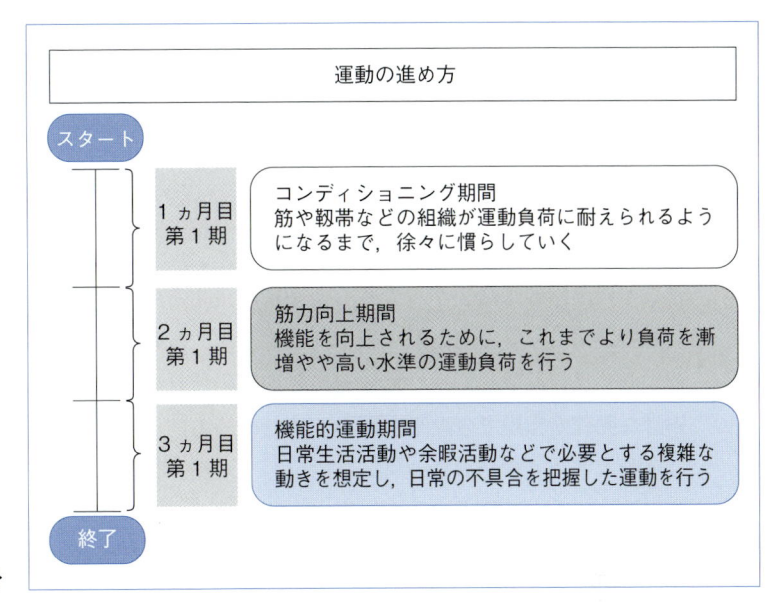

```
                        運動の進め方
  スタート
          ┌──────┐  ┌─────────────────────────┐
          │1ヵ月目│  │コンディショニング期間              │
     ├──  │第1期 │  │筋や靱帯などの組織が運動負荷に耐えられるよう│
          └──────┘  │になるまで，徐々に慣らしていく        │
                    └─────────────────────────┘
          ┌──────┐  ┌─────────────────────────┐
          │2ヵ月目│  │筋力向上期間                │
     ├──  │第1期 │  │機能を向上されるために，これまでより負荷を漸│
          └──────┘  │増やや高い水準の運動負荷を行う        │
                    └─────────────────────────┘
          ┌──────┐  ┌─────────────────────────┐
          │3ヵ月目│  │機能的運動期間               │
     ├──  │第1期 │  │日常生活活動や余暇活動などで必要とする複雑な│
          └──────┘  │動きを想定し，日常の不具合を把握した運動を行う│
                    └─────────────────────────┘
  終了
```

図12・3　1クールの配分

> **MEMO　通常と異なる脈の不整**
> 毎回の直前チェックで脈拍数に加えて，不整脈の有無や数なども記録しておき，不整脈がみられたり数が通常より多かったりする場合は運動を控える．

また，安全に訓練を実施するために，以下の項目を事前に利用者に周知する．
1) 睡眠不足や体調不良があれば無理して運動しない
2) 運動前または運動中に身体の何らかの変調を感じたら実施担当者に伝える
3) 運動直前に食事をしない
4) 運動中に水分を十分摂取する

b. プログラムの実施期間・回数

❶ 実施期間

　訓練の1クールは3ヵ月間を目安として実施する．継続して2ないし3クールを実施することもできるが，その場合には1クール終了ごとにアセスメントを行い，その都度，状態像に合わせた個別機能訓練実施計画を作成する．継続して実施する場合にはケアマネジャーや地域包括支援センターとの連携を密にして，目標としている課題に対する改善状況を確認しながら適切な訓練計画の基に実施する．

　3ヵ月間の訓練期間をおおよそ1ヵ月ごとに区切りコンディショニング期間(第1期)，筋力向上期間(第2期)，機能的運動期間(第3期)に分けて実施する(**図12・3**)．機能訓練でコンディショニング期間を設定して徐々に負荷を高めて行くことは，利用者が運動に慣れ次のステップで負荷を掛けた訓練に耐えられるようになるために重要である．

❷ 運動強度

　高齢者の体力水準が低いことと安全に運動を継続できることへの配慮から，負荷レベルは1ヵ

表 12・3　運動強度の目安と運動量

	運動強度の目安 (最後の2〜3回の筋の疲労感)	運動量 (反復回数×セット数)
第1期	かなり楽〜比較的楽	20〜30回×1セット
第2期	ややきつい	10〜15回×2セット
第3期	ややきつい	10〜15回×3セット

月ごとに段階的に高くなって行くように設定する.

　運動強度の目安と運動量を表12・3に示す．最初の1ヵ月はコンディショニング期間として負荷が低く反復回数を増やした設定にし，運動種目は臥位や座位で行えるものを中心に選択する．円滑な動作が獲得できたら，次の1ヵ月は筋力向上期間として，利用者の日常生活の遂行に必要な運動水準よりやや高めの負荷を設定し，運動種目には立位で行うものも取り入れ，運動器の機能向上につながる筋力強化を目指す．筋力向上に裏づけられた十分な運動機能の向上が確認できたら，最後の1ヵ月は機能的な運動期間として，生活機能の改善が運動器の機能向上によって実現されることを実感できるように，積極的に重心移動を伴う，より機能的な運動種目を取り入れた訓練を設定する．

　筋力を向上させる目的で行う運動では，最大筋力の60％以上*の運動強度を設定する必要がある．強度を設定する目安は最終2〜3回の反復運動時の聞き取りで，利用者が"ややきつい"と訴える程度の疲労感を持つ強度である．負荷した強度の適否は利用者の主観に任せた評価だけでなく，担当者が実際の運動状態を観察して代償運動の有無，動作のスムーズさ，訓練中の表情などを加味した総合的判断により評価する．

> **MEMO**
> 筋力向上目的の訓練では運動の速度を遅くして行う（スロトレ）ことで軽い負荷でも効果が高まる方法もある．

❸ 運動頻度

　訓練の実施頻度は利用者の負担を考慮して，過重にならないもっとも効果的な回数を設定する．運動器の機能向上に週2回以上の訓練が必要なことを考えれば，週1回しか参加できない利用者には自宅で実施できる運動メニューを提供するべきであり，適切な運動方法の指導で自発的な訓練の継続を促さなければならない．同時に利用者から訓練期間中を通して自宅訓練の実施状況の報告を受け，適切な頻度かどうか確認する必要がある．

c. プログラム内容

❶ 標準的なプログラム（図12・4）

　プログラムは体力を構成する要素が包括的に向上する運動になるよう，ストレッチング，バランス運動，機能的運動，筋力向上運動などが適切に組み合わされた構成にする．また，運動種目の配置は訓練の進行に合わせて徐々に強度や複雑さが増すような組み合わせにすると共に，利用者が目標に向かって生活機能が向上していることを実感できるプログラムにする．

A 機能訓練の手順　177

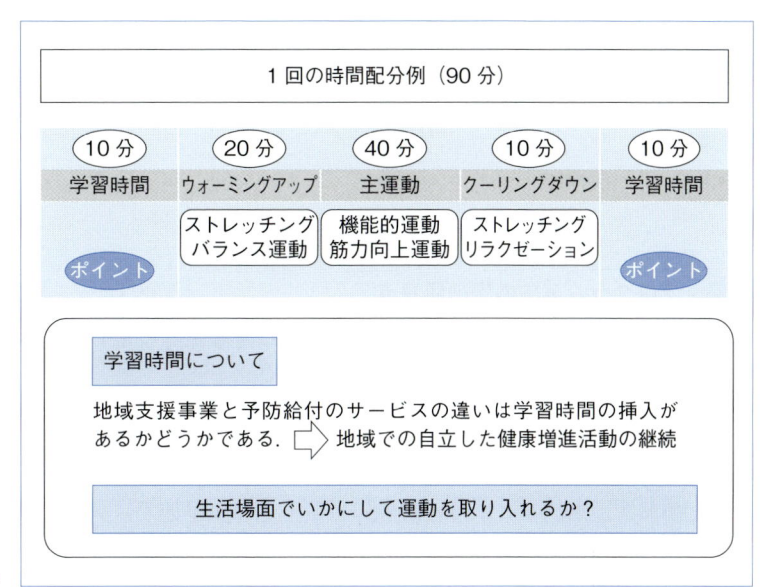

```
┌─────────────────────────────────────────────┐
│           1回の時間配分例（90分）              │
└─────────────────────────────────────────────┘
   (10分)    (20分)     (40分)     (10分)    (10分)
   学習時間  ウォーミングアップ  主運動   クーリングダウン  学習時間
            ストレッチング  機能的運動  ストレッチング
            バランス運動   筋力向上運動  リラクゼーション
   ポイント                                    ポイント

   ┌─────────────────────────────────────────┐
   │  学習時間について                          │
   │  地域支援事業と予防給付のサービスの違いは学習時間の挿入が
   │  あるかどうかである． ⇨ 地域での自立した健康増進活動の継続
   │                                          │
   │      生活場面でいかにして運動を取り入れるか？  │
   └─────────────────────────────────────────┘
```

図 12・4　標準的なプログラム

❷ 個別プログラムの設定

　プログラムの実施にあたり，①より衰えが大きい体力要素は何か，②痛みの増加がない動作は何か，③静的・動的・機能的バランスのうち衰えのもっとも大きいのはどれかなどを考慮して，個々の状態に合わせたプログラム構成を個別に設定する．十分な体力水準にある利用者が脱落することもあるが，体力評価と健康関連 QOL*との乖離*を原因としている場合があり，そのような利用者には客観的な評価で背景を探り情緒的なサポートによる自己効力感*への働きかけが必要になる．

健康関連 QOL（HRQOL）　　**MEMO**

医療評価のための QOL として，個人の健康に由来する事項に限定した概念として定義されている．さまざまな評価尺度があるが，包括的 QOL 尺度として用いられる SF-36（MOS 36-item Short Form Health Survey）では，測定の対象となる集団に質問紙（アンケート）を実施し，集まったデータを定められた方法によって集計・解析することで，主観的なアウトカムを定量的に評価する．

体力評価と健康関連 QOL との乖離　　**MEMO**

一般に運動機能と健康関連 QOL とは同じ傾向を示すが，老いを感じ始めて間もない人で「いつもはこんなはずではなかったのに，おかしい」などと自分の状態に拒否的な反応を示す場合によくみられる現象である．

自己効力感　　**MEMO**

自己に対する信頼感や有能感のことで，自己を取り巻く外界の事象に対し，「自分の何らかの働きかけが有効になるだろう」という感覚である．達成体験，代理経験，言語的説得，生理的情緒的高揚，想像的体験などが自己効力感を生み出す基となる．

表12・4 運動中に注意する所見・症状

1. 顔面蒼白
2. 冷や汗
3. 吐き気
4. 嘔吐
5. 脈拍・血圧の変動

❸ プログラム実施の際の留意点

プログラムを提供する際に，以下の点を考慮して進める．

a） プログラム内容の説明と同意

利用者が理解できるような表現で口頭または文書を用いて，プログラムの内容・進め方・効果・リスク・緊急時の対応などについて説明して同意を得る．利用者がプログラム内容を十分理解せず，家族などからの勧めによる不本意な参加では訓練効果が上がらず継続した参加にもつながらないので，本人の主体的な選択による参加を目指す．また，同意を得たことは文書にして残す．

b） 体力構成要素の包括的運動

一般に加齢に伴う体力低下では筋力，持久力，敏捷性，バランス能力，柔軟性などの体力構成要素の個別的・選択的な低下は少ない．生活機能はこれらの相互作用で成り立っていることを考えれば，機能向上を目指す訓練では体力構成要素の包括的な向上を目指すことが重要である．

c） 強化の対象となる筋群

生活機能の向上には立つ，座る，歩く，階段の昇降といった日常生活活動の基盤となる動作で重要な働きをする，抗重力筋群を対象にした訓練が必要になる．このほか訓練の対象に加える筋には，安定した歩行姿勢を獲得し転倒を予防する，抗重力筋とは拮抗筋の関係にある前脛骨筋などの筋群，身体バランスを保持する観点から上肢の筋群や体幹の安定した姿勢を保つ働きがある腹筋群などがある．

また，女性に多い腹圧性尿失禁はQOLを低下させるが，適切な機能訓練で症状が改善することが知られている．予防には骨盤底筋群の強化が有効で訓練の対象とする．

d） 運動中に留意すること

運動中の不良姿勢は局所的な筋緊張につながり，筋を疲労させる原因となるので運動姿勢を正しく保つように指導する．運動器に局所的な疲労の蓄積が原因と考えられる一時的な機能低下がみられる場合には，大幅に負荷量を減少したり運動を中断したりするなどして利用者の疲労回復に努めなければならない．また，運動中の利用者に**表12・4**に示す自覚症状や他覚所見が出現したときには，リスク管理マニュアルに従って看護師などとの連携の基に適切に対処して利用者の安全を確保する．

高齢者の傾向として喉の渇きを感じにくく，また頻尿や尿漏れを恐れて水分摂取を控えるなどがみられ脱水状態に陥りやすいので，運動中には必ず水分補給の時間を設ける．

❹ 利用者の意識・意欲の高揚

利用者の自発的な参加，意欲的な運動実施が，運動器の機能向上プログラムで確実な効果を引

地域支援事業における事例Iさん　MEMO

Iさんの病歴
地方都市在住の81歳女性，地域支援事業対象

[既往歴]
- 平成14年　脳梗塞発症（左片麻痺，体幹障害で身体障害者手帳5級）
- 平成20年　脊柱管狭窄症人工骨をボルト固定術
- 平成24年　白内障両眼手術

[現病歴]
- 不眠症と脂質異常症（高脂血症）（レンドルミン，アクトス，ストール，パリエットオパルモン処方）
- 白内障術後視力低下
- 脊柱管狭窄症の影響による腰痛

今までの生活
県庁所在地の会社で経理事務をして働いていた
終電になることも時々あり，夫が調理をして支えていた
60歳で大病（脳梗塞）をしてからは自宅でのんびりと過ごす

現　在
平成20年に夫が亡くなり現在は一戸建てに一人住まい
独り暮らしに対して不安はない．近所に住む夫の姪が買い物などの生活支援をしている
隣り町に住んでいる姉とは頻繁に電話で連絡を取っている

地域支援事業参加
健康検診で運動器の機能向上事業対象者になった．定期的な外出の機会と運動をするために参加

Iさんの介護予防プランと運動方針

Iさんの介護予防プランと運動方針

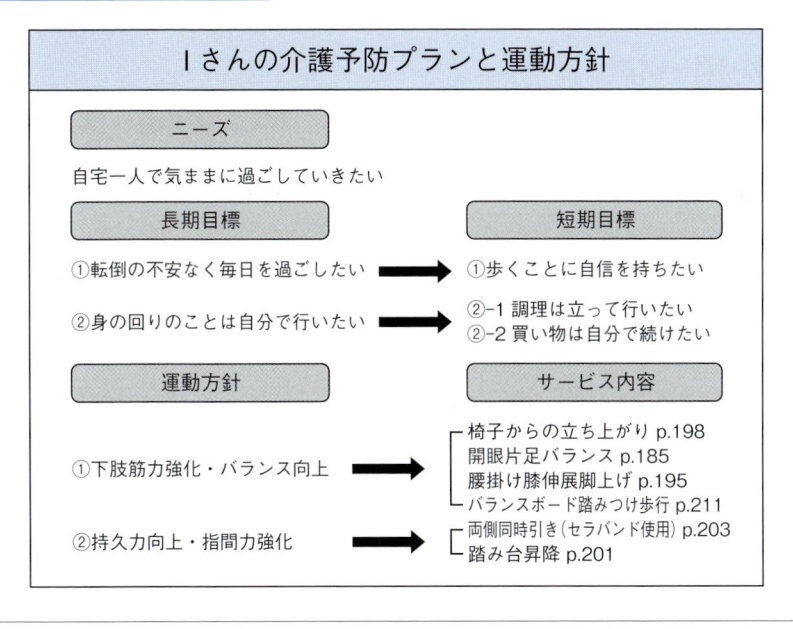

ニーズ
自宅一人で気ままに過ごしていきたい

長期目標	短期目標
①転倒の不安なく毎日を過ごしたい	①歩くことに自信を持ちたい
②身の回りのことは自分で行いたい	②-1 調理は立って行いたい ②-2 買い物は自分で続けたい

運動方針	サービス内容
①下肢筋力強化・バランス向上	椅子からの立ち上がり p.198 開眼片足バランス p.185 腰掛け膝伸展脚上げ p.195 バランスボード踏みつけ歩行 p.211
②持久力向上・指間力強化	両側同時引き（セラバンド使用）p.203 踏み台昇降 p.201

き出すための条件になるが，生活機能の向上を目指すうえでは，プログラムの終了後も引き続いて運動を実践する意欲を保ち，日常生活を活動的に送ってもらうことが重要である．それには利用者の意識に働きかけ意欲を高めることが必要で，具体的には①スモールステップ（目標は実現可能なものに限る），②セルフ・モニタリング（できたことを自分で記録する），③自己強化（でき

た自分を誉める）といった技法を用いて成功体験を積み重ねることが効果的である．

d. プログラム終了後の注意点

当日に計画されていた訓練内容の終了後は利用者の状態変化を一定時間観察する．終了後の利用者に以下に示す所見や症状がみられる場合は，医療機関を受診させるなど適切な措置をとらなければならない．

1) 安静時の血圧で収縮期血圧 180 mmHg 以上，または拡張期血圧 110 mmHg 以上
2) 安静時の脈拍数が 110/分以上，または 50/分以下
3) 通常と異なる脈の不整がある
4) その他，体調不良や運動中に注意する事項の自覚症状に該当する訴え

4 事後アセスメント

1クール終了後に事後アセスメントを行い，事前アセスメントで評価した項目に加え，目標達成の進捗度や日常生活活動能力の改善状況などを評価する．プログラムの報告書には目標達成の度合い，個別の体力要素改善の度合い，主観的健康観の改善の有無などを総合的に評価し，結果を記載した報告書を担当ケアマネジャーまたは地域包括支援センターに提出する．担当ケアマネジャーなどは報告書を踏まえて改めて課題分析を行い，目標達成状況から今後の支援を継続するか，終了するか，プログラムを変更するかなどを検討する．

B ● 器具を用いない運動

1 背臥位で行う軽運動

朝，布団の中や訓練開始前に背臥位で行い，身体の柔軟性を高めたり，運動に慣れさせる目的で行う．

a. 背伸び (1) 上肢を手先まで上方へ，下肢を足先まで下方へのびのびと伸ばす． (2) 体全体にほどよい緊張を与え，全身をリラックスさせる効果がある． (3) 2〜3回繰り返す．	
b. 頭を起こす (1) ゆっくりと頭を持ち上げ足先をみる．このとき，軽く腹筋を引き締める． (2) 後頸部から上背部の緊張を緩め，腹筋などの筋力向上効果が期待できる． (3) 2〜3回行う．	

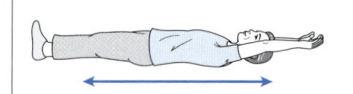

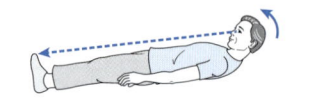

c. 足関節の屈伸
(1) 下肢を伸展し，踵で壁を押すような気持ちで全身を伸展させると同時に，足関節の屈伸を行う．
(2) 大臀筋，大腿部後面の筋，下腿部後面の筋を十分に伸展させると柔軟性を高める効果が期待できる．
(3) 屈曲，伸展を1動作として4回行う．

d. 上肢の屈曲，伸展
(1) 背臥位で肘関節を屈曲した姿勢から，手掌で物を押し上げるように，上肢全体に少し力を入れながら肘関節を伸展する．
(2) 膝関節の伸展位で行うと腰痛を引き起こす危険性が高いので膝を約90°屈曲して行うほうがよい．
(3) 4回行う．

e. 膝の引き寄せ
(1) 両手で両膝をかかえ，胸元へ引き寄せる．
(2) 力まず体を丸めるような気持ちで行う．
(3) 両臀部から腰部の筋の柔軟性を高める効果と腹筋の筋力向上が期待できる．
(4) 3〜4回行う．

f. 腰上げ
(1) 背臥位で膝を曲げ，両手を床に置く．この状態から背筋を伸ばして腰を持ち上げ，呼吸は止めずに10秒程度その姿勢を保持してから，腰をゆっくり下ろす．
(2) 背部の筋の柔軟性を高める効果と腹筋，背筋の筋力向上効果が期待できる．
(3) 2〜3回行う．

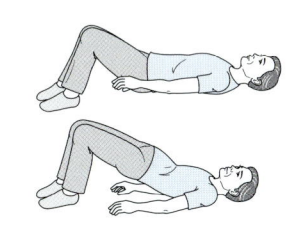

g. 腰ひねり
(1) 背臥位で両肩を床につけたまま，一方の足先が反対側の床につくまで，ゆっくりと腰を捩る．床から肩が離れないように注意して行い，足先が床につかないときは，できる範囲で行う．
(2) 腹斜筋の柔軟性を高める効果が期待できる．
(3) 左右各2回ずつ行う．

2 運動開始前の予備運動

a. 背伸び
(1) 両足を肩幅よりやや広めに開いて立ち，両手を組んだ手のひらを上に向けて天井を押し上げるように腕を十分に伸ばす．十分に伸ばした位置で呼吸を止めずに5～6秒間保持した後，緩める．
(2) このとき左右の腕が耳に触れることが理想だが，肩関節の可動域制限があり，つかない場合には，できる範囲内で行う．
(3) 肩関節の可動域を広げる効果や，脊柱起立筋(背筋全体)を緊張させたり伸張させたりする効果が期待できる．
(4) 2～4回行う．

b. 体側からの両腕振り上げ
(1) 両足をそろえて立ち，肘を伸ばした左右上肢を同時に体側から大きく頭上に振り上げる．
(2) 上肢を振るときに体側から離れないように，また，挙上したときに頭上で左右上肢が開かないように注意する．
(3) 肩をはじめ，上半身の前面・後面の筋を緊張させたり伸張させたりする効果が期待できる．
(4) 4回行う．

c. 前傾両腕振り上げ
(1) 両足を肩幅よりやや広めに開いて立ち，上半身を軽く前方に倒しながら腰を落として臀部を後方に突き出す姿勢をとり，左右上肢を肩の高さまで振り上げる．
(2) 背中が丸まらないように，腰を落として臀部を突き出すとき後方に転倒しないように注意して行うと共に，上肢を振るときに体側からあまり離れないように注意する．
(3) 肋間筋(呼吸筋)を伸張し，呼吸機能を高める効果が期待できる．また，肩関節の可動域を広げると共に脊柱起立筋の筋力向上が期待できる．さらに，前後方向のバランス保持能力を向上させる効果も期待できる．
(4) 4回行う．

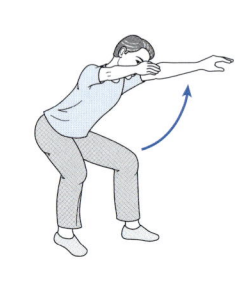

d. 体側伸ばし
(1) 両足を肩幅よりやや広めに開いて立ち，一方の上肢を伸ばし耳につくまで(つかない場合はできる範囲で)高く上げ，上半身を上げた上肢側の側方に倒すように押し出しながら，体側の筋を伸ばす．もっとも体側が伸びた姿勢で呼吸を止めずに5～6秒間保持した後，緩める．
(2) 転倒しないように注意しながらバランスよく行う．
(3) 体側や肩関節の筋を緊張させたり伸張させたりする効果が期待できる．また，側方へのバランス保持能力を向上させる効果も期待できる．
(4) 左右各2回ずつ4回行う．

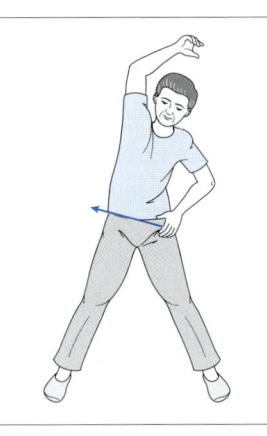

e. 体幹の後方捻転
(1) 両足を肩幅よりやや広めに開いて立ち，両上肢を軽く振りながら上半身を左右の後方へ十分に捻る．捻る方向と反対側の踵が上がらないように注意ながら，できる範囲の最大限まで捻る．
(2) 転倒しないように注意しながらバランスよく行う．
(3) 脊柱の関節の柔軟性を向上させると共に，脊柱起立筋，臀部の筋，大腿部の筋を緊張させたり伸張させたりする効果が期待できる．また，振り向く動作をするときなどのバランス保持能力を向上させる効果も期待できる．
(4) 左右各2回ずつ4回行う．

f. 体幹の前・後屈
(1) 両足を肩幅よりやや広めに開いて立ち，前傾した姿勢から上半身を前屈させ両手が同側の足先，できれば踵の内側に届くまでゆっくりと曲げて行く．続いて，両上肢を大きく上方から後方へ振り上げて胸をそらす．
(2) できるだけ大きな動作で行うように心がける．腰痛や背痛のある人は痛みのない範囲を，無理をしないで少しずつ行い，徐々に動く範囲を広げて行く．
(3) 腹筋，背筋，臀部の筋，肋間筋を緊張させたり伸張させたりする効果と同時に筋力向上効果が期待できる．また，前後方向へのバランス保持能力を向上させる効果も期待できる．
(4) 2回行う．

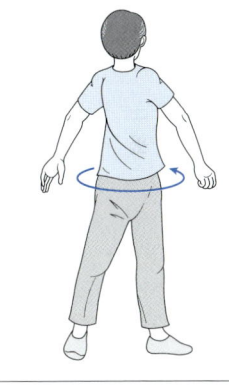

g. 肩引き上げ

(1) 両足を肩幅よりやや広めに開いて立ち，肘を軽く曲げた姿勢をとる．手を軽く握って拳を作り，綱などを引き上げる要領で胸に沿って下顎部まで引き上げる．さらに，腕をできるだけ上げ，肘が耳に近づくように引き寄せる．続いて，腕を元の位置まで下ろす．
(2) 引き上げるときは深く息を吸い込み，下ろすときには大きく吐き出す．
(3) 肩を引き上げることで胸郭や肩の呼吸に関連する筋を引き伸ばす運動で，肩関節の可動域を広げると共に，脊柱起立筋を緊張させたり伸張させたりする効果が期待できる．また，呼吸能力を向上させる効果も期待できる．
(4) 4回行う．

h. 上体の回旋

(1) 両足を大きく開いて立ち，腰を回転させるように上体で大きく円を描く．左右方向から交互に上体を回す．
(2) 息は止めず自然な呼吸でゆっくり行い，バランスを崩して転倒しないように注意する．転倒の危険があるときは，最初に小さく円を描き徐々に大きくして行く．また，高齢者で転倒の危険性が高いときは，介助者が転倒に備え付近に待機する．
(3) 腹筋，背筋，腰部の筋，臀部の筋，大腿部の筋の柔軟性を高める効果が期待できる．また，呼吸能力やバランス保持能力を向上させる効果も期待できる．
(4) 左右各2回ずつ行う．

i. 脚の伸展
(1) 両足を大きく開いて，一方の足関節を起こし膝関節に手を置き準備する．反対側の足に体重がかかるように，膝を屈曲して腰を下ろして行き，大腿部や下腿部後面の筋を十分に引き伸ばす．さらに強く伸張させる場合は，膝を深く折り曲げ腰を十分下ろす．膝痛や腰痛のある人は膝を浅く曲げる程度でもよい．
(2) バランスを崩して転倒しないように注意しながら，反動をつけずゆっくりと行う．また，高齢者で転倒の危険性が高いときは，介助者が転倒に備え後方に待機する．
(3) 脊柱起立筋，臀部の筋，大腿部前後面の筋を緊張させたり伸張させたりして，柔軟性の向上と筋力向上効果が期待できる．また，バランス保持能力を向上させる効果も期待できる．
(4) 左右交互に2回ずつを1動作として4回行う．

j. 開眼片足バランス
(1) 目を開けたまま片足立ちをし，上げた脚は大腿部が水平になるまで上げ，5〜10秒間保持して下ろす．左右上肢は大きく開きバランスをとる．
(2) とくに転倒に注意して行い，危険性がある場合には介助者が横に立って転倒に備える．
(3) 歩行時などのバランス保持能力を向上させる効果が期待できる．
(4) 左右交互に2回ずつを1動作として4回行う．

k. 深呼吸
(1) 両足を肩幅に開いて立つ．腕を体の前で交叉させ，息を大きく吸いながら，腕を開き，息を吐きながら元の姿勢に戻す．
(2) 呼吸は腹式呼吸を意識しながらゆっくりと行う．
(3) 肋間筋を緊張させたり伸張させたりして，柔軟性の向上と筋力向上の効果が期待できる．また，呼吸能力を向上させる効果も期待できる．
(4) 2〜3回行う．

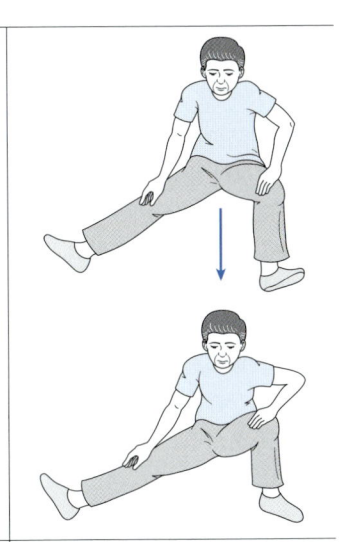

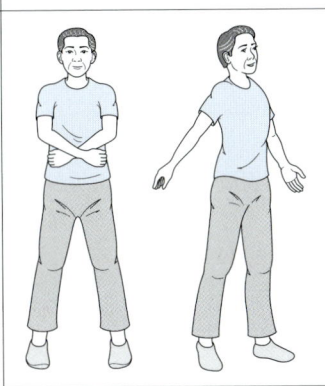

3 立位で行う上肢・体幹のストレッチング

a. 手関節の屈伸
(1) 一方の上肢を肩と水平になるように前方に真っ直ぐ伸ばし，反対側の手で手関節を背屈方向にやや強く曲げ，呼吸は止めずに5〜6秒間静止する．続いて手関節を掌屈方向にやや強く曲げ同様に5〜6秒間静止する．
(2) 上腕が肩の高さから下がらないように注意し，指にも同様な力を加えるとよい．
(3) 手関節の腱などの柔軟性を高める効果と，肘関節から手関節までの掌側および背側の筋を伸張させる効果が期待できる．
(4) 左右交互に2回ずつ行う．

b. 肘伸ばし
(1) 一方の上肢を肩の高さで逆方向に水平に伸ばし，肘関節に反対側の手をあて，上腕を体幹方向に引き寄せ呼吸を止めずに5〜6秒間保持する．または，反対側の肘で挟みつけるようにして同様に引き寄せ5〜6秒間保持する．
(2) 上腕が肩の高さから下がらないように注意する．
(3) 肩関節の関節包や腱などの柔軟性を高める効果と，肩関節後面の筋を伸張させる効果が期待できる．
(4) 左右交互に2回ずつ行う．

c. 腕の後方押し上げ
(1) 両足を肩幅よりやや広めに開いて立ち，両手を後頭部にあて指を組んで，左右の肩関節を後方に引き胸をいっぱいに開くようにし，続いて両手の指は組んだまま上肢を真上に押し上げ，呼吸を止めずに5〜6秒間保持した後，ゆっくり元の位置に戻す．
(2) 腕の位置は耳の後方で，できるだけ近づけるように注意して十分に伸ばす．
(3) 肩関節の下方から前方の関節包や腱などの柔軟性を高める効果と，脊柱起立筋，臀部の筋，腹筋，肩関節の筋を伸張させる効果が期待できる．
(4) 2〜3回行う．

d. 腕の後方横引き
(1) 両足を肩幅よりやや広めに開いて立ち，左右上肢を上げ後頭部で両手の指を組む．その位置から，一方の手を側方に引く．反対側の上肢だけを側方に引き，体幹が側屈しないように注意する．十分引いた位置で呼吸を止めずに5〜6秒間保持した後，ゆっくり緩める．
(2) 転倒に注意して行う．
(3) 肩関節の下方から前方の関節包や腱などの柔軟性を高め，可動域を広げる効果が期待できる．また，肩関節の前後面，下方の筋および側胸部の筋を伸張させる効果が期待できる．
(4) 左右交互に2回ずつ行う．

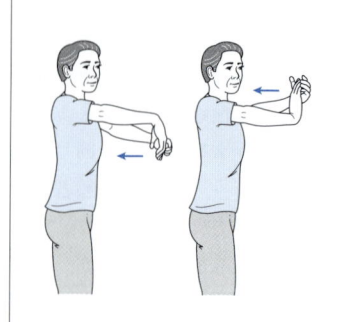

e. 頸部の前後・左右屈曲
(1) 額に両手をあて，ゆっくりと頭部を後へ倒す．両手を後頭部にあて，前方へ倒す．片手を反対側の側頭部にあて，あてた手の方向へ倒す．それぞれ倒れた位置で呼吸を止めずに5～6秒間保持する．
(2) 両足は開いて立っても閉じて立ってもよいが，不安定な場合は肩幅よりやや広めに開いて立ったほうが安定する．
(3) 頸部の前後左右の筋を伸張させる効果が期待できる．
(4) 前後左右交互に，各2回ずつ行う．

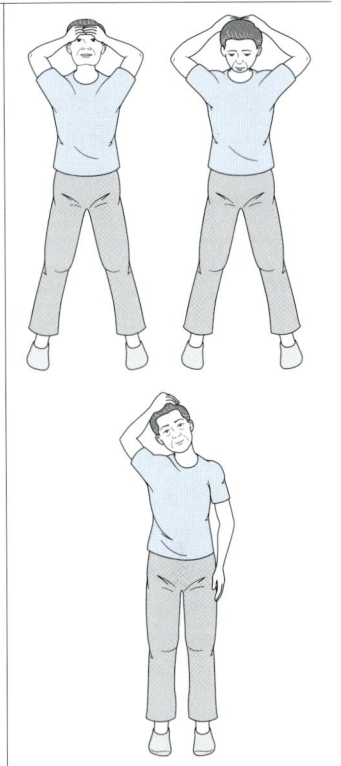

f. 胸張り
(1) 両手を腰または臀部の後で組み，伸ばした腕を後上方へ上げながら大きく胸を張り，その位置で呼吸を止めずに5～6秒間保持した後，ゆっくり緩める．
(2) 両足は開いて立っても閉じて立ってもよいが，不安定な場合は肩幅よりやや広めに開いて立ったほうが安定する．
(3) 胸部の筋，肋間筋，腹筋を伸張させる効果が期待できる．
(4) 2回行う．

g. 背中を丸める
(1) 両足を肩幅よりやや広めに開き軽く膝を曲げて立ち，肩関節が90°屈曲する方向に上肢を伸ばして両手を組むか合わせる．続いて，お腹を引っ込めると同時に背中をできるだけ丸くする．呼吸を止めずに5～6秒間その姿勢を保持した後，元に戻す．
(2) バランスを崩し，前方に転倒しないように注意して行う．
(3) 背筋，脊柱起立筋を伸張させる効果が期待できる．
(4) 4回行う．

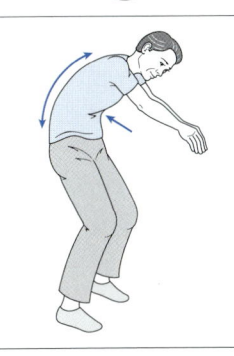

h. 斜め前方体側伸ばし

(1) 両足を肩幅よりやや広めに開いて立ち，上体を捻るように斜め前方に倒しながら上肢を反対側の足先方向へ伸ばす．もっとも伸びた位置で呼吸を止めずに5～6秒間その姿勢を保持した後，ゆっくり元の位置に戻す．
(2) バランスを崩し，前方に転倒しないように注意しながら，意識して体側をしっかり伸ばす．
(3) 体側および肩甲骨下部の筋を伸張させる効果が期待できる．
(4) 左右交互に2回ずつ行う．

i. 両手組み体側伸ばし

(1) 両足を肩幅よりやや広めに開いて立ち，両手を組んだ上肢を斜め上方に十分伸ばして側腹部の筋を伸ばす．呼吸を止めずに5～6秒間その姿勢を保持した後，元に戻す．
(2) 転倒に注意しながら意識してしっかり伸ばす．
(3) 肩関節の可動域を広げる効果と側胸部と側腹部の筋を伸張させる効果が期待できる．
(4) 左右2回ずつ行う．

j. 斜め側方伸ばし

(1) 両足を肩幅よりやや広めに開いて軽く上半身を前傾させて立ち，肩関節が100～120°屈曲位となる位置に，前上方で両手を組んだ上肢を斜め側方に十分伸ばして，伸ばした方向に体を捻る．呼吸を止めずに5～6秒間その姿勢を保持した後，元に戻す．
(2) 転倒に注意しながら意識して体側をしっかり伸ばす．
(3) 肩関節の可動域を広げる効果と体側および背部の筋を伸張させる効果が期待できる．
(4) 左右交互に2回ずつ行う．

k. 斜め前方体側捻転

(1) 両足を大きく開いて立ち上半身を前屈させる．息を吸いながら一方の手が反対側の足関節内果に近づくまで，上半身を大きく捻って上肢を伸ばす．息を吐きながら5～6秒間その姿勢を保持した後，元に戻す．
(2) 腰痛のある人は無理をしないで可能な範囲で行う．また，バランスを崩し，前方に転倒しないように注意しながら行う．
(3) 体側，背部，腰部，臀部の筋を総合的に伸張させる効果が期待できる．
(4) 左右交互に2回ずつ行う．

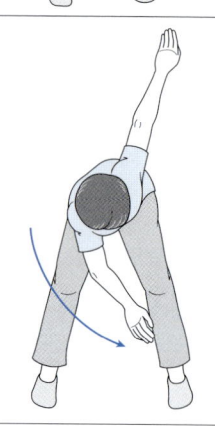

l. 背中伸ばし

(1) 両足を大きく開いて立ち上体を前屈させ，背中を伸ばしたまま臀部を後方へ突き出す．左右の上肢を真っ直ぐ前へ伸ばし，できるだけ上げて呼吸を止めずに5～6秒間その姿勢を保持してから下げる．これを2～3回繰り返す．続いて，同様な姿勢から一方の足のつま先方向へ斜めに上肢を伸ばし5～6秒間その姿勢を保持してから下げる．
(2) バランスを崩し，前方に転倒しないように注意しながら行い，危険な場合は可能な範囲で上肢を上げる．
(3) 広背筋，脊柱起立筋，臀部の筋，大腿部の筋，肩関節の筋などを総合的に伸張させる効果が期待できる．
(4) 左右交互に2回ずつ行う．

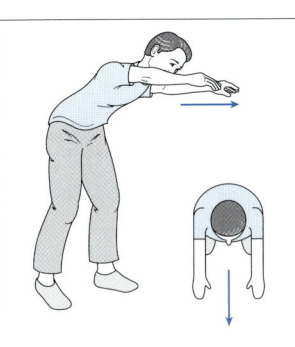

m. 背面腕引き

(1) 両足を肩幅よりやや広めに開いて立ち，後ろに左右上肢を回し腰の位置で一方の手関節をもう一方の手で握る．握った手で反対側の上肢を軽く引き，呼吸を止めずに5～6秒間保持した後，緩める．
(2) 手関節を握れない場合は運動を行わない．
(3) 肩関節の可動域を広げる効果と前胸部，肩関節前面の筋を伸張させる効果が期待できる．
(4) 左右2回ずつ行う．

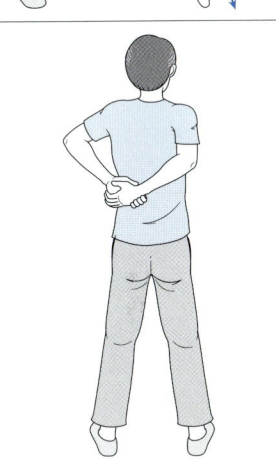

4 立位で行う下肢のストレッチング

a. 肩入れ股関節伸ばし

(1) 大きく両足を開いて膝を曲げ，上半身をやや前傾させる．両手で膝関節の内側を押さえ，片方の肩を前に突き出すようにして膝関節を外側に押す．呼吸を止めずに5～6秒間その姿勢を保持した後，緩める．
(2) バランスを崩し，後方に転倒しないように注意しながら行う．
(3) 肩関節，体側の筋を伸張させる効果および股関節内転の筋，大腿部内側の筋(とくに内側広筋)を十分に伸張させる効果が期待できる．
(4) 左右2回ずつ行う．

b. 前後開脚アキレス腱伸ばし

(1) 両足を前後に大きく開き，前方に踏み出したほうの膝の上に両手を置き，体が一本の棒状になるようにして前傾する．後方の足先は前に向け，踵が床から離れないようにしてアキレス腱を十分に伸ばす．このとき，背部の筋，臀部の筋，大腿および下腿部後面の筋も意識して大きく伸ばすように注意し，呼吸を止めずに5〜6秒間その姿勢を保持した後，緩める．
(2) 大腿および下腿部後面の筋を十分に伸張させる効果が期待できる．
(3) 左右交互に2回ずつ行う．

c. 大腿部内側伸ばし

(1) 両足を大きく開き一方の脚を伸ばして前方に置く．続いて，上半身をやや屈め臀部を後方へ突き出しながら，前方にある脚の足関節を背屈させ，反対側の膝関節を軽く屈曲して腰を沈める．呼吸を止めずに5〜6秒間その姿勢を保持した後，緩める．
(2) バランスを崩し，後方に転倒しないように注意しながら行う．
(3) 大腿部の内側の筋を十分に伸張させる効果が期待できる．
(4) 左右交互に2回ずつ行う．

d. 大腿部後面伸ばし

(1) 両足を前後に少し開き上半身を前傾させ，臀部を後方へ突き出すようにする．前に出ているほうの膝の上部を軽く押し大腿部の後の筋を十分に伸ばす．さらに強く伸ばす場合は足関節を背屈し，さらに臀部を後方に突き出す．呼吸を止めずに5〜6秒間その姿勢を保持した後，緩める．
(2) バランスを崩し，後方に転倒しないように注意しながら行う．
(3) とくに臀部の筋，大腿部後面の筋を伸張させる効果が期待でき，下腿後面の筋を伸張させる効果も期待できる．
(4) 左右交互に2回ずつ行う．

e. 膝曲げ大腿部前面伸ばし

(1) 片足で立ち，一方の膝を曲げて同側の手で足関節から足背をかかえ，足底が臀部につくように軽く引き上げる．転倒しないように反対側の手で壁などに触れて行う．呼吸を止めずに5〜6秒間その姿勢を保持した後，緩める．
(2) バランスを崩す危険がある場合は，手すりなどしっかりした物につかまって行う．高齢者では介助者が横に立って転倒に備える．
(3) 大腿部前面の筋を伸張させる効果が期待できる．
(4) 左右交互に2回ずつ行う．

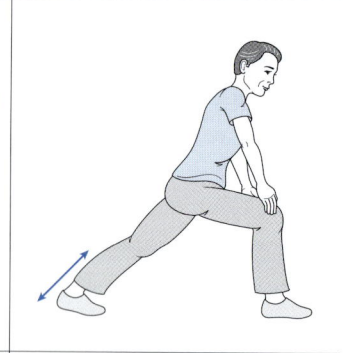

B 器具を用いない運動　191

5 床上で行う上肢・体幹のストレッチング

a. 肩引き胸そらし
(1) 両膝をついた姿勢から両前腕が床面につくまで上半身を前傾させ，両腕を前方へ滑らせながら臀部を後方へ引き背中を伸ばす．十分に伸びたところで呼吸を止めずに5～6秒間その姿勢を保持し元の姿勢に戻る．この動作を2～3回繰り返す．続いて床に四つん這いになった姿勢から，腰を落とし腹部を床につけ，上体は両腕で支え大きく胸をそらし呼吸を止めずに5～6秒間その姿勢を保持する．この動作も2～3回繰り返す．
(2) 腰背痛がある場合は無理をしないで，できる範囲で行う．
(3) 肩関節の筋，腰部の筋，脊柱起立筋，臀部の筋を十分に伸張させる効果が期待できる．

b. 背臥位での腰捻り
(1) 背臥位で一方の膝を立てて，膝を立てた側の臀部外側に手をあて，背部は床につけたままゆっくりと押し上げ，できるだけ大きく腰を捻る．
(2) 腰背痛がある場合は無理をしないで，できる範囲で行う．
(3) 背部の筋，側腹部の筋，腸腰筋を伸張させる効果が期待できる．
(4) 左右各2回を1セットとして，2セット行う．

c. 安座位体幹捻転
(1) 胡坐（あぐら）をかいて座り，左右の上肢を前方に伸ばし，ゴルフクラブを握るように手を組んで，左右に振り体幹を捻る．もっとも捻った姿勢で呼吸を止めずに5～6秒間保持した後，緩める．同時に顔も後ろに向けるようにすると効果が高くなる．
(2) 腰背痛がある場合は無理をしないで，できる範囲で行う．
(3) 側腹部の筋，腹筋を伸張させる効果が期待できる．
(4) 左右各2回を1セットとして，2セット行う．

d. 長座位開脚体幹捻転
(1) 左右の脚を伸ばして大きく開いて座り，両上肢を上に伸ばし頭の上で手を組み，体幹が側屈しないように注意しながら左右に十分捻転する．もっとも捻った姿勢で呼吸を止めずに5～6秒間保持した後，緩める．
(2) 腰背痛がある場合は無理をしないで，できる範囲で行う．
(3) 腹筋，背筋，側腹部の筋を伸張させる効果が期待できると共に肩関節，股関節の可動域を広げる効果も期待できる．
(4) 左右各2～3回を1セットとして，2セット行う．

e. 長座位開脚体前屈

(1) 両脚を伸ばして大きく開き,体の前方に両手をついて座り,手を床に滑らせながら上半身を前方へ倒し,上肢をゆっくり伸ばして行く.上半身は可能な限り前方に倒しもっとも前傾した姿勢で呼吸を止めずに5～6秒間保持した後,緩める.
(2) 腰背痛がある場合は無理をしないで,できる範囲で行う.
(3) 背筋,臀部の筋,大腿部後面の筋を伸張させる効果が期待できると共に股関節の可動域を広げる効果も期待できる.
(4) 4回反復を1セットとして,2～3セット行う.

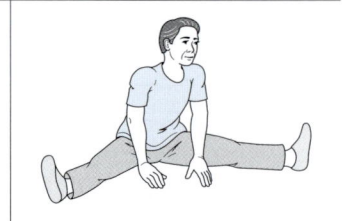

f. 長座位開脚体捻転前屈

(1) 両脚を伸ばして可能な限り左右に大きく開いて座り,上肢を前方に伸ばし手を交叉させるようにして,上半身を前方に倒すと共に捻転して,左右の膝に顔の側面を近づける.もっとも捻った姿勢で呼吸を止めずに5～6秒間保持した後,緩める.
(2) 腰背痛がある場合は無理をしないで,できる範囲で行う.
(3) 背筋,側腹部の筋,腹筋,大腿部後面の筋を伸張させる効果が期待できると共に股関節の可動域を広げる効果も期待できる.
(4) 左右交互に2回を1セットとして,2セット行う.

g. 足部引き上げ

(1) 両脚を前方に伸ばして座り,片方の股関節と膝関節を屈曲し,足を抱えて胸に引きつける.
(2) 上半身はなるべく真っ直ぐに立てた状態で行う.体の硬い人は上半身をやや前傾させてもよい.もっとも足が体に近づいた姿勢で呼吸を止めずに5～6秒間保持した後,引きつけを緩める.
(3) 腰背痛がある場合は,無理をしないで,できる範囲で行う.
(4) 膝関節,股関節の柔軟性を高める効果と共に臀部の筋を伸張させる効果が期待できる.
(5) 左右交互に2回を1セットとして,2セット行う.

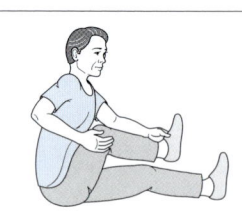

h. 片脚V字引き寄せ

(1) 両脚を前方に伸ばして座りやや開く.最初に片方の膝関節を屈曲し同側の手で足関節の上部を持って,膝関節を伸ばしながら脚を胸のほうへ引きつける.続いて,同様にして反対側の脚を引きつける.両側とももっとも脚が体に近づいた姿勢で呼吸を止めずに5～6秒間保持した後,緩める.
(2) 腰背痛がある場合は無理をしないで,できる範囲で行う.
(3) 臀部の筋,大腿後面の筋を伸張させる効果と股関節の可動域を広げる効果が期待できる.
(4) 左右交互に2回を1セットとして,2セット行う.

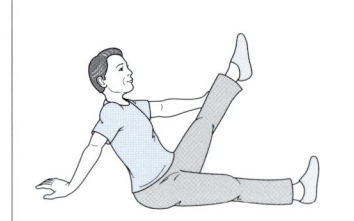

i. 背臥位脚上げ
(1) 左右下肢を伸ばした背臥位で片脚を大きく振り上げる．反対側の膝を伸ばして行う場合と，曲げて行う場合との両方を行う．
(2) 腰背痛がある場合は膝を曲げて行う方が楽だが，無理をしないで行う．
(3) 臀部の筋，大腿部後面の筋を伸張させる効果と腹筋，腸腰筋，大腿部前面の筋の筋力向上効果が期待できる．
(4) 左右交互に4回ずつを1セットとし，2セット行う．

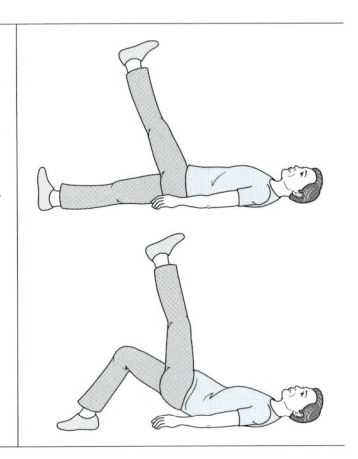

6 上肢・体幹の筋力を向上させる運動

a. 椅子を用いた腕立て伏せ
(1) 両足を肩幅よりやや開いて椅子の後ろに立ち，背筋を伸ばして両手を椅子の背もたれに掛ける．背筋は伸ばしたままで肘関節をゆっくりと曲げ，上半身を60〜70°前傾させた位置から肘関節を伸ばしながら5〜6秒間かけゆっくりと上半身を起こす．肘を曲げるときは息を吐きながら行い，上半身を起こすときは力強く押し上げる．
(2) 手を掛ける椅子は滑りにくく安定したものを使い，転倒に注意して行う．
(3) 慣れてきたら椅子から少し離れた位置に立つと，腕に負荷がかかるようになる．
(4) 上腕背面の筋，肩関節の筋，腹筋，背部の筋の筋力向上効果が期待できる．
(5) 5〜6回を1セットとして，2セット行う．

b. 膝立て腕立て伏せ

(1) 四つん這い姿勢をとり，肘を曲げ，顔が床につく寸前まで十分に上半身を沈めた姿勢から，肘が伸びきるまで上半身を押し上げる．上半身を沈めたときには十分に前方に出て上肢に体重が掛かるようにするとよい．
(2) 中高年者の腕立て伏せはこの体勢のほうが安定して行いやすい．
(3) 上腕背面の筋，肩関節の筋，腹筋，背部の筋の筋力向上効果が期待できる．
(4) 10～12回を1セットとして，2セット行う．

c. 壁立ち腕立て伏せ

(1) 壁に向かって両脚を揃えて立ち，壁に手をつき上半身や膝を十分に伸ばした姿勢から額が壁につく寸前まで腕を深く曲げ全身を前傾させる．前傾した体に反動をつけずにゆっくりと腕を伸ばし元の位置に戻す．
(2) 慣れてきたら壁から少し離れた位置に立つと，腕に負荷が掛かるようになる．
(3) 上腕背面の筋，肩関節の筋の筋力向上効果が期待できる．
(4) 10～12回を1セットとして，2セット行う．

d. 上肢の等尺性運動

(1) 等尺性運動は筋の長さを変えずに筋を収縮させる運動である．ここでは，肘関節を伸ばしたまま左右上肢を上げ前方のに壁に両手をつき，壁を少し押すようにする．続いて，一方の足を一歩踏み出し体重を十分にかけて力強く壁を押す．このとき左右の肘関節が曲がると筋の長さが変わるので，曲がらないように注意する．呼吸を止めずに5～6秒間押し続けた後，緩める．
(2) 軽く行う場合は，足を踏み出さずに行う．
(3) 上腕背面の筋，肩部の筋，腹筋の筋力向上効果が期待できる．
(4) 2～3回行う．

7　椅子を使って腹筋，腸腰筋，下肢前面の筋力を強化する運動

a. 腰掛け膝屈曲脚引き上げ
(1) 安定した椅子に浅く腰掛け上体をしっかり伸ばし，腹筋と大腿部の筋に力を入れ，呼吸を止めないで交互に足を持ち上げる．
(2) 背中は椅子の背もたれにつかないように注意し，負荷を強くしたい場合は，大腿部前面が胸元につくように大きな動作で行う．
(3) とくに腹筋，脚(下肢)全体を持ち上げる腸腰筋，大腿部前面の筋の筋力向上効果が期待できる．
(4) 左右交互に20回を1セットとし，2～3セット行う．

b. 腰掛け膝伸展脚上げ
(1) 安定している椅子にやや深く腰掛け両足をそろえて床に置く．片方の膝をしっかり伸ばし脚を前方に出す．その位置からさらに上に脚を引き上げるように力を入れる．呼吸を止めずに，できるだけ反動をつけないで左右交互に行う．
(2) 脚を持ち上げるときには上半身が前傾しないように注意して行う．
(3) 腹筋，腸腰筋，大腿および下腿部前面の筋の筋力向上効果が期待できる．
(4) 左右各5～6回を1セットとして，交互に2セット行う．

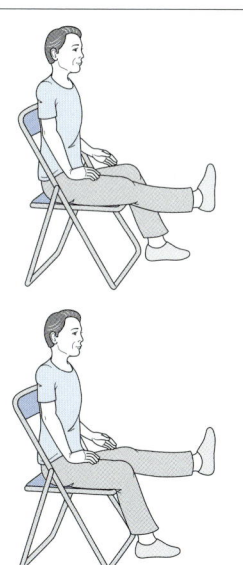

c. 腰掛け両膝伸ばし

(1) 安定している椅子にやや深く腰掛け，両足をそろえて膝を伸ばしながら両脚を力強く前方へ持ち上げる．できるだけ反動をつけないで行い，手も前方へ伸ばす．
(2) 脚を引き上げるとき，できるだけ上半身が前傾姿勢にならなようにする．また，バランスに注意して転倒しないように行う．
(3) 腰背部痛のある人は行わないほうがよい．
(4) 腹筋，腸腰筋，下腿前面の筋の筋力向上効果が期待できる．
(5) 5〜6回を1セットとして，2セット行う．

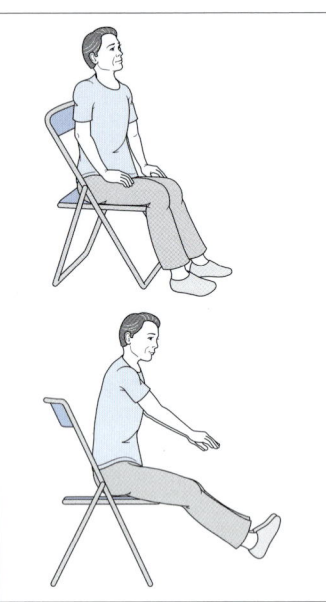

d. 腰掛け開脚交叉運動

(1) 安定している椅子に大きく開脚して深く腰掛け，左右下肢を斜め前方に伸ばして上げる．腹筋，大腿内側に力を入れ姿勢を保ちながら脚を近づけ，最初に右(または左)足を上にして脚を交叉させる．続いて，同様に上下の足を入れ替えて交叉させる．筋力が弱い場合は足を持ち上げるように力を入れながら，踵を床に滑らせて行ってもよい．
(2) バランスを崩して転倒しないように注意する．
(3) 腹筋，大腿部の内側広筋，腸腰筋の筋力向上効果が期待できる．
(4) 10回を1セットとして，2〜3セット行う．

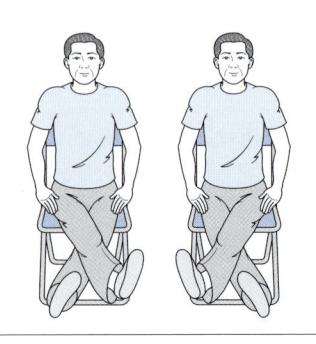

e. 腰掛け脚伸展上下肢交叉捻り
(1) 安定している椅子に深く腰掛け，左（または右）膝を曲げないように注意して，脚を前方に伸ばし上半身を捻りながら右（または左）腕を伸ばして，足先を手で触れるようにする．続いて反対の脚で同様な動作を行う．手が足先にとどかない場合は，できるだけ近づけるようにする．
(2) バランスを崩して転倒しないように注意する．
(3) 腹筋，腸腰筋および大腿四頭筋の筋力向上効果が期待できる．
(4) 左右交互に10回を1セットとし，2セット行う．

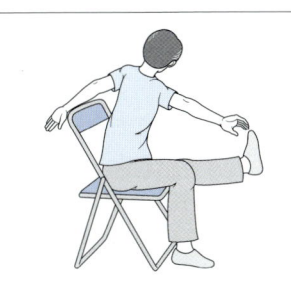

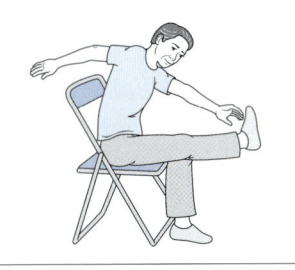

f. 腰掛け膝上げ交叉捻り
(1) 安定している椅子に腰掛け，足踏みの要領で片方の膝をできるだけ高く持ち上げながら，上半身を上がっている膝の方向に強く捻り，膝と反対側の肘がつくように近づける．膝と肘がつかない場合はできるだけ近づけるようにする．
(2) 膝を上げる動作と上半身を捻る動作のタイミングが合わないと，バランスを崩して転倒する危険があるので注意する．
(3) 腹筋，腸腰筋，側腹部の筋の筋力向上効果が期待できる．
(4) 左右交互に10回を1セットとし，2セット行う．

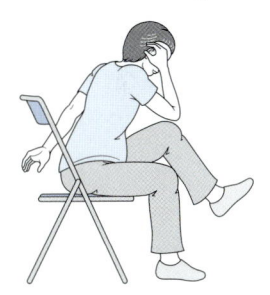

8 立位で腹筋，腸腰筋，下肢前面の筋力を強化する運動

a. 椅子からの立ち上がり

(1) 安定している椅子に浅く腰掛け，膝を90°より少し深く曲げ足先はやや外側に向け，足を肩幅より少し広く開く．手を膝の上に置き正面を見て背筋を真っ直ぐに伸ばし，上半身が前傾姿勢になり過ぎないように注意して，脚に力を入れゆっくりと立ち上がり，続いて，ゆっくりと腰を下ろす．

(2) 腰を下ろすときに椅子の位置に注意して転倒しないようにする．とくに高齢者の筋力向上に適した運動である．

(3) 大腿部前面，後面，腹筋，背筋，脊柱起立筋，臀部の筋の筋力向上効果が期待できる．

(4) 10～12回を1セットとして2～3セット行う．

b. 椅子を使った膝屈伸

(1) 安定した椅子を用い，椅子の後ろに足を肩幅より少し広めに開いて立ち背もたれを持つ．背もたれを持ったまま，ゆっくり両膝を曲げ腰を下ろして行き，膝関節の最大屈曲位まで腰を下ろす．脚の筋力に不安があったり，膝痛，腰痛などがある場合は中腰ぐらいの深さまで膝屈伸をする．十分に筋力あるか筋力向上を目指す場合は深く曲げ最後まで腰を下ろす．続いて，その位置から脚に力を入れてゆっくりと立ち上がる．2～3秒間で膝を曲げ2～3秒間で立ち上がる．

(2) 椅子の背もたれに体重を掛けすぎると，バランスを崩して転倒する危険があるので注意する．

(3) 脊柱起立筋，臀部の筋，下肢全体の筋の筋力向上効果が期待できる．

(4) 5～6回を1セットとして2～3セット行う．

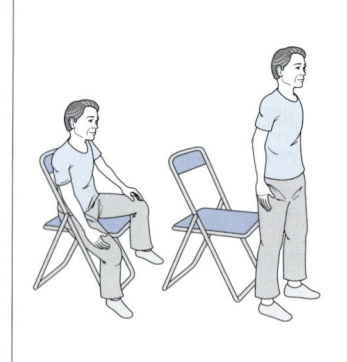

c. 壁つき膝屈伸

(1) 適切な間隔を開けて壁に向かい,足を肩幅より少し広めに開いて立ち壁に手をつく.臀部を後方に突き出しながら,呼吸を止めずに2〜3秒間かけてゆっくりと膝を曲げ腰を下ろし,2〜3秒間かけてゆっくりと立ち上がる.
(2) 臀部を出し腰を下ろすとき後方へのバランスを崩して転倒する危険があるので注意する.また,高齢者では介助者が後方に立つなど転倒に備える.
(3) 脊柱起立筋,臀部の筋,下肢全体の筋の筋力向上効果が期待できる.
(4) 5回を1セットとして1〜2セット行う.

d. 腰に手を当て行うスクワット

(1) 足を大きく開いて立ち腰に手をあてる.背筋を伸ばし背中が丸まらないように注意しながら,膝を深く曲げ腰を下ろし再び立ち上がる.息を吸いながら2〜3秒かけて膝を曲げ,息を吐きながら2〜3秒かけて立ち上がる.
(2) 高齢者では浅い膝の屈伸でも十分効果がみられるので無理をしない.重心が後ろに行き過ぎると後方へ転倒する危険性が高いので十分注意する.また,高齢者では介助者が後方に立つなど転倒に備える.
(3) 脊柱起立筋,臀部の筋,下肢全体の筋の筋力向上効果が期待できる.
(4) 5〜6回を1セットとして3セット行う.

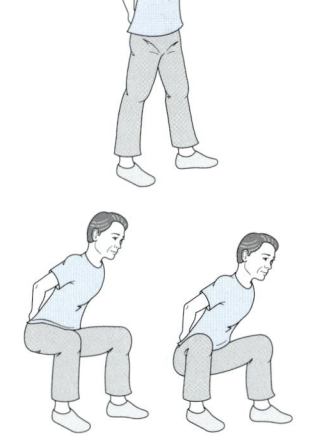

e. 後頭部に手を当て行うスクワット

(1) 足を大きく開いて立ち後頭部に手をあてる.腰に手をあて行うスクワットと同じ要領で,背中が丸まらないように注意して膝を深く曲げ腰を下ろし再び立ち上がる.同じ運動でも,腰に手をあてる場合に比べ,運動強度が高くなるので高齢者よりも中年層に向いている.
(2) 重心が後ろに行き過ぎると後方へ転倒する危険性が高いので十分注意する.また,高齢者では介助者が後方に立つなど転倒に備える.
(3) 脊柱起立筋,臀部の筋,下肢全体の筋の筋力向上効果が期待できる.
(4) 5〜6回を1セットとして3セット行う.

f. ヒンズースクワット

(1) 足を肩幅より少し広く開き足先をやや外方に向けて立ち，腕を前方から後方へ振りながら反動をつけて膝を曲げてしゃがみ込み，すぐに腕を前方へ振り上げながら反動をつけて立ち上がる．臀部はできるだけ後ろへ突き出し，背中が丸くならないように注意して膝は最大屈曲位まで曲げる．
(2) 重心が後ろに行き過ぎると後方へ転倒する危険性が高いので十分注意する．
(3) 腰部から下肢全体への筋の瞬発力を向上させる効果が期待できる．
(4) 10回を1セットとして3セット行う．

> **MEMO**
> スクワットでは膝を足先より前に出さない場合は大腿二頭筋などハムストリングに，膝が足先より前に出る場合は大腿四頭筋などに筋力向上効果がある．また，脚を大きく開いて行うと大腿部内側の筋，脚を閉じて行うと大腿部外側の筋の筋力向上に効果があるといわれている．脚を閉じて行う場合は体のバランスが崩れやすいので注意する．

g. 片足立ち膝屈伸

(1) 椅子の背もたれを持つか壁に手をつくなどして立ち，一方の膝を曲げ足を上げ，反対側の膝をゆっくり曲げて行き，上げた脚の膝を床に近づける．十分に近づいたら体重が掛かっている脚の膝を伸ばし立ち上がる．運動中は背筋を伸ばし背中が丸くならないように，また，呼吸を止めないように注意する．
(2) 椅子を用いる場合は，体重を掛けすぎてバランスを崩し転倒しないように十分注意する．また，高齢者では介助者が横に立つなど転倒に備える．
(3) 大腿筋，下腿筋の前面，後面，臀部の筋の筋力向上効果が期待できる．
(4) 5回の屈伸を1セットとして左右交互に2セットずつ行う．

h. 前後開脚膝屈伸

(1) 足を前後に大きく開いて立ち，後ろの足の踵を上げて前方の足に体重をかける．背筋を伸ばし上半身を真っ直ぐに立て，ゆっくりと2～3秒間かけて両膝がほぼ90°になり，後ろの膝が床面すれすれになるまで曲げる．続いて，その位置から2～3秒間かけて立ち上がる．
(2) 横方向のバランスを崩しやすいので，転倒しないように十分注意する．また，高齢者では介助者が横に立つなど転倒に備える．
(3) この運動はとくに大腿部の前面の筋の筋力向上効果が期待できると共に下半身全体の瞬発力を高める効果も期待できる．
(4) 5回を1セットとし左右交互に2セット行う．

i. 側方膝屈伸
(1) 左右の足を大きく側方に開いて立ち，一方の足に体重を掛けて膝を曲げ，上半身を沈め側方に移動する．もう一方の脚の外側に手を置き筋を伸ばすようにする．十分に伸ばした後，元の姿勢に戻る．
(2) 脚を斜め前に開くことによって大腿部の内側の筋（内側広筋）の伸張と筋力向上効果が期待できる．
(3) バランスを崩し転倒しないように十分注意する．
(4) 左右各10回を交互に行い1セットとして2セット行う．

j. 中腰歩行（ニーベントウォーク）
(1) 左右に足を大きく開いて中腰姿勢になり，大きな歩幅で5〜7mゆっくりと前進し，後退する．
(2) 背筋を伸ばし背中が丸くならないように注意して行う．
(3) 腹筋，背筋，臀部の筋，下肢の筋の筋力向上効果が期待できると共に持久力の向上も期待できる．
(4) 2〜3回行う．

k. お尻歩行
(1) 床に腰を下ろし，腕を大きく振りながら臀部（お尻）を片方ずつ持ち上げて歩く．3〜5mの距離を前進，後退する．
(2) 腹筋，背筋，臀部の筋，とくに腸腰筋や大腿部後面の筋の筋力向上効果が期待できる．
(3) 2〜3回行う．

l. 踏み台昇降
(1) 高さ15〜20cm程度の踏み台や階段を昇り降りする．一般には，1段ないし2段を上がったり降りたりする．
(2) 降りるときには後ろ向きで降りることになるので踏み外さないように注意が必要である．とくに高齢者では段数を増やして行うと，降りるときによろけて転倒する危険性が高くなるので注意する．
(3) 踵を上げて行うと，下腿三頭筋やアキレス腱の機能向上の効果が期待できる．
(4) 歩行の補助運動としての効果が高い．
(5) 20回1セットとして2〜3セット行う．

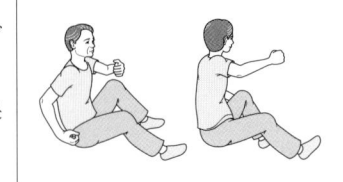

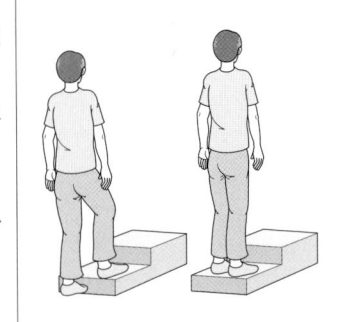

C ● 簡単な器具を用いて行う運動

1 運動に用いる器具

　運動に用いる器具には，入れる水の量によって重さを調整できるプラスチックアレイ，ボール(大・小)，引き伸ばす長さによって抵抗が変わるゴムバンドやセラバンド，上肢とくに肩関節の可動域改善運動などに用いるポール(棒)，立位でのバランスを改善する目的で用いるバランスボードなどがある．

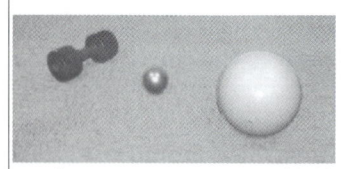

a. プラスチックアレイ・ボール(大小)

b. セラバンド　　c. ポール(棒)

d. バランスボード

2 ボールを使った運動

a. 足関節部でボールを挟む運動(1)
(1) 椅子に浅く腰掛け，左右の足をやや開いて足関節の間にボールを挟み，足底を少し上げて床から離す．左右の膝は合わせたまま，足関節部でゆっくり内側方向に力を加えボールを力強く締める．呼吸を止めずに5～6秒間保持した後，緩める動作を繰り返す．
(2) 縫工筋，大腿筋膜張筋，股関節外旋筋の筋力向上効果が期待できる．
(3) 10～12回を1セットとして2～3セット行う．

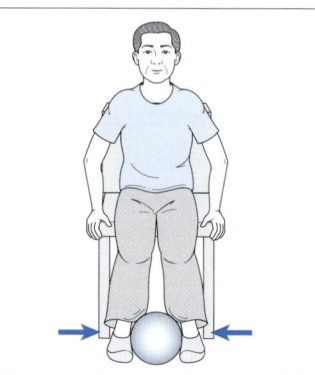

b. 足関節部でボールを挟む運動(2)
(1) 椅子に浅く腰掛け，左右の足関節部でボールを挟み，膝を伸ばして足を少し上げ踵を床から離す．足関節部にゆっくり内側方向の力を加えボールを左右下肢全体で力強く締める．呼吸を止めずに5～6秒間保持した後，緩める動作を繰り返す．
(2) 中臀筋，大腿筋膜張筋，大腿四頭筋，大腿内転筋群の筋力向上効果が期待できる．
(3) 10～12回を1セットとして2～3セット行う．

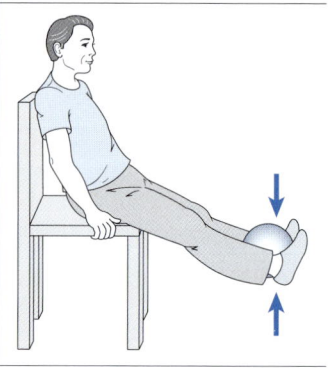

c. 膝にボールを挟み締める運動
(1) 椅子に浅く腰掛け，両膝をやや開き間にボールを挟み，膝をゆっくり力強く内側に締め呼吸を止めずに5～6秒間保持した後，緩める動作を繰り返す．
(2) 大腿内転筋群の筋力向上効果が期待できる．
(3) 10～12回を1セットとして2～3セット行う．

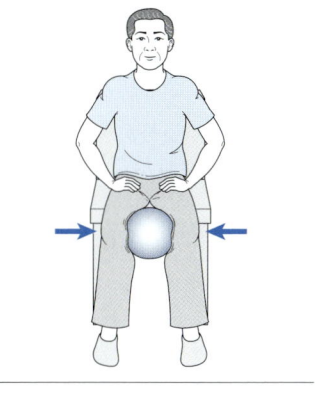

d. 足にボールを挟み締め上げる運動
(1) 椅子にやや深く腰掛け，膝を曲げた位置で左右足関節の間にボールを挟み，ゆっくり両足を持ち上げ膝を胸に引きつける．この動作を呼吸を止めずに繰り返す．
(2) 脚が上がらない場合は無理をしないように，できる範囲の最大限まで引きつける．
(3) 腹筋，腸腰筋，縫工筋，大腿筋膜張筋，股関節外旋筋の筋力向上効果が期待できる．
(4) 5～6回を1セットとして2セット行う．

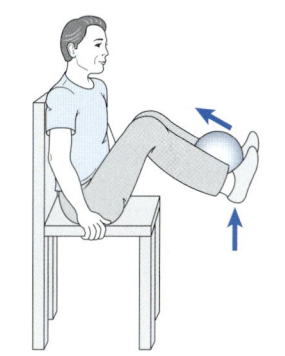

3 チューブ（ゴムバンド・セラバンド）を使う上肢・体幹の筋力向上運動

a. 両側同時引き
(1) 両足を肩幅より少し広く開き足先をやや外方に向けて立ち，肘を曲げ胸の前方でチューブを両手に持ち，左右方向に同時に引く．もっとも引いた位置で呼吸を止めずに5～6秒間保持した後，緩める．両肘が伸び切るまで引くとより効果は大きい．
(2) 肩部の筋，上腕，前腕の筋の筋力向上効果が期待できる．
(3) 10～12回を1セットとして2～3セット行う．

b. 左右交互引き
(1) 両足を肩幅より少し広く開き足先をやや外方に向けて立ち，肘を曲げ胸の前方でチューブを両手に持ち，左右交互に水平方向に肘が十分に伸びきるまで引く．肘が伸びきった位置で呼吸を止めずに5～6秒間保持した後，緩める．
(2) 肩部の筋，上腕背部の筋の筋力向上効果が期待できる．
(3) 左右5回ずつを交互に行い1セットとし，2～3セット行う．

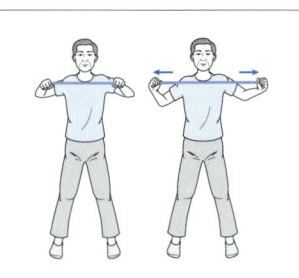

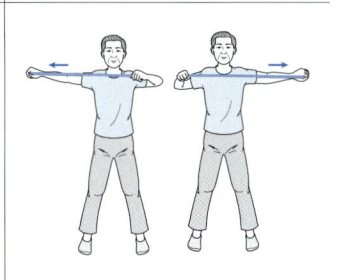

c. 上腕巻上げ(カール)運動

(1) 両脚を閉じて(肩幅より少し広めに開いてもよい)立ち，両足でチューブを踏み，やや肘を曲げ前方に開いて出した両手でチューブの反対側を持つ．この姿勢から肘を曲げて行き，腕で巻き上げるように引き上げる．十分肘が曲がった位置で呼吸を止めずに5〜6秒間保持した後，緩める．

(2) 上腕前面の筋，腹筋の筋力向上効果が期待できる．その他，背筋にも効果が期待できる．

(3) 10〜12回を1セットとして2〜3セット行う．

d. ボートこぎ

(1) 両脚を前方に出し軽く膝を曲げて床に座り，足関節を直角にして足先を床から離す．チューブを足底を通して両手で持ち，肘が90°になるまで手前に引く．肘が90°に曲がった位置で呼吸を止めずに5〜6秒間保持した後，緩める．

(2) 背中が丸くならないように注意する．

(3) とくに肩部の筋，上腕前面の筋，側腹部の筋，前腕部の筋の筋力向上効果が期待できる．その他腹筋，背筋にも効果が期待できる．

(4) 10回を1セットとして3セット行う．

e. 肘上方引き上げ

(1) 両脚を前後にやや開き，前に出した足でチューブの一端を踏んで立つ．反対側の手でチューブの他端をつかみ，肘を曲げ斜め上方に引き上げる．背筋を伸ばし引き上げる動作で背中が丸くならないように注意しながら，上腕部と背部の筋で十分に引く．もっとも引き上げた位置で呼吸を止めずに5〜6秒間保持した後，緩める．

(2) 側腹部の筋や臀部の筋の筋力向上効果が期待できる．その他上腕部の筋と背筋への効果も期待できる．

(3) 左右10〜12回ずつを交互に行い1セットとし，2〜3セット行う．

f. 肘伸展手突き出し

(1) 両足を肩幅より少し広めに開いて立ち，チューブを背中(肩甲骨の下付近)に回して，前方で肘を曲げ肩の高さで持つ．その位置から手のひらを上にして，肘を十分伸ばし前に突き出す．もっとも突き出した位置で呼吸を止めずに5〜6秒間保持した後，緩める．

(2) 肩部の筋，上腕部の筋，前腕部の筋の筋力向上効果が期待できる．

(3) 10〜12回を1セットとして2〜3セット行う．

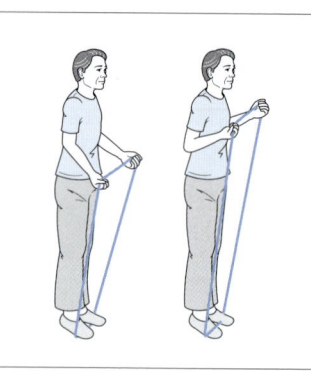

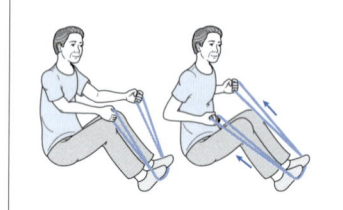

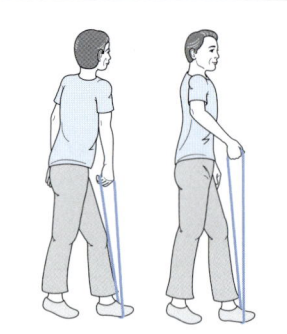

g. スタンディングプレス

(1) 両脚を開いて両足でチューブを踏んで立ち，体の前方に両手でつかんでいるチューブを，重量挙げの要領で胸の位置まで引き上げる．その位置から，さらに肘を十分に伸ばして左右上肢を頭上まで押し上げる．十分押し上げた位置で呼吸を止めずに5～6秒間保持した後，緩める．
(2) 上半身にあるほとんどの筋の筋力向上効果が期待できる．
(3) 10～12回を1セットとして2～3セット行う．

h. 肩引き上げ

(1) 両脚を開いて両足でチューブを踏んで立ち，肘を伸ばした状態で体の前方に両手でつかんでいるチューブを，大きく，ゆっくりとした動作で肘を左右に張るように曲げながら顎の下まで，大きく息を吸いながら引き上げる．十分引き上げた位置で呼吸を止めずに5～6秒間保持した後，緩める．
(2) 同様の運動を椅子に座って行ってもよい．椅子で行う場合は安定した椅子を用いて，バランスに注意して転倒しないようにする．
(3) 肩部，上腕部，前腕部，胸部，側腹部の筋，腹筋，背筋の筋力向上に大きな効果が期待できる．その他肋間筋（呼吸筋）の柔軟性を高め呼吸機能の向上にも効果が期待できる．
(4) 10～12回を1セットとして2～3セット行う．

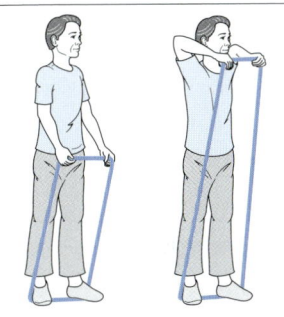

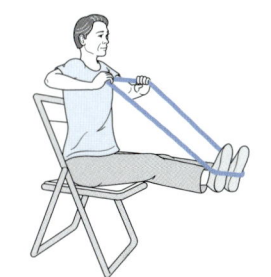

i. シングルプレス

(1) 両足を肩幅より少し広めに開いて立ち，背中にチューブを通し，左（または右）手は腰の後ろで，右（または左）手は後頭部の位置でチューブを持つ．その位置から右（または左）の肘を伸ばし腕を頭の上まで強く押し上げる．十分押し上げた位置で呼吸を止めずに5～6秒間保持した後，緩める．
(2) 肩部，上肢の筋のほかに背部の脊柱起立筋，腰部の筋の筋力向上効果が期待できる．
(3) 左右10～12回ずつを交互に行い1セットとし，2～3セット行う．

j. 斜め背面プレス

(1) 両足をやや開いて立ち，背中にチューブを回して一方は斜め上方で，他方は斜め下方で持つ．上方の腕は斜め上方に向け，下方の腕は斜め下方に向けて同時に強く引っ張る．引っ張る方向が斜め前方に向かわないように注意して行い，左右の肘が十分伸びた位置で呼吸を止めずに5～6秒間保持した後，緩める．
(2) 肩部，上肢，背部，側腹部の筋の筋力向上効果が期待できる．
(3) 左右10～12回ずつを交互に行い1セットとし，2～3セット行う．

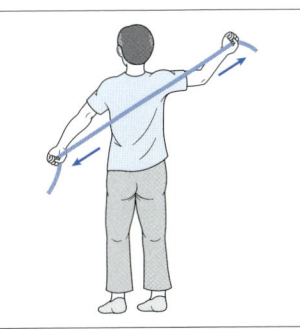

4 チューブ（ゴムバンド・セラバンド）を使う下肢の筋力向上運動

a. チューブ脚伸展
(1) 安定した椅子にやや深く腰掛け，膝を曲げ左右の足底に掛けたチューブを胸の前で両手でつかむ．その姿勢で上半身から脚全体と臀部に力を入れ，両足を床から離すと同時にゆっくりと膝を伸ばす．背筋を伸ばし上体を真っ直ぐ立て，腹部の筋も引き締めるように力を入れる．左右の膝が十分伸びた位置で呼吸を止めずに5～6秒間保持した後，緩める．
(2) 両足が床から離れるのでバランスを崩し転倒しないように十分注意する．
(3) 大腿部，下腿部の筋の筋力向上効果が期待できる．
(4) 10回を1セットとして2～3セット行う．

b. チューブシングル脚伸展
(1) 安定した椅子にやや深く腰掛け，膝を曲げた一方の足底に掛けたチューブを胸の前で両手でつかむ．他方の足は床につけたままで腹部や大腿部に力を入れ，チューブを掛けた脚の膝を伸ばし，脚を十分に前に伸ばす．膝が十分伸びた位置で呼吸を止めずに5～6秒間保持した後，緩める．
(2) 片足が床についたままなのでバランスを崩しやすい人には「a．チューブ脚伸展」に比べ安定して訓練できる．
(3) 上腕，胸部の筋，大腿部前面，下腿部後面の筋の筋力向上効果が期待できる．
(4) 左右10～12回ずつを交互に行い1セットとし，2～3セット行う．

c. チューブ足踏み
(1) 両足をやや開いて立って，輪を作ったチューブの一方を首に，もう一方を片方の足に掛けて足踏み運動をする．チューブは足に掛けるほうと反対側の肩を通してもよい．
(2) チューブに引かれてバランスを崩し転倒しないように十分注意する．
(3) 腹筋，大腿部前面，下腿部後面の筋の筋力向上効果が期待できる．
(4) 左右10～12回ずつを交互に行い1セットとし，2～3セット行う．

d. 上体起こし
(1) やや開いて立った両足で踏んだチューブの両端を，中腰姿勢で腕を伸ばしてつかむ．その姿勢から前をみて背中を伸ばし，背筋に力を入れ上半身を起こしながら膝をいっぱいまで伸ばす．続いて，ゆっくり膝を曲げ最初の中腰姿勢に戻る．
(2) 中腰姿勢で背中が丸くならないように注意し，また，チューブに引かれてバランスを崩し転倒しないように十分注意する．
(3) 背筋，腹筋，臀部の筋，大腿部後面の筋力向上効果が期待できる．また，腰痛予防運動としての効果も期待できる．
(4) 10回を1セットとして2～3セット行う．

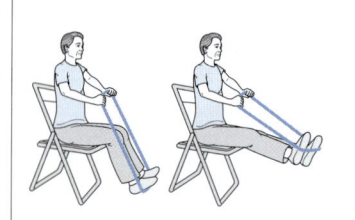

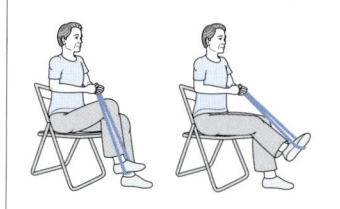

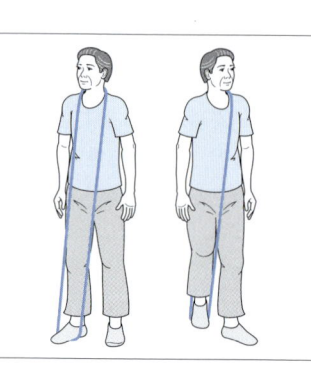

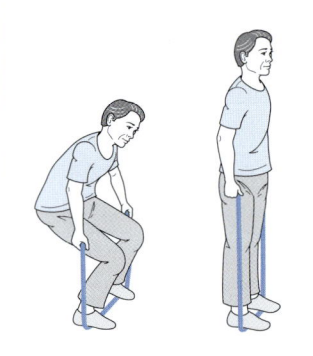

e. チューブ仰向け脚伸ばし
(1) 仰向けで床に寝て首を起こし股関節と膝関節をやや屈曲した状態で首と左右の足にチューブを掛ける．その姿勢から上半身を倒し床に背中をゆっくりとつけ，同時に左右の脚全体を伸ばしていく．十分伸びた位置で呼吸を止めずに5～6秒間保持した後，元の姿勢に戻る．
(2) 腹筋，背筋，腸腰筋，大腿部後面の筋力向上効果が期待できる．
(3) 5回を1セットとして2～3セット行う．

f. チューブスクワット
(1) 肩幅より少し広めに開いて両足でチューブを踏み，中腰姿勢になってチューブの一方を首にかける．中腰の姿勢から背部の筋や大腿部の筋に力を入れて立ち上がり，続いて元の中腰姿勢に戻る．
(2) チューブに引かれてバランスを崩し転倒しないように十分注意する．
(3) 背筋，腹筋，臀部の筋，大腿部後面の筋，腸腰筋の筋力向上効果が期待できる．
(4) 10回を1セットとして2～3セット行う．

g. スクワットアンドプレス
(1) 肩幅より少し広めに開いて両足でチューブを踏み，中腰姿勢になってチューブの一方を首にかけて，バーベルを担ぐようにチューブを肩の位置に上げて維持する．腰をやや深めに落とした体勢から，脚を伸ばしながらバーベルを持ち上げる要領で腕も十分に伸ばす．十分伸びた位置で呼吸を止めずに5～6秒間保持した後，元の姿勢に戻る．
(2) チューブに引かれてバランスを崩し転倒しないように十分注意する．この運動は筋力向上運動において最高レベルの運動であるので，ある程度以上の筋力が保持されている人を対象に行う．
(3) 上肢，下肢，その他すべての筋の筋力向上効果が期待できる．
(4) 10～12回を1セットとして2～3セット行う．

5 プラスチックアレイを使った運動

a. 振り子運動（体側での前後運動）
(1) 足先をやや外方に向けて，両脚を肩幅に開くか閉じて，背筋を伸ばして自然に立つ．腕を体と平行に保ち，ゆっくりと前後に振り子のように動かす．
(2) 肩関節に可動域制限や疼痛がある場合は，無理をせず動かせる範囲で行う．
(3) 肩関節の可動域を広げる効果が期待できる．
(4) 10～12回ずつ左右交互に行い1セットとし，2～3セット行う．

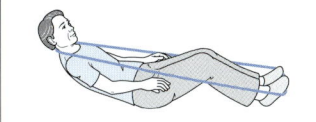

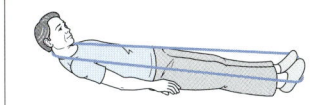

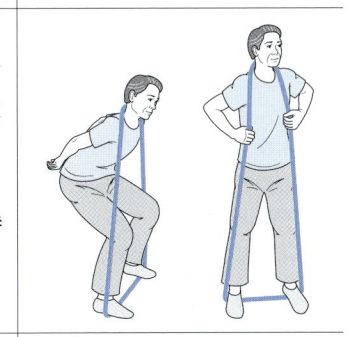

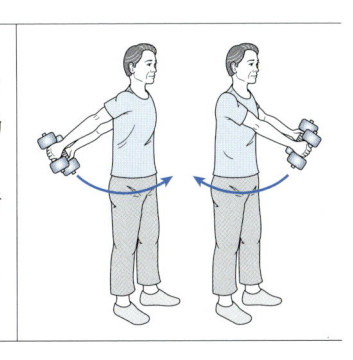

b. 身体の前方での肩回旋運動(1)
(1) 足先をやや外方に向けて，両脚を肩幅に開くか閉じて，背筋を伸ばして自然に立つ．背筋は伸ばしたまま，プラスチックアレイを回したとき体にぶつからないように前方に上半身をゆっくり倒して，腕を前方で円を描くようにゆっくりと回す．
(2) 前傾姿勢でバランスを崩し転倒しないように注意する．
(3) 肩関節の可動域を広げる効果が期待できる．
(4) 10～12回ずつ左右交互に行い1セットとし，2～3セット行う．

c. 身体の前方での肩回旋運動(2)
(1) 床に背臥位で寝て，両膝を曲げ両足を肩幅くらいに開いて床につける．体側に近い位置で肘を立てた一方の手にプラスチックアレイを握り，胸の位置(内側)から床側(外側)に動かし，再び胸の位置に戻す．
(2) 上腕内旋筋の筋力向上効果が期待できる．
(3) 10～12回ずつ左右交互に行い1セットとし，2～3セット行う．

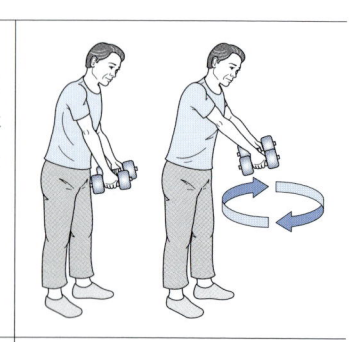

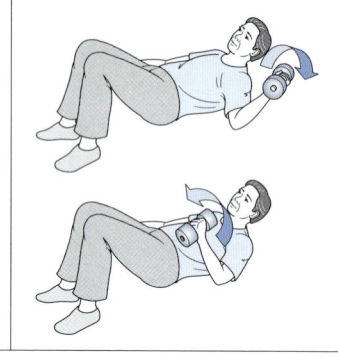

6 ポール(棒)を用いた肩の運動

a. 船こぎ運動
(1) 安定した椅子に深く，背筋を伸ばして腰掛ける．肘を曲げた左右の手でポール(棒)を肩幅の広さに，肩の高さでしっかり握る．ボートのオールをこぐ要領で，ゆっくりと肘を伸ばし両手を前方へ押し出す．十分伸ばした位置で呼吸を止めずに5～6秒間保持した後，元に戻す．
(2) 前に押し出したときに背中が丸くならないように注意する．
(3) 肩部，上肢の筋のほかに腹筋，背部および腰部の筋の筋力向上効果が期待できる．
(4) 10～12回を1セットとして2～3セット行う．

b. バンザイ運動
(1) 安定した椅子に深く，背筋を伸ばして腰掛ける．肘を曲げた左右の手でポールを肩幅の広さ，肩の高さでしっかり握る．両手でバンザイをするように，ゆっくり肘を伸ばし上方へ押し上げる．十分伸ばした位置で呼吸を止めずに5～6秒間保持した後，元に戻す．
(2) 肩関節の可動域を広げる効果と肩部，上肢の筋，脊柱起立筋，腰部の筋の筋力向上効果が期待できる．
(3) 10～12回を1セットとして2～3セット行う．

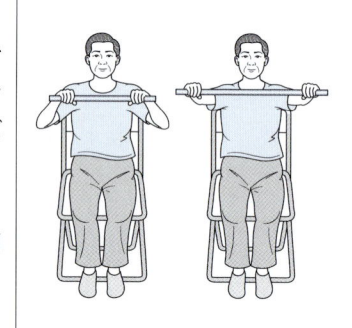

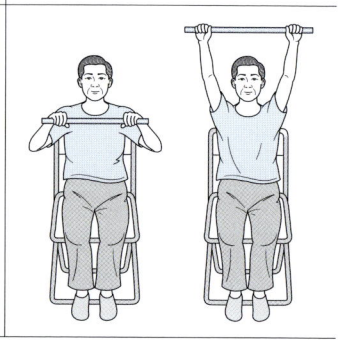

C 簡単な器具を用いて行う運動　209

c. バンザイ横揺れ運動
(1) 安定した椅子に深く，背筋を伸ばして腰掛ける．左右の手でポールをしっかり握り，両手でバンザイをする．ポールを持ったまま，左右にゆっくりと上半身を倒す．バランスを崩して転倒しないように注意する．
中央→右→中央，中央→左→中央をゆっくりと繰り返す．
(2) 肩関節の可動域を広げる効果と体側，側腹部の筋の伸張および筋力向上効果が期待できる．
(3) 10～12回を1セットとして2～3セット行う．

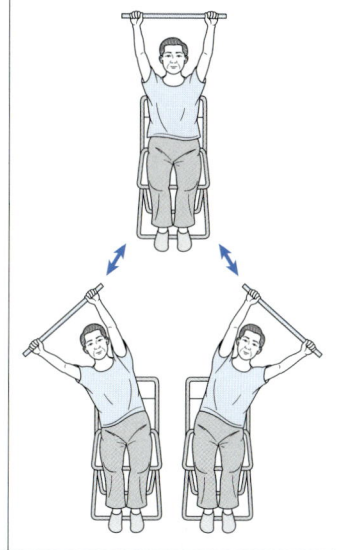

d. 抵抗下での船こぎ運動(1)
(1) 椅子に腰かけた利用者と向かい合って立った介助者がポールを握って抵抗を加え，船こぎ運動を行う．
(2) 肩部，上肢の筋，脊柱起立筋，腰部の筋の筋力向上効果が期待できる．
(3) 10～12回を1セットとして2～3セット行う．

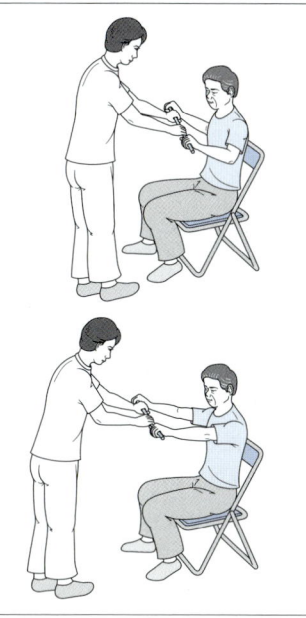

e. 抵抗下での船こぎ運動(2)

(1) 椅子に腰をかけた利用者と向かい合って立った介助者がポールを握って抵抗を加え，バンザイ運動を行う．
(2) 肩関節の可動域を広げる効果と肩部，上肢の筋，腹筋，脊柱起立筋，腰部の筋の筋力向上効果が期待できる．
(3) 10～12回を1セットとして2～3セット行う．

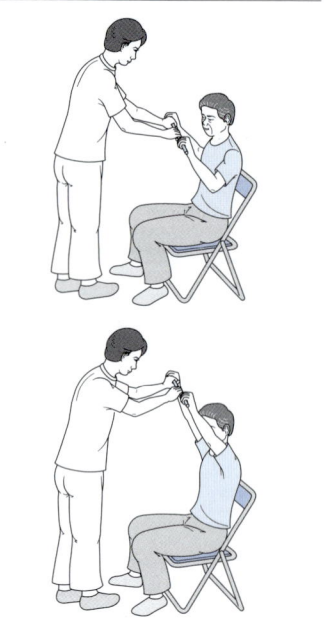

f. ポールを用いた立位での運動

(1) 両足を肩幅くらいに開いて立ち，肘を曲げた左右の手でポールを肩幅の広さ，肩の高さでしっかり握る．
ゆっくりと肘を伸ばし両手を十分前方へ押し出し，その位置から，両手でバンザイをするように，ゆっくり上方へ押し上げる．続いて，上方にあるポールをゆっくりと下ろしながら，お辞儀をするように上半身を丸くして前屈する．
(2) 前屈をするときにバランスを崩して転倒しないように注意する．
(3) 肩関節の可動域を広げる効果，胸部および腰背部の筋の柔軟性の向上と肩部，上肢の筋，腹筋，脊柱起立筋，腰部の筋の筋力向上効果が期待できる．
(4) 10～12回を1セットとして2～3セット行う．

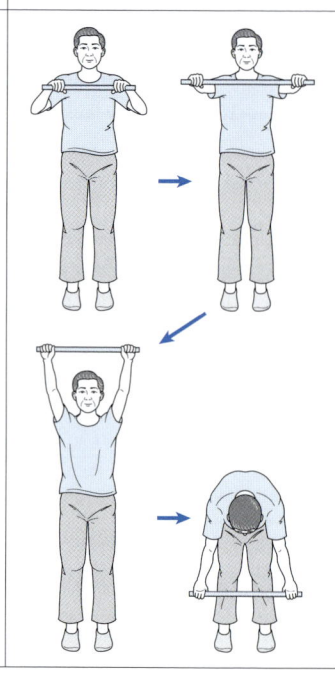

7　バランスボードを用いた運動

a. 両足バランス運動
(1) バランスボードの上に両足で立ち，バランスを保つ．不安定な場合は両腕を開いてバランスを保ってもよい．
(2) バランスを崩して転倒する危険性が高いので十分に注意して行い，介助者が利用者の後方または斜め後方に立って転倒に備える．
(3) 立位でのバランス能力向上効果が期待できる．

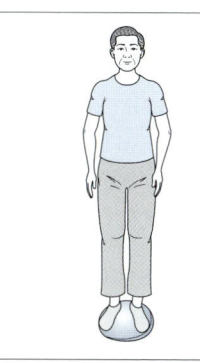

b. バランスボード踏みつけ歩行
(1) 床に置いたバランスボードの後方に立ち，左右どちらかの足を前に出し踏みつけ，後方にある足を前に出して歩行する．不安定な場合は両腕を開いてバランスを保ってもよい．
(2) バランスを崩して転倒する危険性が高いので十分に注意して行い，介助者が利用者の後方または斜め後方に立って転倒に備える．
(3) 歩行時のバランス能力向上効果が期待できる．
(4) 左右の足を交互に10～12回を1セットとして2～3セット行う．

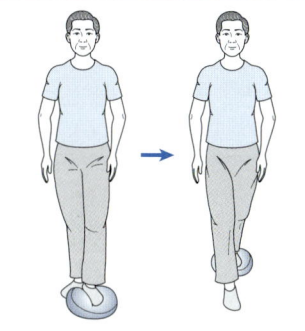

c. バランスボード上腰掛け足上げ
(1) 床に置いたバランスボードの上に腰掛け，上半身を後方に倒して後ろに両手をつく．膝を伸ばして両脚を約45°に持ち上げ30秒間保持する．バランス保持に自信のある人は，両手をつかず左右に広げてバランスを保つ．
(2) バランスを崩して転倒する危険性が高いので十分に注意して行い，介助者が利用者の後方または斜め後方に立って転倒に備える．
(3) バランス能力向上効果が期待できる．
(4) 10～12回を1セットとして2～3セット行う．

d. バランスボード上膝立ちバランス
(1) 床に置いたバランスボードの上で膝立姿勢をとる．その位置から腰を上げ，腰が曲がらないように注意しながら両腕を広げて10～20秒間バランスを保つ．
(2) 膝と足先が床につかないように注意して行う．バランスを崩して転倒する危険性が高いので十分に注意して行い，介助者が利用者の後方または斜め後方に立って転倒に備える．
(3) 大腿部の筋力向上とバランス能力向上効果が期待できる．
(4) 10～12回を1セットとして2～3セット行う．

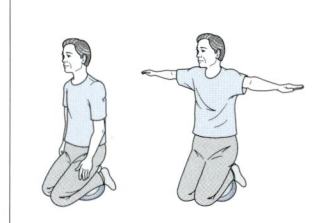

e. バランスボード上側臥位脚上げバランス

(1) 床に置いたバランスボードの上に臀部の側方を乗せ側臥位をとり，床に同じ側の肘をつく．この姿勢からついた肘と反対側の膝を伸ばして上方に上げる．上げた位置で呼吸を止めずに5～6秒間保持した後，元に戻す．
(2) バランスを崩して倒れる危険性が高いので十分に注意して行う．
(3) 臀部の筋，腹斜筋の筋力向上とバランス能力向上効果が期待できる．
(4) 10～12回を1セットとして左右交互に2～3セット行う．

f. バランスボード膝挟み込み運動

(1) 床に背臥位で両腕を広げて床につけて寝て，軽く曲げた両膝でバランスボードを挟み，両膝を引き上げ腹部に近づける．下腿部と床が平行になるような位置で呼吸を止めずに5～6秒間保持した後，足を下ろす．
(2) 膝と同時に頭を上げると腹筋を鍛える効果が高くなる．
(3) 腹筋，大腿部の内転筋の筋力向上効果が期待できる．
(4) 10～12回を1セットとして2～3セット行う．

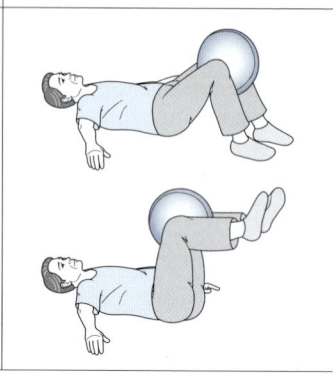

D ● 股関節の運動能力を高める運動

a. 座位足裏合わせ

(1) 床に座って左右の足底を合わせ，その姿勢から両足を床につけたまま体幹に引きつける．続いて，両膝の外側面が床につくように膝の内側をゆっくりと押す．股関節が硬い人は痛みが起こらない程度に軽く，少しずつ押す．
(2) 股関節の可動域を広げる効果と股関節運動に関連する筋に刺激を与える効果が期待できる．
(3) 8～10秒間押し続け2～3回行うか，軽く10回程押すのを1セットとし2～3セット行う．

D　股関節の運動能力を高める運動　213

b. 座位斜め膝上げ
(1) 床に脚を伸ばして座り上半身を後方に倒して後ろに両手をつく．その姿勢から，一方の膝を内側斜め上方に引き上げる運動を4回繰り返す．続いて膝を外側斜め上方に引き上げる運動を4回繰り返す．
(2) 腸腰筋の筋力向上効果が期待できる．
(3) 左右交互を1セットとして2～3セット行う．

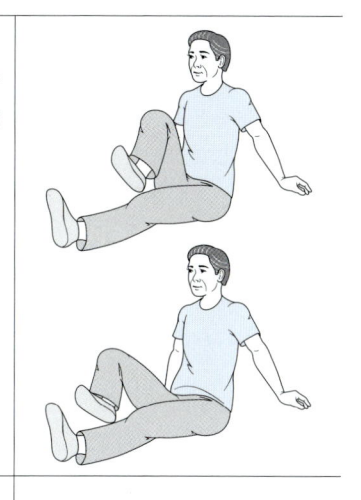

c. 膝プレス
(1) 安定した椅子に腰掛け，姿勢を正し背筋を真っ直ぐ伸ばす．両手で左右の膝を股関節内転方向に押しながら，手で押す力よりも大きな力で膝を外転方向に開くように押し返す．続いて，両手で膝を外転方向に開きながら，膝は内転方向に押し返す．もっとも力が入っている位置で呼吸を止めずに5～6秒間保持した後，緩め次の動作に移る．
(2) 股関節周辺の筋，とくに大腿部の内・外側の筋の筋力向上効果が期待できる．
(3) 股関節の内転と外転とを4回繰り返すことを1セットとして2セット行う．

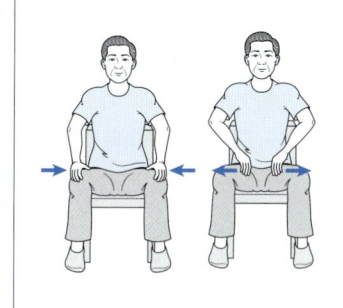

d. 腹臥位膝上げ
(1) 床に左右下肢を伸ばして腹臥位をとり，股関節外転位で膝関節を屈曲し，できるだけ力を加えながら膝を高く上げる．
(2) 股関節の可動域を広げる効果と臀部の筋の筋力向上効果が期待できる．
(3) 左右交互に4回ずつ繰り返すことを1セットとして2～3セット行う．

e. 腹臥位バタ足
(1) 床に両下肢を伸ばして腹臥位をとり，軽く力を入れながら左右下肢でゆっくりとバタ足運動を反復する．
(2) 大腿部後面の筋力向上効果が期待できる．
(3) 8回のバタ足を1セットとして2～3セット行う．

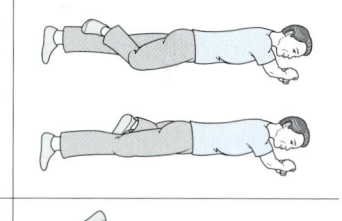

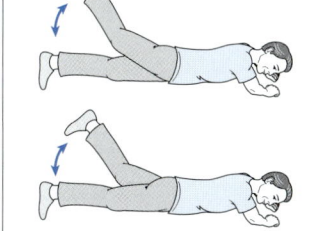

f. 横向き脚上げ
(1) 床に臀部の側方をつけ側臥位をとり，同じ側の肘で床をつく．上側になった脚を伸ばしたまま軽く力を加えて高く上げる．上げた位置で呼吸を止めずに5～6秒間保持した後，下ろす．
(2) 大臀筋，中小臀筋，腸腰筋の筋力向上効果が期待できる．
(3) 4回ずつ左右交互に行うことを1セットとして2～3セット行う．

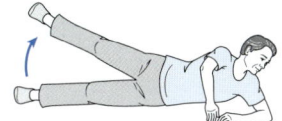

g. 「ろ」をこぐ運動
(1) 左右の足を前後に大きく開いて立ち，手は和舟の「ろ」を持っているような形をとる．舟をこぐ要領で膝を曲げ体重が前足に掛かるように前方に移動しながら左右の上肢を伸ばす．続いて，大きくゆっくりと左右肘を曲げ，上肢を抱えながら後方の足に体重を移動した後，元の姿勢に戻す．
(2) 腰部の筋，腹筋，臀部の筋，下肢全体の筋の筋力向上効果が期待できる．
(3) 8回ずつ左右交互に行うことを1セットとして2～3セット行う．

h. 踏み出し腰下ろし
(1) 左右の足を肩幅に開き腰に手をあて立ち，一方の足を前方へ大きく踏み出し，同時に膝を曲げ踏み出した足に体重を掛ける．膝，太腿部，下腿部に力を入れ体重を支え，呼吸を止めずに5～6秒間保持した後，元の姿勢に戻す．
(2) 慣れてきたら膝を深く曲げるようにすると効果が高くなる．足を踏み出したときにバランスを崩して倒れる危険性が高いので十分に注意して行う．
(3) 腰部や大腿部など下肢全体の筋の筋力向上効果が期待できると共に股関節に適度な刺激が加わる効果も期待できる．
(4) 左右4回ずつを1セットとして2～3セット行う．

i. 左右ハーフスクワット
(1) 左右の足を閉じ両手を後頭部で組んで立ち，一方の側の横方向へ1歩踏み出しハーフスクワット(軽い膝の屈伸)を行い，元の位置に戻る．続いて，反対側に踏み出して同様の運動を行う．
(2) 足を踏み出したときにバランスを崩して倒れる危険性が高いので十分に注意して行う．
(3) 腸腰筋，臀部の筋，大腿部の筋の筋力向上効果が期待できる．
(4) 左右交互に4回ずつ行うことを1セットとして2～3セット行う．

j. 四股踏み
(1) 左右の足を大きく開いて立ち，左右の手は腰の前方にあてる．力士がするように，体重を支えている脚の膝を曲げないで，一方の脚を高く上げゆっくりと踏み下ろすと同時に，両膝を曲げ腰を下ろす．
(2) 片足で立ったときにバランスを崩して倒れる危険性が高いので十分に注意して行う．難しい場合には上げる足の高さを低くして行ってもよい．
(3) とくに股関節周辺の筋の筋力向上効果が期待できる．
(4) 左右交互に4回ずつ行うことを1セットとして2〜3セット行う．

k. 腿上げ拍手
(1) スキップをしながら大腿部を高く上げ，大腿部の下で左右交互に拍手する．
(2) 比較的運動能力の高い人に適する運動で，生活体力の低下した高齢者には適さない．片足で立ったときにバランスを崩して倒れる危険性が高いので十分に注意して行う．
(3) 下肢全体の筋の筋力向上効果とバランス能力向上効果とが期待できる．
(4) 10〜20回を1セットとして2〜3セット行う．

l. 小歩行，大歩行
(1) ステップを踏んでの移動中に歩幅を小さくして進む小歩行と，大きく歩幅をとって進む大歩行を交互に交えて行う．大歩行では胸を張り，後ろの足では大きく蹴るように意識してステップする．
(2) 比較的運動能力の高い人に適する運動で，生活体力の低下した高齢者には適さない．バランスを崩して倒れる危険性があるので，両腕はしっかり振ってバランスをとることを心がける．
(3) 下肢全体の筋の筋力向上効果と歩行能力を高める効果とが期待できる．

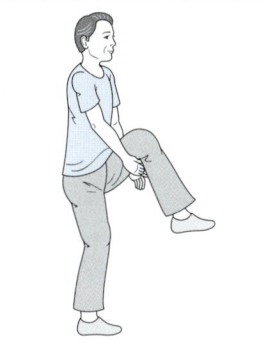

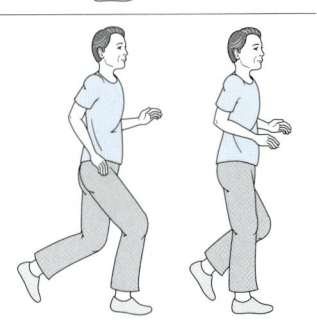

E ● 身体各部の運動

1 首・肩の運動

　　頸部の柔軟性が低下することで，振り向く動作がしにくくなったり，バランスを崩した際に体勢を立て直しにくくなる．肩の動きでは回旋の可動性が低下し，更衣動作や整容動作に不具合が生じる．このため運動指導では頸部や肩関節の回旋運動を取り入れ，日常生活活動の改善につなげる．

実施の方法

立位または座位で左右の肩を上げ，やや胸を張り，首を一方にゆっくり3回まわして元の姿勢に戻す．続いて，同様に反対方向に3回まわし元の姿勢に戻す運動を2～3回行う（図a）．

立位または座位で肘関節を屈曲し肩関節を90°外転し，肩を前方から後方へ3回まわし，次に，後方から前方へ3回まわして腕を下ろす運動を2～3回行う（図b）．

実施上の注意

頸部や肩関節の回旋時に「ゴリゴリ」という音がする利用者には，痛みがないか確認する．痛みがない場合には大きな問題とはならないが，痛みのある場合は運動を中止する．さらに手のしびれ感や肩の疼痛がある場合は医療機関への受診を勧める．

実施上の留意点

頸部は脊柱管を脊髄が通過しているので，回旋運動は慎重にゆっくりと行う．とくに頸部を後ろにまわす際はあまり大きくまわさず，浅くまわす．

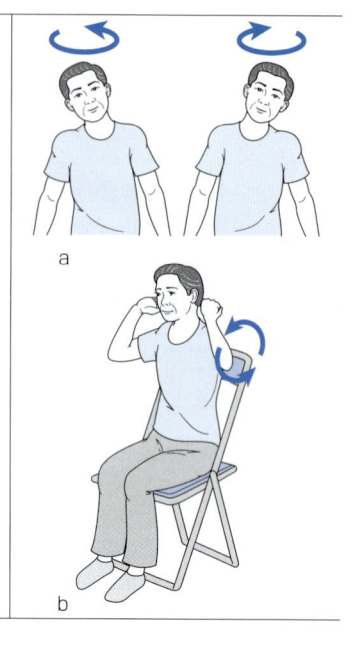

2　手・指の運動

年齢が高くなっても握力の低下は比較的少ないといわれている．そのことから下肢や腰部の筋力や可動性が低下した場合の畳からの立ち上がり，階段の昇降などでの補助手段として手の力を使う場面が多くなる．移動や体位変換動作の安全性を補うために，手指の筋力を保つことは有効である．

実施の方法

立位で胸の前に左右の指を組み，呼吸を止めずに左右にしっかり引き10秒程度維持した後，緩める．これを1秒間隔で5回繰り返すのを1セットとして3セット行う．または，座位で一方の手の四指を座面の下に掛けて握り，上方に引き上げ10秒程度維持した後，緩める．これを1秒間隔で5回繰り返す．左右で1セットとし，3セット行う．

実施上の注意

運動実施時に息を止めると血圧が上昇しやすく，高血圧症の高齢者では脳血管障害を起こす危険性が高まるので注意する．

実施上の留意点

息を止めずに一度大きく息を吸って息を吐きながら力を入れる．

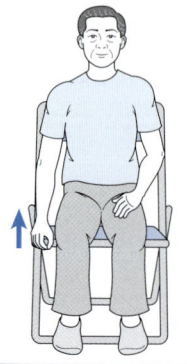

3 背部・腰部の運動

a. 背筋を伸ばす

背筋を伸ばす運動では骨盤を前傾させる．高齢者は骨盤が後傾している場合が多く，腰痛や脊柱の変形(円背など)の一因となっている．これら，脊柱の変形を予防するために骨盤を前傾させ背筋を伸ばし脊柱の伸展を促す．

実施の方法
椅子に深く腰掛け，腹部を前に突き出すように腹筋と腰部の筋に力を入れ背筋を伸ばし10秒程度維持した後，緩める．これを1秒間隔で5回繰り返すのを1セットとして3セット行う．

実施上の注意
無理をせず痛みのない範囲で行う．すでに円背のある利用者は最初は動きにくいので無理のないように，少しでもよいので動く範囲で動かす．

実施上の留意点
足底を床面にしっかりつけ，背筋を伸ばし背もたれにもたれないように座る．両手を膝の上に置いて，臍を突き出す．続いて，力を抜いて腰を丸くする．

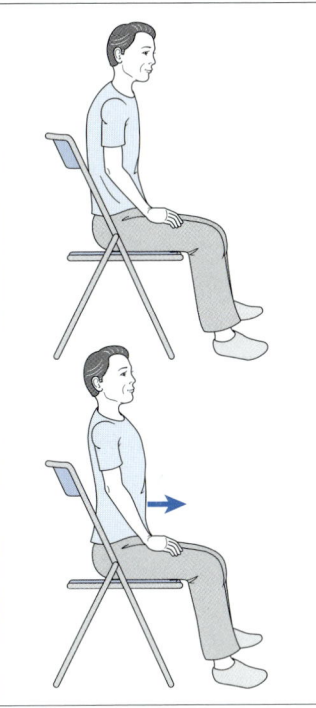

b. 骨盤を左右に傾ける

この動きは上半身が側方に傾いたとき体勢を立て直す際に必要となる．骨盤と上半身をつなぐ筋の訓練を行うと同時に体幹の左右側屈の可動性も拡大することができるので，体幹のバランス機能向上を促す．

実施の方法
安定した椅子に深く腰掛け，骨盤を片方ずつ引き上げる運動をする．左右を交互に10回ずつ行うのを1セットとして2～3セット行う．

実施上の注意
バランスを崩して転倒しないように注意する．最初から大きく上半身を傾けず，慣れるまでは小さい範囲で動かすようにする．

実施上の留意点
この運動が難しい際は，「右のお尻を掻いてください」などと説明すると自然に動かすことができる．

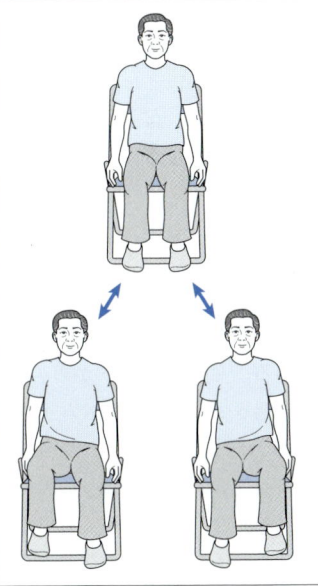

c. 上体を捻る

体幹の柔軟性を増すことで，振り向く動作がスムーズになり，バランスを崩し転倒しそうになったときに体勢を立て直しやすくなる．

実施の方法

安定した椅子にやや浅く背筋を伸ばして腰掛け，臀部はなるべく動かさないようにして，上半身を左右にできるだけ大きく捻る．左右を交互に10回ずつ行うのを1セットとして2～3セット行う．

実施上の注意

息を止めると血圧が上昇しやすくなるので，呼吸を止めないように注意する．最終可動域ではなく，運動の始めに疼痛がみられる場合は中止する．

実施上の留意点

息を止めずに一度大きく息を吸って吐きながらしっかりと身体を捻る．体幹だけでなく，顔も回旋する方向に向けることでより効果的に回旋できる．筋が軽く引っ張られる程度で止める．

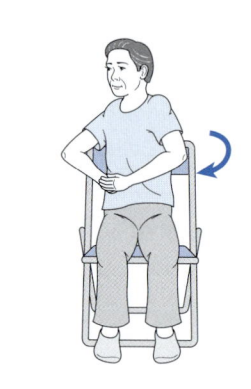

d. ブリッジ

加齢に伴い低下しやすい臀部の筋，背筋の筋力を向上させる運動である．重力に負けずしっかりとした立位姿勢を保つためにはこの筋力を保持することが重要である．

実施の方法

床面に背臥位で寝て両脚を肩幅程度に開いて膝を立てる．この姿勢から臀部の筋と腹筋，腰部の筋，背筋を引き締め，呼吸を止めずに肩を床面につけたブリッジ姿勢をとり，10秒程度維持した後，緩める．10回を1セットとして2～3セット行う．

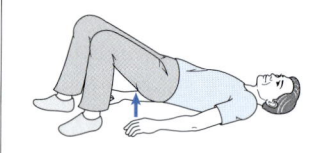

実施上の注意

勢いよく上げずに，ゆっくり行う．腰痛がみられる場合は中止する．

実施上の留意点

両膝をしっかりと立てて，足の裏を床につけて踏ん張りやすくする．

e. 寝返り

加齢に伴い可動域が低下する体幹の回旋を改善することを目的とした運動である．布団やベッドからの起き上がりが苦手な利用者はこの動きが難しい．起き上がり動作をスムーズに行うためにはこの訓練が必要である．

実施の方法

床面に背臥位で両脚をそろえて膝を軽く曲げて寝る．この姿勢から一方の上肢を頭の方向に上げ，上半身の筋を使って上肢を上げた方向に体幹を捻り寝返り動作を行う．左右それぞれ5回ずつを1セットとして2～3セット行う．左右どちらか一方しかできない場合は，一方だけを行ってもよい．

実施上の注意

運動の初めから腰痛がみられる利用者は中止する．

実施上の留意点

下半身はあまり動かさず，上半身で寝返るようにする．完全に寝返る必要はなく，痛みのない範囲で行う．

4　下肢の運動

a. 体を前に倒し筋のストレッチング

　大腿後面，膝後面の疼痛や腰痛がある場合，大腿後面，膝後面の筋が短縮することが多く，膝の屈曲拘縮，骨盤後傾の一因となり，歩行にも影響を及ぼす．大腿部の筋のストレッチは膝の屈曲拘縮や腰痛を予防しスムーズな歩行を促す．

実施の方法
　安定した椅子に浅く背筋を伸ばして腰掛け，一方の脚を前方に十分伸ばし踵を床につける．この姿勢から息を吐きながら上半身を前方に倒し大腿後面，膝後面の筋を伸張させる．椅子に浅く掛けすぎるとバランスを崩して倒れる危険性が高いので十分に注意して行う．10回ずつ左右交互に行うのを1セットとして2～3セット行う．

実施上の注意
　身体を倒したまま5～6秒間保持する．つま先を上げると下腿後面の筋を同時にストレッチングできる．ストレッチングしない側の足で踏ん張り，前に倒れないようにする．運動の際に大腿後面ではなく腰痛がみられる場合は中止する．

実施上の留意点
　息を吐きながら，ゆっくりと少し筋が突っ張る感じがするところで止める．

b. 膝伸展

　膝関節を力強く伸展させると大腿四頭筋の筋力が向上する．とくに変形性膝関節症のある利用者ではこの筋力を向上させると，関節の負担が減少し疼痛を軽減させる．また，歩行時にはこの筋がしっかりと体重を支えることができるようになる．加齢に伴い筋力が低下する代表的な筋の1つである．

実施の方法
　安定した椅子にやや浅く背筋を伸ばし，腰に手を置き腰掛け，一方の脚の膝をゆっくりと力強く伸ばす．十分伸展したときに下肢を持ち上げるように力を入れ，大腿部後面が座面に軽く触れている感じになるようにして呼吸を止めずに10秒程度維持した後，緩めて元の姿勢に戻る．これを3秒間隔で5回繰り返す．左右で1セットとし，3セット行う．

実施上の注意
　最大伸展域で疼痛がある場合は，痛みのみられない範囲で行う．運動の始めに疼痛がある場合は中止する．

実施上の留意点
　ゆっくりと伸展させその位置で10秒程度保持する．この際，大腿部に触れて硬くなっていること(筋が収縮していること)を確認する．最大伸展でもっとも筋が収縮している．

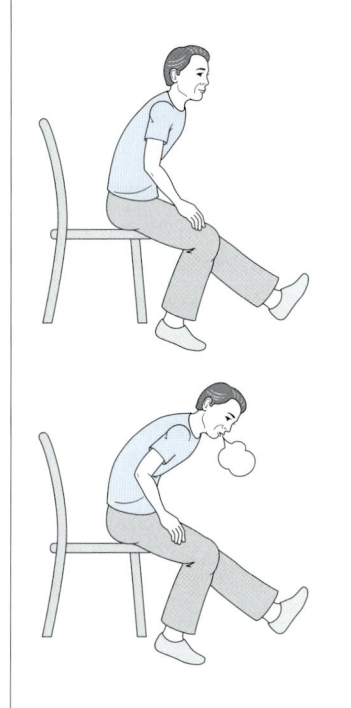

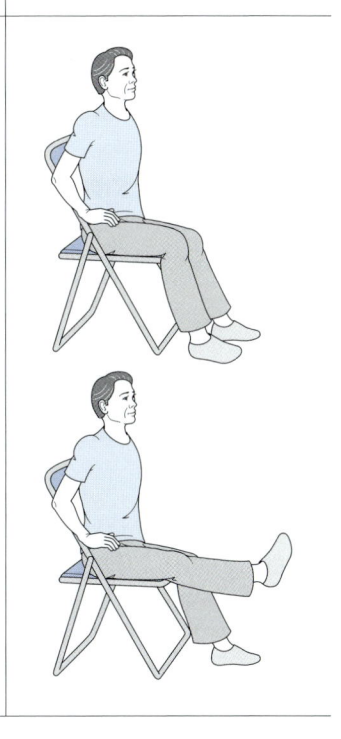

c. 脚伸展挙上

大腿四頭筋の筋力を向上させる目的で行う運動である．「b. 膝伸展」の運動が楽にできる場合は，足関節部に重りをつけるなどしてこの運動に負荷をかけて行うことができる．

実施の方法

床面に背臥位で両脚をそろえて寝る．この姿勢から一方の膝を約90°に曲げ足底を床面にしっかりつけ，もう一方の脚を力強く伸展したまま挙上する．挙上は45°以内として10秒程度保持した後，下ろす．これを1秒間隔で5回繰り返す．左右で1セットとし，3セット行う．

実施上の注意

「b. 膝伸展」の運動を基本として行う．いきなりこの運動をすると疼痛を生じることがある．腰痛がみられる利用者は中止する．

実施上の留意点

腰への負担を減らすため，必ず片方の膝を立てて行う．足を高く上げると楽になり，低いと負荷が掛かる．

5　腸腰筋・腹筋の運動

a. 膝上げ

股関節を90°屈曲位からさらに屈曲する運動で，腸腰筋（股関節屈曲筋）の筋力向上効果が期待できる．スムーズな歩行にはこの筋の筋力が必要である．また，骨盤の傾きを修正したり椅子から立ちあがるときに上半身を前傾させる働きがある．

実施の方法

安定した椅子にやや深く背筋を伸ばし，股関節が90°屈曲した姿勢で腰掛ける．この姿勢から一方の膝をゆっくりと力強く持ち上げる．膝はできるだけ高く上げる．10回ずつ左右交互に持ち上げるのを1セットとして2～3セット行う．

実施上の注意

脳卒中の既往がある利用者や股関節に疾患のある利用者では，上がりにくいことがあるので，できる範囲で行う．運動の始めに疼痛がみられる場合は中止する．

実施上の留意点

力が弱い場合は椅子の座面をしっかりつかんで行う．力が十分ある場合は腕を組んで行う．上げるときゆっくりと時間を掛けて上げたり，上げたところで5～6秒間保持すると効果が高まる．

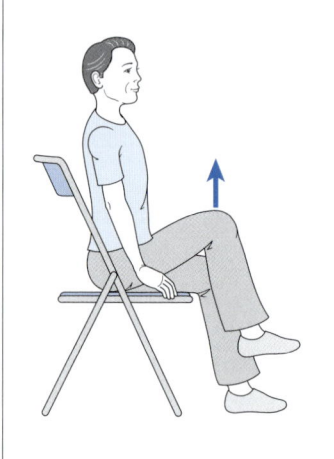

b. 足上げ

　腹筋は立位姿勢や座位姿勢を保ったり，後ろに傾いた体勢を立て直すときに働く．さらにベッドや布団からスムーズに起き上がるときや寝返りをうつときにも使われる筋である．筋力が向上するとバランスを保つ力や，寝た状態から楽に起きる力がつく．

実施の方法
　安定した椅子に上半身を後傾させ浅く腰掛ける．この姿勢から一方の膝を持ち上げ，大腿部をゆっくりと力強く腹部に引きつける．10回ずつ左右交互に持ち上げるのを1セットとして2～3セット行う．

実施上の注意
　椅子の座面をしっかりとつかんで行い転落を予防する．腰痛がある場合は中止する．

実施上の留意点
　臀部を前にずらして腰掛けると足が上がりやすくなる．まずは片足ずつ行い，しっかり大腿部を身体に近づけるように意識する．両足を同時に上げる事ができる利用者は両足を同時に上げてもよい．上げたところで5～6秒間保持すると効果が高まるが，困難な場合は2～3秒間の保持でもよい．

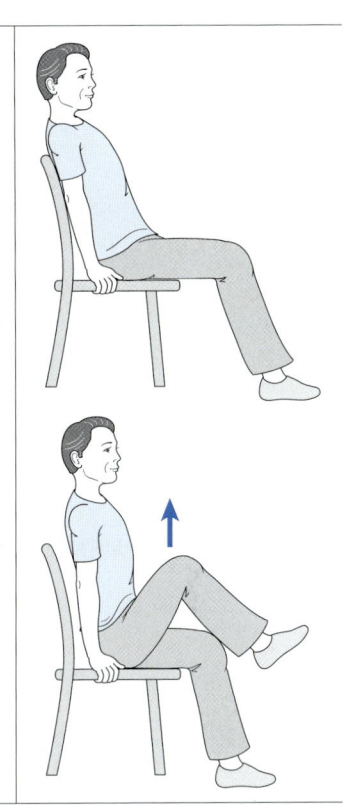

6　足部の運動

a. 踵・爪先上げ

　足関節の可動性は歩行やバランスに大きな影響を与える．とくに足先が上がりにくくなると躓く原因となるだけでなく，歩幅が狭くなり歩行が遅くなる．さらに，後方のバランスがとりにくくなり転倒しやすくなる．

実施の方法
　安定した椅子に深く腰掛け，両方の踵が床面につかない位置まで足を前方に出す．この姿勢で足関節の底屈と背屈をゆっくりと力強く繰り返す．底背屈を20回繰り返すのを1セットして2～3セット行う．

実施上の注意
　この運動で「こむらがえり」が起こる利用者は，軽く動かすことから始める．

実施上の留意点
　膝関節を屈曲して行っても足関節の運動になるが，膝を伸ばして爪先を上げると下腿三頭筋の柔軟性を高める効果がある．とくに足関節の動きが硬い利用者は膝を伸ばしたほうが効果的である．踵を上げるときは爪先を床につけ，爪先を上げるときは踵を床につける．

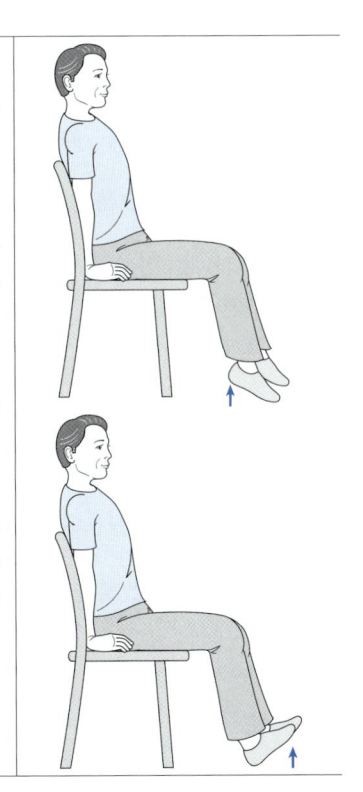

b. 足踏み運動

全身の運動で上肢と下肢の動きの協調性を向上させる．また，少し体温を上げたり，心拍数を上げて体全体を動きやすい状態に整える．

実施の方法

安定した椅子にやや浅く腰掛け，肘を90°に曲げた上肢を前後に振り足底でしっかり床を踏みしめて足踏み運動を行う．1分間に120回程度を目標とする．

実施上の注意

左右にバランスを崩しやすい利用者がいるので，転倒に注意して行う．大きく足踏みできなくても，できる範囲で行う．他の運動に比べて運動量が大きいので，心肺・循環器系の疾患がある利用者ではバイタルサインのチェックを入念に行い変化に注意する．

実施上の留意点

椅子に座った状態で足踏みをする．同側の手と足が一緒になって動いてもかまわない．

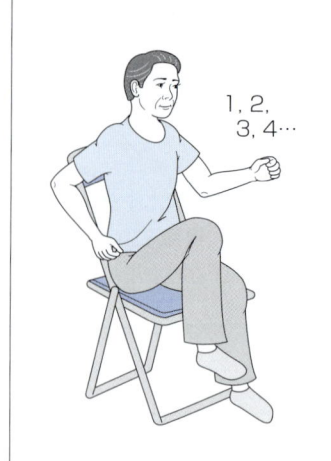

F ● 運動メニューの例

介護予防機能訓練の対象者には，腰痛や膝痛が生活機能の低下の原因となっている人が多く，有病者数を腰痛症の3300万人，変形性膝関節症の3000万人と推計した報告もある．高齢者の腰痛や膝痛は下肢機能や基礎的体力の低下を招き，要支援・要介護へと重度化に向かわせる．これらの対象者の機能訓練では，腰痛や膝痛の悪化を予防したり，改善したりする運動でメニューを構成するか，生活機能を向上させるメニューに前述の運動を取り入れる必要がある．

以下に，腰痛・膝痛の予防・改善を目的とした運動メニューの例を示す．

1 腰痛予防・改善を目的とした運動

(1) 膝の引き寄せ
(2) 体幹の前・後屈
(3) 背中伸ばし
(4) 胸張り
(5) 背臥位での腰捻り
(6) スクワット
(7) 中腰歩行(ニーベントウォーク)

2 膝痛予防・改善を目的とした運動

(1) スクワット
(2) 前後開脚屈伸

表12・4　1クールの構成例

実施回数	実施事項	実施内容
1回目	参加者の評価とアセスメント	問診・体力測定（目標設定）
2〜4回	運動に慣れる	基本体操の実施
5〜11回	参加者の個人に合わせた運動	個別プログラムの実施
12回目	参加者の評価と最終アセスメント	問診・体力測定（目標達成度）

表12・5　1回の訓練内容構成例

実施事項	実施内容	実施時間
体調チェック	血圧，脈拍，体温などの測定	10分
学習時間（運動習慣の定着）	自宅での実施状況確認	10分
ウォーミングアップ（柔軟性）	ストレッチング，バランス	15分
主運動（筋力，持久力）	コンデショニング，筋力向上，機能的運動	30分
クーリングダウン	ストレッチング，リラクゼーション（緊張をほぐす）	15分
学習時間（運動習慣の定着）	自宅での実施時間，内容を指導	10分

(3) 側方膝屈伸
(4) 踏み台踵上げ昇降
(5) チューブシングル脚伸展
(6) 腿上げ拍手
(7) 大歩行

G　運動プログラムの例

　市区町村から介護予防・日常生活支援総合事業における運動器の機能向上事業での機能訓練を受託した場合には，市区町村の求める内容について測定や結果の報告をしなければならない．測定項目などは各団体によって異なるが，身体測定(事業開始時および終了時)とその結果報告，運動器の機能向上実施計画書の策定，実施計画書記載内容の目標達成度の評価，自宅での継続した運動機会の確保するための指導は必ず求められる．

1　訓練期間1クール(3ヵ月間・12回)の構成例(表12・4)

2　1回の訓練内容の構成例(表12・5)

3　1ヵ月目の運動プログラムの構成例(図12・5)

　初期には運動に慣れることに主眼を置いたメニューでプログラムを構成し，転倒の危険性が高い運動は避ける．

ストレッチ運動
① 首の運動　　　　　　　　　　　　　　② 肩の運動

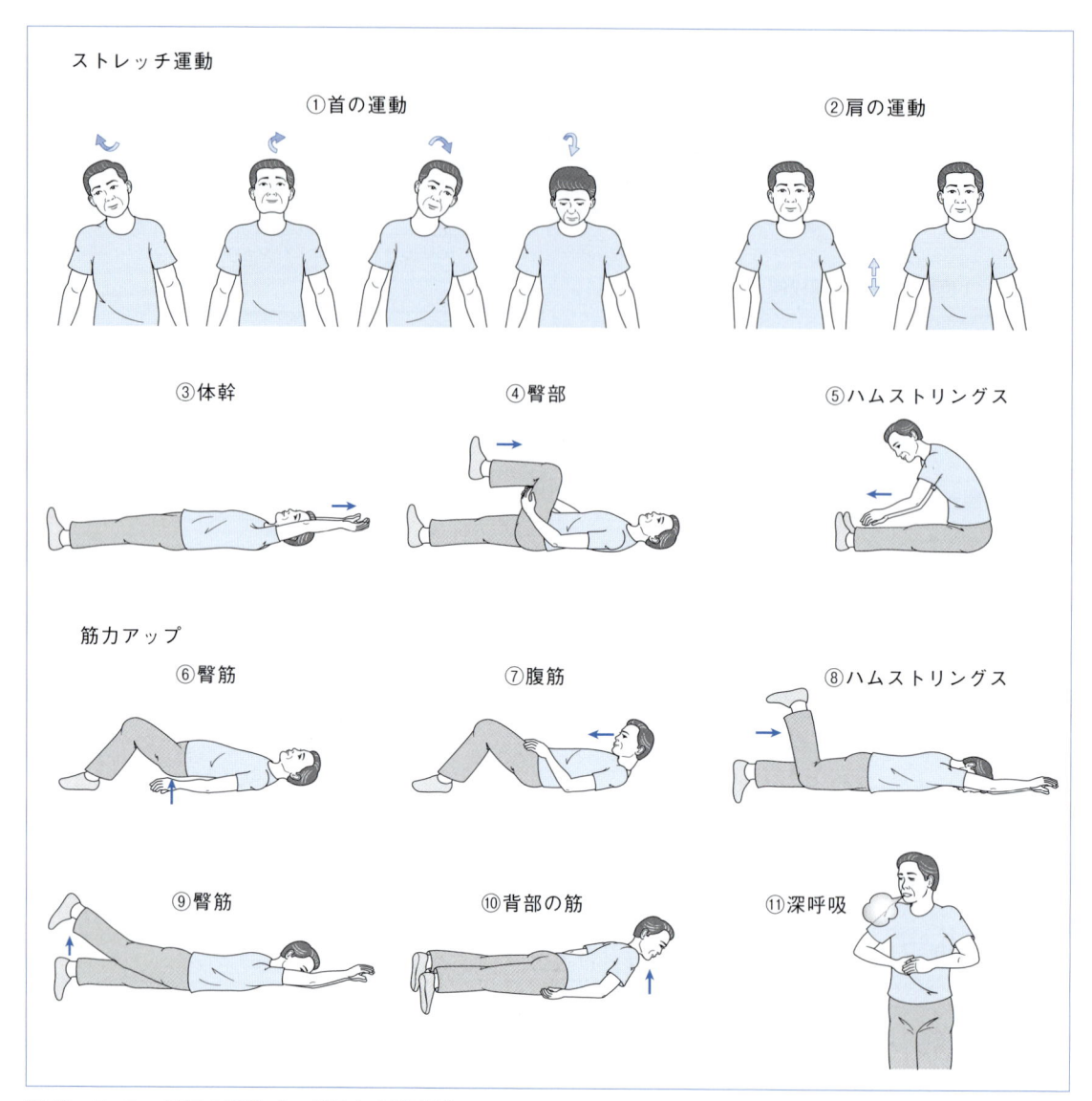

③ 体幹　　　　　④ 臀部　　　　　⑤ ハムストリングス

筋力アップ
⑥ 臀筋　　　　　⑦ 腹筋　　　　　⑧ ハムストリングス

⑨ 臀筋　　　　　⑩ 背部の筋　　　　⑪ 深呼吸

図 12・5　1 ヵ月目の運動プログラムの構成例

4　2ヵ月目以降の運動プログラムの構成例 (図 12・6)

中期以降では転倒を防止する目的で歩行能力の向上に主眼を置いたメニューでプログラムを構成し，バランス能力の向上にも配慮した運動も取り入れる．

5　自宅での宿題運動プログラムの構成例 1 (図 12・7)

初期の自宅運動では利用者が一人で行うことも想定して，筋力向上を目的とする運動では座位や臥位で行う運動で構成し，バランスを崩しやすい運動は処方しないほうがよい．

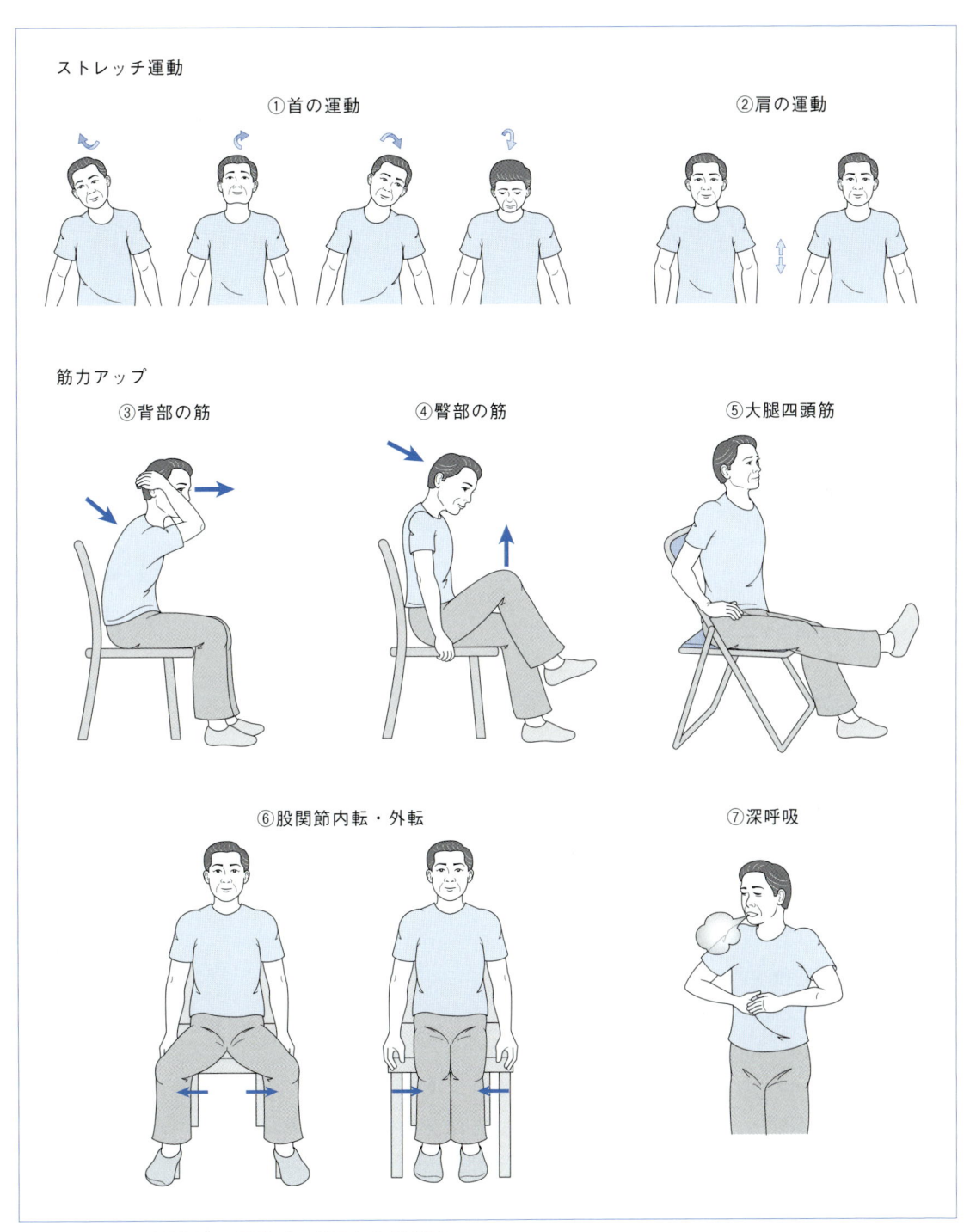

ストレッチ運動
　　　　　①首の運動　　　　　　　　　　　②肩の運動

筋力アップ
　　③背部の筋　　　　④臀部の筋　　　　⑤大腿四頭筋

　　　　　⑥股関節内転・外転　　　　　　⑦深呼吸

図12・6　2ヵ月目以降の運動プログラムの構成例

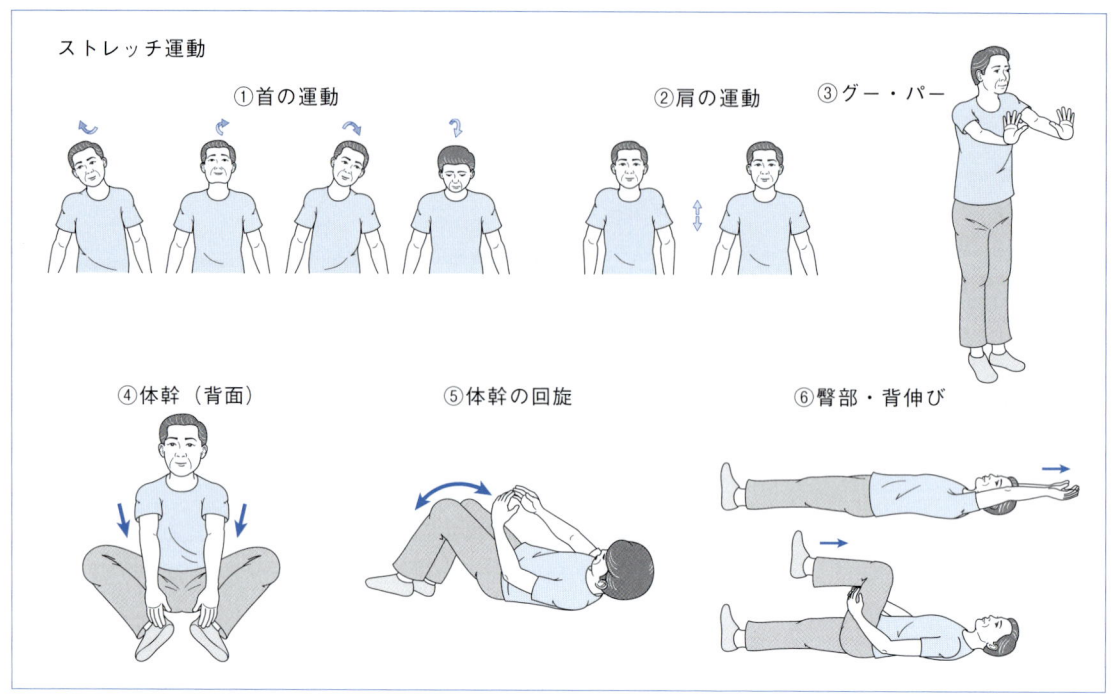

図12・7 初期の宿題メニューの構成例

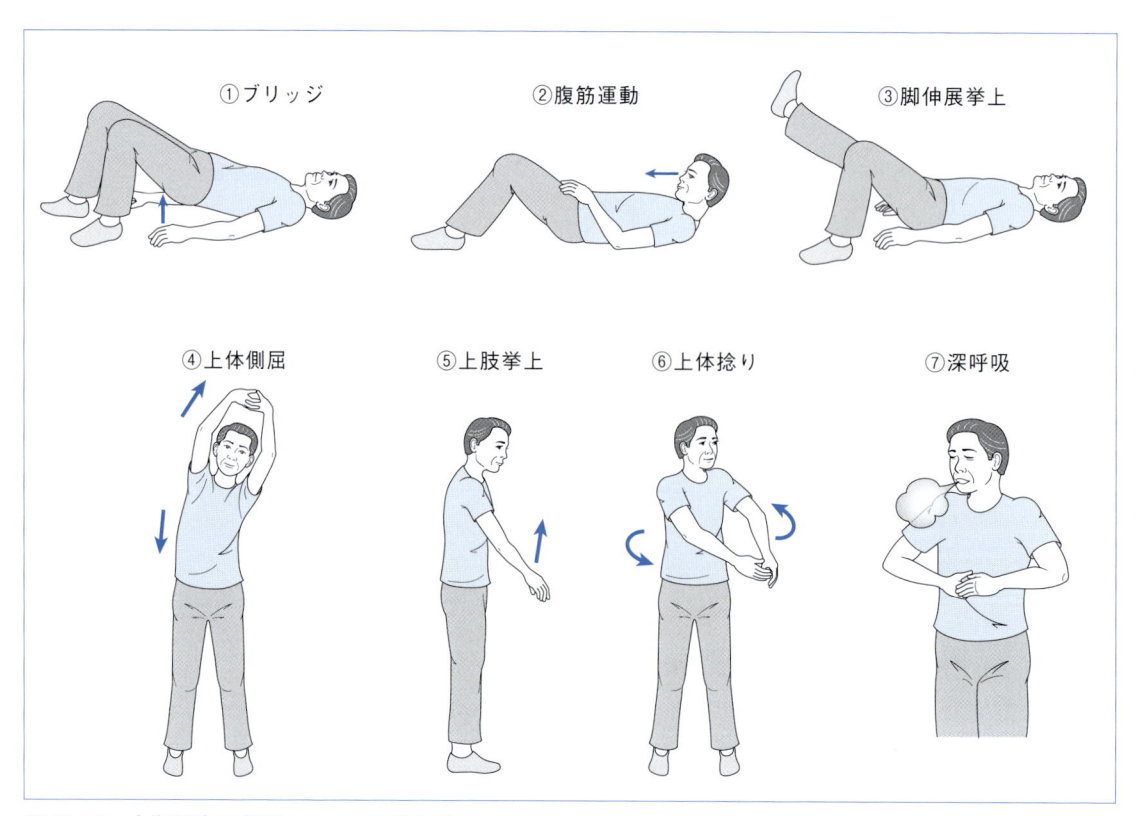

図12・8 中期以降の宿題メニューの構成例

6 自宅での宿題運動プログラムの構成例 2（図 12・8）

　中期以降では利用者が運動に慣れてきていること考慮しややきつめの運動や，転倒を防止する目的で歩行能力の向上に主眼を置いた運動で構成し，バランス能力の向上にも配慮した運動も取り入れる．

地域支援事業における事例Sさん　　　演習

Sさんの病歴
地方都市在住の80歳女性，地域支援事業対象

[既往歴]
○平成6年　乳がん手術
○平成8年　帯状疱疹

[現病歴]
○膝痛・腰痛（骨粗鬆症と血流を良くする薬処方）
○大腸ポリープを内視鏡で切除

Sさんの生活歴
[今までの生活]
小学校6年生の時に，大阪から現在の地（父の実家）へ疎開
結婚後は夫が果物屋をしていたため一緒に営んでいた
平成6年の乳がん手術後に店を閉めのんびりと暮らす

[現在]
平成22年に夫と死別．現在は一戸建てに一人住まい
近所に住む長女はほぼ毎日訪問
最近，携帯を持ち毎日娘から安否確認がある
食材は長女と次女が持ってきてくれる
本人も近くのスーパーに車で買い物に行く

[地域支援事業参加]
健康検診で運動器の機能向上事業対象者になった
乳がんの影響で肩の動きが悪く洗濯がしにくい
洗濯ができるように運動に参加した

Sさんの介護予防プランと運動方針

Sさんの介護予防プランと運動方針

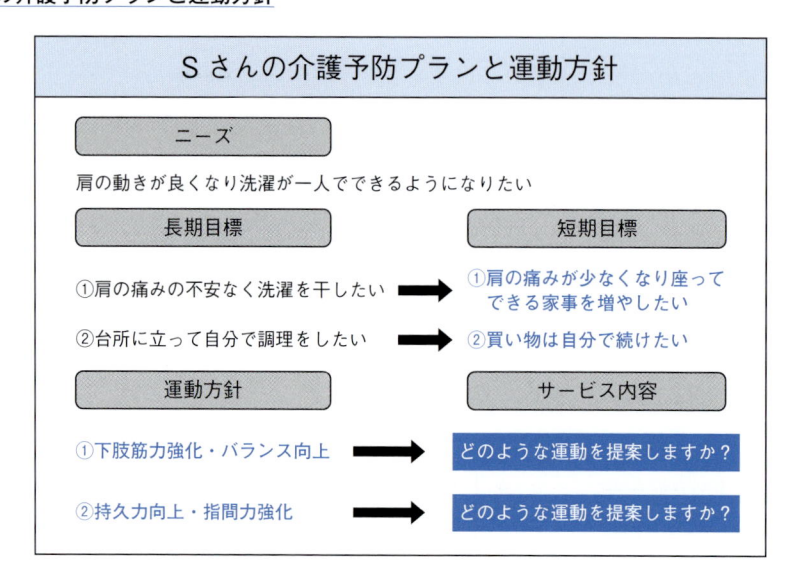

ニーズ
肩の動きが良くなり洗濯が一人でできるようになりたい

長期目標　　　　　　　　　　**短期目標**

①肩の痛みの不安なく洗濯を干したい　→　①肩の痛みが少なくなり座ってできる家事を増やしたい

②台所に立って自分で調理をしたい　→　②買い物は自分で続けたい

運動方針　　　　　　　　　　**サービス内容**

①下肢筋力強化・バランス向上　→　どのような運動を提案しますか？

②持久力向上・指間力強化　→　どのような運動を提案しますか？

演習
Sさんの運動方針に合わせてサービス内容を考えなさい

演 習

夫婦2人暮らしでAさんが3年前に脳梗塞発症．本人は以前の生活を取り戻したいと考えている

Aさんの概要
- 80歳女性で3年前に脳梗塞発症で現在右片麻痺
- 高血圧があり，肥満気味だがかかりつけ医の医学管理で安定
- 自宅は30年前に建てた持家で夫婦二人暮らし

面接を続けて話をしているうちに「以前行っていたカラオケに友人達と行けるようになりたい」という生活目標が抽出された

Aさんの概要をICFモデルにあてはめると（図A）のようになります．（図B）には参加目標を達成する活動状況が記載してあります．

（図B）を用いて
演習1：参加目標を達成するための心身機能・構造を考えましょう
演習2：参加目標を達成するための運動内容を考えましょう

```
参加目標を達成する          ・3年前に脳梗塞発症        参加目標は
活動内容は？               ・高血圧                  カラオケに行く
                          ・肥満気味
        ↓                      ↓                      ↓
   ・片麻痺              ③活 動            以前行っていた
   （b730）                                カラオケに友人達と
                                          行けるようになりたい
                             ↓
                      築30年持家        Aさん
                                       80歳女性
                                       夫婦2人暮らし
```

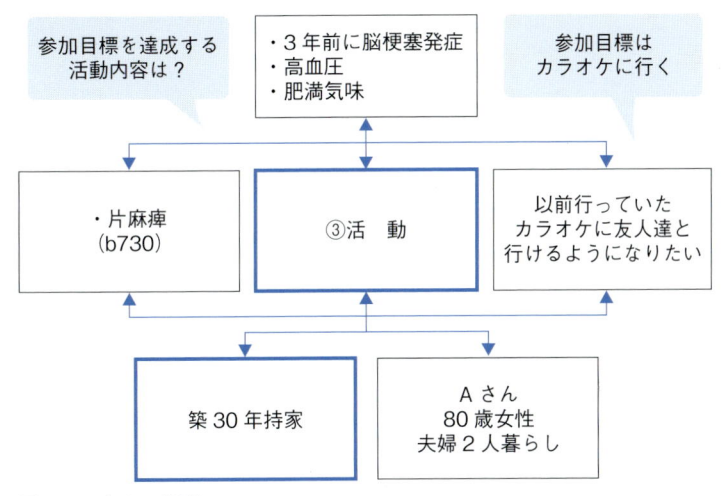

図A　Aさんの概要

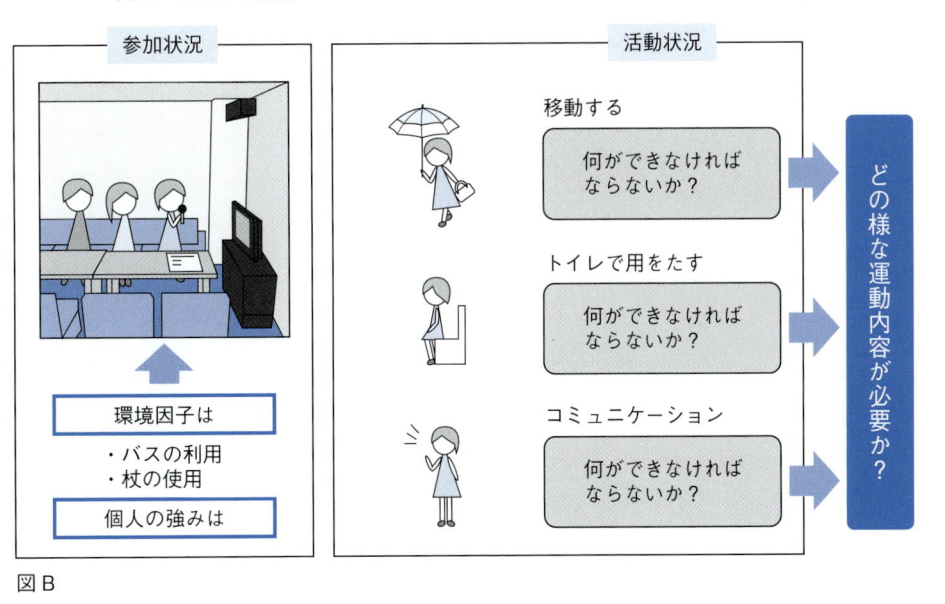

参加状況

環境因子は
・バスの利用
・杖の使用

個人の強みは

活動状況

移動する　何ができなければならないか？

トイレで用をたす　何ができなければならないか？

コミュニケーション　何ができなければならないか？

→ どの様な運動内容が必要か？

図B

索引

和文索引

あ
悪性新生物　21
アセスメント　67, 68, 70
圧抜きグローブ　105
アルツハイマー病　32

い
異食　120
一次判定書　53
一過性脳虚血発作　20
一般介護予防事業　93
一般介護予防事業評価事業　94
一本杖　167
意味記憶　14
医療介護総合確保法　66
医療系サービス　56
インテーク　70
インフォームド・コンセント　74
インフォームド・チョイス　74
インフルエンザ　23

う
うつ傾向　3
うつ状態　32
うつ病　15, 32
運営的環境　42
運動器症候群　95
運動器不安定症　96
運動プログラム　224
運動メニュー　223
運動療法実施のための基準　147

え
エアーマットレス　165
エイジズム　10
エイジング理論　13
栄養改善　114
　　──サービス　116
栄養教育　116
栄養相談　116
エピソード記憶　14
エリクソン　5, 6
円背　109
エンパワメント　124, 125

お
オレンジプラン　27, 28
温熱療法　154

か
開眼片足立ちテスト　136
開眼片足バランス　185
介護医療院　58
介護保険法　1
介護型療養病床　58
介護過程　67
介護給付　54
介護サービス　54
介護支援専門員☞ケアマネジャー
　をみよ
介護支援専門員実務研修受講試験
　61
介護職員初任者研修　62
介護付有料老人ホーム　59
介護福祉士　61
介護保険　47
　　──の給付　54
介護保険制度　1
介助用標準型車椅子　158
介護予防　3, 88
介護予防ケアマネジメント　93
介護予防・生活支援サービス事業
　93
介護予防・日常生活支援総合事業
　1, 51, 89
介護予防把握事業　93
介護予防普及啓発事業　93
介護予防プラン　229
介護老人保健施設（老健）　55, 57
疥癬　151
可逆的要素　144
学習　5, 7
家族のモチベーション　151
課題分析　67
片麻痺　34
活動制限　127
活動の目標　141
家庭生活の目標　140
加齢　10
加齢性難聴　23
がん　21
簡易型電動車椅子　160
感音性難聴　13
肝硬変　23
看護師　62
感情失禁　34
関節強直　153
関節拘縮　153
関節痛の危険　150
関節リウマチ　18
感染経路　150
感染症　23, 150, 155

き
記憶障害　34
危機管理　144
起居動作　163
喫煙　44
キットウッド　31
基底還元論　80
機能訓練　123, 125
　　──の評価　132
機能訓練指導員　2, 123, 142

――の業務　128
機能・形態障害　126
機能・構造障害　128
機能的運動期間　175
居宅介護支援　56
居宅系事業所　57
居宅サービス　55
筋緊張緩和効果　104
筋力向上期間　175

く

車椅子　158
車椅子シーティング　106
クロイツフェルト・ヤコブ病　35
訓練用機器　106

け

ケアカンファレンス　70, 129
ケアハウス　59
ケアプラン　55, 70
ケアマネジメント　70
ケアマネジャー　2, 56, 61
軽費老人ホーム　59
痙攣発作　148
下痢　17
幻覚　121
健康関連QOL　177
健康関連領域　77
健康寿命　16, 85
健康長寿　86
言語障害　34
見当識障害　32, 41, 120

こ

口腔機能の向上支援　110
口腔ケア　110
――の重要性　112
口腔体操　113
高血圧症　21, 43
抗コリン作用　15
高コレステロール血症　44
高脂血症　22
行動・心理症状　122
高尿酸血症　22

高齢者　10
高齢者介護　73
高齢者自立支援　103
誤嚥　17, 112
誤嚥性肺炎　17
ごく刻み食　105
告知に基づく選択　74
告知に基づく同意　74
コグニサイズ　45
骨折　17
――の危険　150
骨粗鬆症　17
骨力トレーニング　99
個別援助計画　68
個別機能訓練実施計画書　136, 138
個別サービス計画　171
ゴムバンド　204, 207
コンディショニング期間　175

さ

座位姿勢　107
在宅サービス　55
在宅酸素ボンベ　161
査定　70
サルコペニア　11, 12
参加制約　127

し

シーティング　103, 105, 159
視覚的評価スケール　134
自己決定　74
自己効力感　177
自己選択　74
脂質異常症　22
姿勢バランス　134
施設サービス　55, 63
事前アセスメント　171
自走用標準型車椅子　158
自宅訓練　139
失禁　122
失計算　34
失見当　32
失語　41
失行　34, 41

実行機能障害　41
失認　34, 41
実務者研修　62
指定介護療養型医療施設　55
指定介護老人福祉施設　55
社会生活の目標　141
社会的環境　42
社会的不利　126, 127
社会福祉士　62
若年性認知症　35
若年性認知症対策　28
終結　72
柔道整復師　2
手技療法　154
宿題運動プログラム　228
手動式車椅子　160
主要な生活領域の目標　140
障害　125
障害高齢者の日常生活自立度（寝たきり度）判定基準　70
小規模多機能型居宅介護施設　60
初期認知症徴候観察リスト　37
褥瘡　150
褥瘡予防　164
自立支援　74, 85
シルバーカー　166
新オレンジプラン　28
人格変化　121
新型老健☞介護療養型老人保健施設をみよ
神経認知障害　25
心疾患　21, 148
人物誤認　120
心理面での目標　142

す

スクワット　200
ステッキ　167
ストレーラー　10
ストレス　44
スロトレ　176

せ

生活機能低下予防　86
生活行為　83

生活支援員　27
生活支援サービス　91, 93
生活の質☞QOLをみよ
生活不活発病　12
成熟　5
成長　5
性的行動　122
摂食・嚥下機能障害　111
セラバンド　203, 204, 207
仙骨座り　108, 109, 159
せん妄　34

そ

総合事業☞介護予防・日常生活支援総合事業

た

体圧分散効果　104
体位保持効果　104
対人関係の目標　140
タイムアップアンドゴーテスト　134
脱水　111
脱水状態　149
多点杖　167
食べること　110, 115
短期記憶　14

ち

地域介護予防活動支援事業　94
地域支援事業　229
地域の高齢者生活支援　87
地域包括ケアシステム　63
地域リハビリテーション活動支援事業　94
知覚障害　34
窒息　17, 112
痴呆性老人処遇技術研修事業　26
チューブ　204, 207
長期記憶　14
超高齢化社会　95
長寿　85

つ

通所介護　63
通所介護事業所　63
通所型サービス　93
通所リハビリテーション　63

て

低栄養　111
低栄養状態　116
デザイア　73
手続き的記憶　14
デマンド　73, 139, 152
デマンド指向型機能訓練　153
癲狂院　26
転倒　100
　　──のリスク要因　149
転倒予防　99, 150
転倒予防法　101
電動式車椅子　160
電動ベッド　162

と

疼痛の評価　134
糖尿病　22, 44
糖尿病患者の運動療法　148
特殊寝台　162
特別養護老人ホーム　55, 57
閉じこもり　3
閉じこもり予防　116, 117
トランスファーショック　41

な

ナン・スタディ　44

に

ニーズ　73, 139, 143, 152
ニーズ指向型機能訓練　153
ニーベントウォーク　202
日常生活活動☞ADLをみよ
日常生活自立支援事業　27
日常生活用具　106
ニューガーテン　14

──の分類　14
入所サービス　55
尿失禁　23
認知機能障害　14
認知症高齢者グループホーム　60
認知症　25, 33, 95, 119
認知症介護　41
認知症ケア　26
認知症ケアパス　28, 29
　　──の概念図　31
認知症高齢者の日常生活自立度判定基準　39, 70
認知症サポーター　42
認知症サポーター養成講座　42
認知症初期集中支援チーム　29, 32
認知症の人と家族の会　26
認知症予防　43
認定審査　53
認定調査　52

ね

寝たきり　3, 95, 143
熱中症　149

の

脳血管障害　20, 34
脳梗塞　20
脳出血　20
能力障害　126, 127
ノーマライゼーション　74
ノロウイルス　23

は

パーキンソン病　23, 155
パーソンセンタード・ケア　31
徘徊　121
廃用症候群　12, 128
　　──の防止・改善　107
ハヴィガースト　6
バクテリアル・トランスロケーション　114
白内障　23

長谷川式簡易知能評価スケール 32, 35
発声練習 114
発達 5
発達課題 7
　──エリクソン 8
　──ハヴィガースト 8
　──老年期 10
発達段階 5
　──ピアジェ 7
　──フロイト 7
バランスボード 203, 212
バリアフリー 74

ひ

ピア・カウンセリング 43
ピアジェ 6
非該当者 51
被害妄想 120
ヒゼンダニ 151
皮膚疾患 20
肥満症 44
ヒヤリハット事例 146
評価 71
疲労度 150
ヒンズースクワット 201

ふ

ファンクショナルリーチテスト 135
腹圧性尿失禁 13
福祉系サービス 56
福祉用具 156
腹痛 17
不潔行為 122
普通型電動車椅子 158
復権の医学 79
物理的環境 42
踏み台昇降 202
不眠 20
プラスチックアレイ 203, 208
フレイル 12
フロイト 6

へ

平均寿命 16
変形性関節症 18
便秘 17

ほ

ホイスト 168
訪問介護員☞ホームヘルパーをみよ
訪問介護員養成研修 62
訪問型サービス 93
訪問看護事業所 63
訪問看護ステーション 63
訪問調査 52
ポータブルトイレ 168
ホームヘルパー 56, 62
ボール 203
ポール（棒） 209
保菌者 150
呆け老人をかかえる家族の会 26
歩行器 166
歩行補助杖 167
歩行補助用具 165
ポジショニング 103
補装具 106
ホッファー座位能力分類 108

ま

マズローの欲求階層 69
まだら認知症 34
マットレス 164
松葉杖 167
慢性閉塞性肺疾患 19

み

ミキサー食 105
ミニメンタルステートテスト 37

め

メタボリックシンドローム 95, 96

メチシリン耐性黄色ブドウ球菌 23
面接 70

も

妄想 33
目標指向型機能訓練 80, 81, 173
目標指向型個別機能訓練 171
目標指向的アプローチ 81
目標指向的介護 80
目標設定 172
モニタリング 71
物忘れ 119

や

夜間せん妄 122
薬物療法 24

ゆ

有料老人ホーム 59

よ

要介護 95
要介護者 49
要介護状態 3, 95
要介護度 49
要介護認定 51
要支援者 50
腰部脊柱管狭窄症 19
予防給付 54
四点杖 167

ら

ライチャード 14
　──の分類 14

り

リスクアセスメント 145
リスクコントロール 145
リスクの予防 146
リスクマネジメント 144

リハビリテーション　123
リハビリテーション医学　78
リハビリテーション（総合）実施計
　　画書　79
リフト　168
利用者のモチベーション　151
療養型病床群　55
療養病床　58
緑内障　23
リロケーションダメージ　41

れ

レスパイトケア　42
レビー小体型認知症　34

ろ

老化　10, 13
老健☞介護老人保健施設をみよ
老人性難聴　23
老年期うつ病　15
老年症候群　85
ロコチェック　97
ロコトレ　97
　　──の注意点　99
ロコモーションチェック　97
ロコモーショントレーニング　97
ロコモティブシンドローム　95,
　　96
ロフストランド杖　167

わ

ワーク・ライフ・バランス　9
ワイズマン　42

欧文索引

A

ADL（activity of daily living）　67,
　　103
aging　10

B

barrier free　74
BPSD（behavioral and psychological
　　symptoms of dementia）　41, 122

C

CDR（clinical dementia rating）　37
COPD　19

D

demand　73
desire　73
disability　126
DSM-5　25

E

Erikson, E.H.　5

F

FAST（functional assessment
　　staging）　37
Freud, S.　6
functional reach test　135

H

handicap　126
Havighurst, R.J.　6
HDS-R　32, 35

I

IADL（instrumental activity of daily
　　living）　67
ICF（international classification of
　　functioning, disability and health）
　　74, 230
　　──モデル　74
　　──に基づく評価の基準　133
　　──の基本概念　132
ICIDH（international classification of
　　impairments, disabilities and
　　handicaps）　75, 77
impairment　126
informed choice　74
informed consent　74

K

Kitwood, T.　31

L

locomotive syndrome　95

M

MMSE　35
MRSA　23

N

NCD（neurocognitive disorder）　25
needs　73
Neugarten, B.L.　15
normalization　74

O

OLD（observation list for early signs
　　of dementia）　37
over use　150

P

Piajet, J.　6
positioning　103

Q

QOL（quality of life）　3, 11, 74, 103

R

Reichard, S.　15
risk management　144

S

sarcopenia　11
seating　103
senescence　10
Strehler, B.L.　10

T

timed up & go test　134

V

VAS（visual analog scale）　134

W

Weisman, G. D.　42
WHOの障害に関する分類　126
WHO国際障害分類　75

柔道整復師と機能訓練指導 ―機能訓練指導員養成テキスト

2016年3月31日　第1版第1刷発行	編集者　遠藤英俊，細野　昇
2024年2月25日　第1版第6刷発行	発行者　小立健太
	発行所　株式会社　南江堂
	〒113-8410　東京都文京区本郷三丁目42番6号
	☎(出版)03-3811-7236　(営業)03-3811-7239
	ホームページ　https://www.nankodo.co.jp/
	印刷・製本　横山印刷

Textbook of Functional Training for Judotherapist
© Zenkoku Judoseifuku Gakko Kyokai, 2016

定価はカバーに表示してあります．
乱丁・落丁の場合はお取り替えいたします．
ご意見・お問い合わせはホームページまでお寄せください．

Printed and Bound in Japan
ISBN 978-4-524-25759-1

本書の無断複製を禁じます．

JCOPY 〈出版者著作権管理機構　委託出版物〉

本書の無断複製は，著作権法上での例外を除き禁じられています．複製される場合は，そのつど事前に，出版者著作権管理機構 (TEL 03-5244-5088，FAX 03-5244-5089，e-mail: info@jcopy.or.jp) の許諾を得てください．

本書の複製（複写，スキャン，デジタルデータ化等）を無許諾で行う行為は，著作権法上での限られた例外（「私的使用のための複製」等）を除き禁じられています．大学，病院，企業等の内部において，業務上使用する目的で上記の行為を行うことは私的使用には該当せず違法です．また私的使用であっても，代行業者等の第三者に依頼して上記の行為を行うことは違法です．